地域福祉の
イノベーション

コミュニティの
持続可能性の
危機に挑む

日本地域福祉学会第30回大会記念出版

監修◉日本地域福祉学会 地域福祉イノベーション研究会

編集代表◉宮城 孝

編集◉神山裕美／菱沼幹男／中島 修／倉持香苗

中央法規

刊行にあたって

　日本地域福祉学会は2016年に設立30周年を迎えた。30周年を大きな節目として、学会では上野谷加代子前会長のもとで国際シンポジウムや各種事業が企画、実施されたが、最大の催しは日本社会事業大学で開催された第30回記念大会「テーマ：コミュニティの持続可能性の危機と地域福祉のイノベーションを探る」である。本書はそれを記念して発刊された。

　1987年11月に本学会は設立総会を行った。

　その前史として、1970年代に社会福祉の分野では「コミュニティ」をめぐる論議が盛んになされるようになった。しかし同時期、1971年に厚生省は「社会福祉施設緊急整備5カ年計画」を打ち出し、日本の福祉施策は社会福祉法人による福祉施設を中心として展開が図られる。そうしたなか、岡村重夫氏は『地域福祉論』（1974年）を上梓し、また全国社会福祉協議会（全社協）は『在宅福祉サービスの戦略』（1978年）を発刊する。さらに1981年の国際障害者年によりノーマライゼーションの考え方が広く普及され、住み慣れた地域で普通の生活することは権利であるという認識が定着していく。福祉施設の社会化、地域化の論議や実践が行われるようになり、従来の中央集権から地方分権、あるいは計画化にむけた取り組みが各地で広がった。とはいえ児童や高齢、障害といった具体的な分野別福祉とは異なり、地域福祉とは何かという問いかけが常になされていた。

　1990年には社会福祉関係八法改正が施行された。「社会福祉事業法」が見直され、市町村の役割が重視されるようになる。また「国民の社会福祉に関する活動への参加指針」（1993年）などが示された矢先、1995年には阪神淡路大震災に見舞われる。ただ、このときの経験が後に「ボランティア元年」と称されるように市民活動のあり方が大きく転換するきっかけとなった。「特定非営利活動促進法」は1998年に制定される。

　2000年には、社会福祉基礎構造改革により「社会福祉法」、「介護保険法」などが施行され、地域福祉は新たな時代をむかえる。社会福祉法第4条で地域福祉の推進が位置づけられ、地域福祉計画が法定化されるなど、市町村におけるローカルガバナンスの視点が強調されていく。さらにはトータルケアシステムといった総合相談支援（今日の地域包括ケアシステムの原形）などが実践として積み上げられてきた。

　2017年の今日、少子高齢化や人口減少、限界集落や人口一極集中、労働力不足、経済格差や貧困、相次ぐ自然災害や原子力発電所事故、社会的孤立の進展といったさまざまな社会問題が山積するなかで、地域福祉はさらなる期待と役割が求められている。ただしそれらは、従来の延長線上に捉えているだけでは解決力を示すことはできないかもしれない。

本学会は30年、一貫して現場の実践家と研究者の共同性を大切にしてきた。現場から学び、時には現場との緊張関係を大切にしつつ、また現場へ還元していくという往還的な研究を大事にしてきた。問題を解決していく手蔓は現場実践のなかにある。あるいは地域のなかにまだ埋もれているかもしれない。それをイノベーションの力によって見える化し、多様な構成員による協働によって解決していくことが求められている。その際重要なのは、イノベーションの方向性や目的を協議し、合意形成をしていくことである。

　学会は次の10年、20年にむけて新たな歩みをしていかなければならない。そのときに本書で問題提起された内容が、その基礎的な枠組みとして次の時代の起点になるであろう。これまで長年にわたって地域福祉学の発展に寄与されてきた多くの先輩たちの知見や想いを継承し、また本書の編集に当たられた会員諸氏に感謝を申し上げ、刊行の辞とする。

日本地域福祉学会　会長

原田正樹

巻頭言

　本書は、2016年6月11日から12日に、東京都清瀬市にある日本社会事業大学において開催された日本地域福祉学会第30回記念大会の全体企画の内容を、記録化・再編集するとともに、理論編・コメントを加え再構成したものとなっている。

　本大会の開催にあたり、首都圏の地域福祉の中堅・若手の研究者、実務家で実行委員会を構成するとともに、約1年間にわたる活発な協議を経て開催に至ることができた。筆者は、本大会の実行委員長の任にあたった。

　実行委員会では、わが国の人口減少・超高齢化が進展する状況下にあって、地域住民の暮らしの場であるコミュニティの持続可能性の危機が高まる中、これまでの地域福祉に関する実践や政策を振り返り、今後のあり様を根本的に議論する場として、大会企画を設定すること、また、単なるイベントとして終わらせるのではなく、その成果を出版物として刊行し、世に問うことを目標とした。

　そして、本大会のテーマを、「コミュニティの持続可能性の危機と地域福祉のイノベーションを探る」とし、その趣旨は、以下のとおりとなっている。

　「我が国は、今後の約10年、歴史上また世界でも経験をしたことがない人口減少・超高齢社会を迎える。それに伴い、周知のとおり、地方だけでなく大都市部においても医療や介護領域などにおいて深刻な問題が発生することが予測されている。このような歴史的・社会的なターニング・ポイントである今日、地域福祉は、政策的・実践的、また理論的・学問的、さらに教育的にもその根源的なあり様が問われている。人口減少や急速な高齢化は、地域福祉の基盤であり、地域住民の暮らしの場であるコミュニティの持続可能性に深刻な危機をもたらす。それらは、地域住民の生活基盤である医療や介護、住宅、交通、産業、雇用、さらに住民相互の社会関係や地域の生活文化など、生活環境総体の危機として表れる。

　このようなコミュニティにおける生活環境総体の危機を目前にすると、例えば、これまでの限られた地域福祉の主体を越え、地域住民のエンパワメントの実現が求められるとともに、より広い機関や組織が地域福祉実践にコミットすることが求められている。その場合、地域福祉の対象とすべき問題群と領域をいかに設定し、現実にどのように関わり、切り結ぶのかが問われていると言える。

　このような歴史的な転換点にあたり、地域福祉は、今後の地域住民の暮らしをめぐる生活環境総体に関する問題群に、いかに対峙することができるか、政策や実践、人材養成、また理論における革新的な変革の必要性、その内容について、理論的また全国各地の先駆的な豊富な実践報告から、地域福祉のイノベーションの方向性を明らかにする。」

　本大会では、内外約720名の参加を得ることができ、特に実行委員会が企画した初日の全体企画では、参加者とともに活発な議論がなされた。そして、大会終了後、実行委員会を別

添のとおり「地域福祉イノベーション研究会」とし、本書の刊行に向けた協議を行った。

　本書は、本大会の全体企画である基調討論「コミュニティの持続可能性の危機と地域福祉のイノベーションを探る―最前線の現場から―」を第1章、セッションⅠ「地域包括ケアシステム形成に向けた地域福祉の視点と役割―2025年までに何ができるか？―」を第2章、セッションⅡ「生活困窮者の自立支援とコミュニティソーシャルワーク」を第3章、セッションⅢ「社会福祉法人改革と社会開発―地域福祉推進における社会福祉法人の過去・現在・未来をみつめる―」を第4章として構成されている。また、各章は、理論編、実践編、コメントで構成されている。

　歴史的・社会的なターニング・ポイントである今日、既存の地域福祉の枠組みにはまらない、これからの地域福祉のイノベーションのあり様が、各論考と13の多方面にわたる先進的な実践報告にちりばめられている。

　時あたかも、2017年5月に、地域包括ケアシステム強化法（「地域包括ケアシステムの強化のための介護保険法等の一部を改正する法律」）が可決・成立した。この改正法には、「社会福祉法」の一部改正も盛り込まれており、地域共生社会の実現に向け、厚生労働省の地域力強化検討会（地域における住民主体の課題解決力強化・相談支援体制の在り方に関する検討会）の中間とりまとめで示された「我が事・丸ごと」地域共生社会づくりの基本コンセプトに基づく地域福祉の理念の見直し、市町村や都道府県が取り組むべき事項等が盛り込まれている。さらに先日には、地域力強化検討会の最終とりまとめが公表されている。そこでは、「その検討は、従来の福祉の地平を超える新しいステージへ」向かうものととらえ、「様々な地域生活課題の発見や解決について、福祉の中だけで完結するのではなく、地域の幅広い分野・関係者との協働を進めていく、むしろ福祉で地域づくりをしていくといえる試みである。この取り組みは非常にクリエイティブなものであり、福祉ないしソーシャルワークが魅力的なものになる可能性を持っている。」と述べている。

　このように、地域福祉は、名実ともに新たなステージに立ったといえよう。本書が、今後の地域福祉の政策や実践、人材養成、また理論において、クリエイティブな革新に寄与することができれば幸いである。

編者を代表して

宮城　孝（法政大学）

地域福祉イノベーション研究会（日本地域福祉学会第30回記念大会実行委員会）

No.	氏　　名	所　　属
1	宮　城　　　孝	法政大学（研究代表）
2	神　山　裕　美	大正大学
3	菱　沼　幹　男	日本社会事業大学
4	中　島　　　修	文京学院大学
5	倉　持　香　苗	日本社会事業大学
6	村　田　文　世	日本社会事業大学
7	加　山　　　弾	東洋大学
8	山　本　美　香	東洋大学
9	渡　辺　裕　一	武蔵野大学
10	熊　田　博　喜	武蔵野大学
11	大　島　隆　代	浦和大学
12	呉　　　世　雄	宇都宮大学
13	李　　　恩　心	昭和女子大学
14	佐　川　良　江	全国社会福祉協議会
15	池　田　明　彦	東京都社会福祉協議会
16	熊　谷　紀　良	東京都社会福祉協議会
17	川　上　浩　嗣	千葉県社会福祉協議会
18	澤　　　徹　之	埼玉県社会福祉協議会
19	松　永　文　和	神奈川県社会福祉協議会
20	梅　澤　　　稔	千代田区社会福祉協議会
21	河　島　京　美	練馬区社会福祉協議会
22	磯　部　英　寿	板橋区社会福祉協議会
23	堀　　　崇　樹	足立区社会福祉協議会
24	島　村　　　武	船橋市社会福祉協議会
25	山　下　嘉　人	柏市社会福祉協議会
26	牧　野　郁　子	鶴ヶ島市社会福祉協議会
27	川　田　虎　男	認定NPO法人ハンズオン埼玉、聖学院大学

（順不同、2017年3月現在）

── 目　次 ──

刊行にあたって ······ i

巻頭言 ······ iii

第1章　コミュニティの持続可能性の危機と地域福祉のイノベーション

理論編　地域福祉のイノベーションの視座と方向性
　　　──コミュニティの持続可能性の危機に挑む──（宮城　孝）················ 2

はじめに ··· 2

❶ コミュニティの持続可能性の危機と地域福祉をめぐる問題群 ····················· 3

❷ 地域福祉のイノベーションの視座 ··· 5

❸ 新たな地域福祉を構成する要件 ··· 12

おわりに ··· 21

実践編　❶　地域の縁を結ぶフードバンク山梨の取り組み（米山けい子）········ 24

❶ 地域の縁を結ぶフードバンク活動 ··· 24

❷ 災害時における活動 ··· 25

❸ 提携企業と同意書の締結 ··· 25

❹ 市民参加のフードドライブとアメリカにおけるフードバンク活動 ················· 26

❺ 事　例 ··· 26

❻ 最終的にたどりつく食の困窮 ··· 27

❼ NPOだからできる柔軟かつ即効性のある活動 ································· 28

❽ 子どもへの支援「学校とフードバンクの連携」 ································· 28

❾ フードバンク活動を次世代につなげるために ··································· 29

実践編　❷　和光市における超高齢社会に対応した地域包括ケアシステム
　　　の実践：マクロの計画策定とミクロのケアマネジメント支援
　　　──地域包括ケアにおける地方自治体行政の役割──（東内京一）··· 30

❶ 和光市の地域包括ケアシステムの実践 ··· 30

❷ 多様な市民ニーズを支える地域包括ケアシステム ······························· 30

❸ 共生社会を目指す市町村の姿勢 ··· 31

❹ マクロの計画策定 ··· 32

⑤ ニーズ調査に基づく地域課題の分析 ······························ 32

⑥ マクロとミクロ双方からの総合的検討 ·························· 33

⑦ ミクロのケアマネジメント支援 ······························· 34

⑧ 和光市コミュニティケア会議（地域ケア会議）················ 34

⑨ 介護予防の効果と介護予防の概念 ··························· 36

⑩ 和光市各種ケアマネジメントの一元化 ······················ 36

⑪ 地区社会福祉協議会の設立により目指す地域の姿 ············· 37

コメント 地域共生社会の実現を目指した公私の役割
　　　　　─地域福祉のイノベーションを志向した実践報告から─（倉持香苗）···38

①「小さな拠点」から発信する地域福祉のイノベーション ···················· 38

② 地域福祉のイノベーションを志向した実践を可能にするもの ···················· 40

第2章 **地域包括ケアシステム形成に向けた地域福祉の視点と役割**─2025年までに何ができるか？─

理論編 地域包括ケアシステムと共生社会実現への地域福祉の
　　　　　視点と役割（神山裕美）····································· 44

はじめに ·· 44

① 地域包括ケアシステムの「保健・医療」と「福祉」の源流 ············· 45

② 地域包括ケアシステムの高齢者から全世代拡大への論点 ············· 48

③ 共生社会実現への地域福祉の役割 ··························· 53

おわりに ·· 54

実践編 **①** **新しい支え合いのカタチ**（柴崎光生）····················· 57

① 高齢化が急速に進むまち「鶴ヶ島」··························· 57

② 地域防災から活動が始まる─住民による避難所運営委員会の設置─ ········· 57

③ 鶴二支え合い協議会の発足 ································· 58

④ 鶴二支え合い協議会の組織 ································· 59

⑤ 地域の新たなネットワークづくり ··························· 61

⑥ 鶴二支え合い協議会の活動 ································· 62

⑦ 新たなステップ─広がる活動─ ····························· 66

⑧ 新しい地域のカタチ ····································· 67

vii

実践編 ② 地域包括ケアシステムの構築と社会福祉協議会による
地域福祉実践（山本信也）・・・・・・・・・・・・・・・・・・・・・・・・・・・69
　❶ 宝塚市の概要・・・・・・・・・・・・・・・・・・・・・・・・・・・・・・・・・・・・・・69
　❷ 宝塚市社会福祉協議会の取り組み ・・・・・・・・・・・・・・・・・・・・・71

実践編 ③ 在宅医療と地域包括ケア（平原佐斗司）・・・・・・・・・・・・・・81
　❶ 在宅医療の歴史について ・・・・・・・・・・・・・・・・・・・・・・・・・・・81
　❷ 何故、今地域包括ケアなのか ・・・・・・・・・・・・・・・・・・・・・・・83
　❸ 超高齢社会と人生のセカンドステージ・・・・・・・・・・・・・・・・84
　❹ 地域包括ケアの概念 ・・・・・・・・・・・・・・・・・・・・・・・・・・・・・85
　❺ 地域包括ケア時代の在宅医療 ・・・・・・・・・・・・・・・・・・・・・・86
　❻ 梶原診療所での地域包括ケアに向けた取り組み・・・・・・・・・87
　❼ 地域包括ケアの課題 ・・・・・・・・・・・・・・・・・・・・・・・・・・・・・94

コメント 地域包括ケアシステム形成に向けた地域福祉の視点（松永文和）・・・96
　❶ 地域包括ケアシステム展開の課題 ・・・・・・・・・・・・・・・・・・・96
　❷ 住民参加と主体形成のプロセス ・・・・・・・・・・・・・・・・・・・・96
　❸ 重層的な圏域設定（日常生活圏域のとらえ方）・・・・・・・・・97
　❹ 地域で支える医療への転換 ・・・・・・・・・・・・・・・・・・・・・・・98
　❺ 地域の中でのマイノリティ─差別、いじめに対して─ ・・・・・・・98

第3章 生活困窮者の自立支援とコミュニティソーシャルワーク

理論編 生活困窮者の自立支援に向けたコミュニティソーシャル
ワークの機能（山本美香）・・・・・・・・・・・・・・・・・・・・・・・・・102
　はじめに ・・102
　❶ 生活困窮者とは誰か ・・・・・・・・・・・・・・・・・・・・・・・・・・・・102
　❷ 生活困窮者の自立支援は誰が、どのように行うのか・・・・・・105
　❸ 生活困窮者の自立支援が地域の中で課題として認識されているか・・・・・・111
　おわりに─生活困窮者を生み出さない社会への展望─・・・・・・112

実践編 ① 大都市近郊の実践にみる生活困窮者の自立支援と
コミュニティソーシャルワーク（朝比奈ミカ）・・・・・・・・・・・115

❶ 中核地域生活支援センター事業の概要‥‥‥‥‥‥‥‥‥‥‥‥‥‥‥ 115

❷ 「がじゅまる」の概要‥‥‥‥‥‥‥‥‥‥‥‥‥‥‥‥‥‥‥‥‥‥ 115

❸ 法体制の隙間‥‥‥‥‥‥‥‥‥‥‥‥‥‥‥‥‥‥‥‥‥‥‥‥‥ 116

❹ 「包括的」「総合的」の意味‥‥‥‥‥‥‥‥‥‥‥‥‥‥‥‥‥‥ 117

❺ 相談支援現場から‥‥‥‥‥‥‥‥‥‥‥‥‥‥‥‥‥‥‥‥‥‥ 118

❻ 生活困窮者への支援と今後の課題‥‥‥‥‥‥‥‥‥‥‥‥‥‥‥ 119

> **実践編** **②** 生活保護から困窮者支援を考える（大山典宏）‥‥‥‥‥‥‥‥‥ 122

❶ 生活保護を受けていない困窮者世帯の子どもへの気づき‥‥‥‥‥‥ 122

❷ 世帯別生活保護利用者数の推移‥‥‥‥‥‥‥‥‥‥‥‥‥‥‥‥ 122

❸ 経済的困難が子どもたちに与える影響‥‥‥‥‥‥‥‥‥‥‥‥‥ 123

❹ 貧困はどのように表れてくるのか―高校卒業者の進学率―‥‥‥‥‥ 124

❺ 埼玉県の生活保護世帯に対する総合的な自立支援の取り組み「教育支援」‥‥ 125

❻ ドイツの哲学者アクセル・ホネットの「承認の必要性」‥‥‥‥‥‥ 127

❼ 特別養護老人ホームでの入居者との交流‥‥‥‥‥‥‥‥‥‥‥‥ 128

❽ 認められる体験‥‥‥‥‥‥‥‥‥‥‥‥‥‥‥‥‥‥‥‥‥‥‥ 129

> **実践編** **③** 社会福祉法人による生活困窮者の自立支援―救護施設の機能を利用して
> 「むらやまえん生活相談所：開設準備から今日まで」―（品川卓正）‥‥‥ 130

❶ 社会福祉法人村山苑の概要‥‥‥‥‥‥‥‥‥‥‥‥‥‥‥‥‥‥ 130

❷ むらやまえん生活相談所開設のきっかけ‥‥‥‥‥‥‥‥‥‥‥‥ 130

❸ むらやまえん生活相談所の開設‥‥‥‥‥‥‥‥‥‥‥‥‥‥‥‥ 132

❹ 生活困窮者等の状況と抱える課題‥‥‥‥‥‥‥‥‥‥‥‥‥‥‥ 135

❺ 生活困窮者等への支援の実際‥‥‥‥‥‥‥‥‥‥‥‥‥‥‥‥‥ 135

❻ 今後の展開と課題‥‥‥‥‥‥‥‥‥‥‥‥‥‥‥‥‥‥‥‥‥‥ 137

> **実践編** **④** 生活困窮者の自立支援に向けて
> ―コミュニティソーシャルワークは何ができるか―（三浦辰也）‥‥ 139

❶ 生活困窮者の実態‥‥‥‥‥‥‥‥‥‥‥‥‥‥‥‥‥‥‥‥‥‥ 139

❷ 生活困窮者の自立支援‥‥‥‥‥‥‥‥‥‥‥‥‥‥‥‥‥‥‥‥ 140

❸ 地域課題としての生活困窮者問題‥‥‥‥‥‥‥‥‥‥‥‥‥‥‥ 142

❹ 今後の展望‥‥‥‥‥‥‥‥‥‥‥‥‥‥‥‥‥‥‥‥‥‥‥‥‥ 143

コメント 生活困窮者支援における「地域社会」
　　　　　―対象・方法・主体・役割をめぐって―（熊田博喜）・・・・・・・・・・・・・・ 145
❶ 地域の生活困窮者はどのような人々なのか・・・・・・・・・・・・・・・・・・・・・・・・・・・ 145
❷ 生活困窮者をどのように支援するのか・・・・・・・・・・・・・・・・・・・・・・・・・・・・・ 146
❸ 地域支援を行う主体は誰か・・・・・・・・・・・・・・・・・・・・・・・・・・・・・・・・・・・・・・ 146
❹ 「地域」は生活困窮者に何ができるのか・・・・・・・・・・・・・・・・・・・・・・・・・・・ 147

第4章 社会福祉法人改革と社会開発―地域福祉推進における社会福祉法人の過去・現在・未来をみつめる―

理論編 社会福祉法人改革と地域福祉のイノベーション
　　　　　―社会福祉法人の地域化と地域との協働をめざして―（中島　修）・・・・・・・ 150
はじめに・・・ 150
❶ 社会福祉法人創設の趣旨と公益法人としての位置づけ・・・・・・・・・・・・・・・・・ 152
❷ 社会福祉法人が創設される以前の社会的背景と状況認識・・・・・・・・・・・・・・・ 154
❸ 社会福祉法人の地域公益活動と地域福祉のイノベーション・・・・・・・・・・・・・ 156
❹ 施設の社会化・地域化と社会福祉法人改革による地域福祉のイノベーション・・・ 157
おわりに―地域福祉のイノベーションの方向性―・・・・・・・・・・・・・・・・・・・・・・・ 167

実践編 **❶** 社会福祉法人制度改革と社会福祉法人の自己改革（浦野正男）・・ 171
❶ 社会福祉法人をめぐる世論の動向・・・・・・・・・・・・・・・・・・・・・・・・・・・・・・・・・ 171
❷ 社会福祉法人の過去から現在へ・・・・・・・・・・・・・・・・・・・・・・・・・・・・・・・・・・ 174
❸ 社会福祉法人の現在から未来へ・・・・・・・・・・・・・・・・・・・・・・・・・・・・・・・・・・ 176

実践編 **❷** 自覚者による実践と協働（谷口郁美）・・・・・・・・・・・・・・・・・・・・ 179
❶ 滋賀の縁創造実践センターの設立・・・・・・・・・・・・・・・・・・・・・・・・・・・・・・・・ 179
❷ 滋賀の縁創造実践センターが目指すもの・・・・・・・・・・・・・・・・・・・・・・・・・・ 181
❸ 制度の狭間となっている課題へのモデル事業・・・・・・・・・・・・・・・・・・・・・・・ 182
❹ 遊べる・学べる　淡海子ども食堂・・・・・・・・・・・・・・・・・・・・・・・・・・・・・・・ 186
❺ 気づき（自覚）による実践と協働・・・・・・・・・・・・・・・・・・・・・・・・・・・・・・・・ 187

実践編 **❸** 「ほっとけやん」から始まった麦の郷の
　　　　　地域福祉推進活動（柏木克之）・・・・・・・・・・・・・・・・・・・・・・・・・・・ 189
❶ 精神障害者福祉工場の開設・・・・・・・・・・・・・・・・・・・・・・・・・・・・・・・・・・・・・・ 189

❷ 6次産業化の推進による新規事業の開拓 ……………………………… 190

❸ 連携による地域福祉の推進 ………………………………………… 196

実践編 ❹ **小規模保育事業法人が実施する生活困窮者支援**（忽那ゆみ代）… 199

❶ 保育事業単体の法人をめぐる環境 ………………………………… 199

❷ 「社会福祉法人」の看板 …………………………………………… 199

❸ 支援活動の歩み …………………………………………………… 201

❹ 今後の展望 ………………………………………………………… 205

コメント **社会福祉法人の使命と地域福祉実践**（澤　徹之）………………… 206

❶ 実践編から学ぶ社会福祉法人の姿 ………………………………… 206

❷ 社会福祉法人としての使命と今後のあり方 ……………………… 208

あとがき …… 209

監修・編集・執筆者一覧 …… 211

コミュニティの持続可能性の危機と地域福祉のイノベーション

第1章　コミュニティの持続可能性の危機と地域福祉のイノベーション

地域福祉のイノベーションの視座と方向性
―コミュニティの持続可能性の危機に挑む―

（法政大学現代福祉学部教授）宮城　孝

 はじめに

　本稿は、地域福祉のイノベーションを掲げる本書において総論的な位置づけとなる。

　最初に、歴史上また世界でも経験をしたことがない人口減少・超高齢社会を迎えるわが国において、コミュニティの持続可能性の危機と地域福祉をめぐる問題群の様相について、具体的な例を挙げ、述べることとする。それは、大きく地域の生活環境総体の危機、次代の担い手をめぐる危機として現れることを指摘する。

　続いて、地域福祉のイノベーションを、「コミュニティの持続可能性の危機に対する地域福祉の課題解決への取り組みを通して、新しい社会的価値を創出し、社会的成果をもたらす革新」と定義し、地域福祉のイノベーションを語る際の視座と方向性について、第一に「地域福祉の対象認識の変革」、第二に「地域福祉についての制度や規範の再構築―競争から共創へ―」、第三に「領域を超えた関係性の創出」、第四に「地域福祉における主体の動態的な変化の活性化」という四つの視点から述べることとする。

　このような地域福祉のイノベーションの視座と方向性を提示したところで、新たな地域福祉を構成する要件について検討を加えていく。その際、地域福祉の構成要件をめぐる変遷について概略的に論じ、今日何故新たな地域福祉の構成要件について検討する必要性があるのかについて考察する。

　そのうえで、新たな地域福祉を構成する要件について試論として提起する。それは、第一に「コミュニティソーシャルワーク」、第二に「在宅ケアサービス」、第三に「権利擁護・予防的地域福祉」、第四に「地域福祉の推進体制の開発・整備」であり、その具体的な内容に

ついて論じることとする。

コミュニティの持続可能性の危機と地域福祉をめぐる問題群

わが国は、今後の約10年、歴史上また世界でも経験をしたことがない人口減少・超高齢社会を迎える。それに伴い、周知のとおり、地方だけでなく大都市部においても医療や介護領域などにおいて深刻な問題が発生することが予測されている。人口減少や急速な高齢化は、地域福祉の基盤であり、地域住民の暮らしの場であるコミュニティの持続可能性に深刻な危機をもたらす。それらは、地域住民の生活基盤である医療や介護、住宅、交通、産業、雇用、さらに住民相互の社会関係や地域の生活文化など、地域の生活環境総体の危機として現れる。

1 地域の生活環境総体の危機

このような問題群の具体的な内容について、以下に例示する。

現在、医療や介護領域では盛んに「2025年問題」が論じられている。すなわち、戦後のベビーブーマー世代であるいわゆる団塊の世代が、すべて75歳以上の後期高齢者となるのが2025年であり、そのときまでに、医療や介護などの制度やサービスの持続可能性をいかに高めるかということが盛んに議論されている。政府が地域包括ケアを推進しているのも、このような将来への危機感が背景にある。

具体例として医療の側面からみてみると、厚生労働省の推計では、わが国の入院患者数は2011年度の1日あたり133万人が、2025年度には21％増の162万人に、介護サービス利用者は、427万人から51％増の647万人に増加することが予測されている。現在は、医療・介護分野に462万人が従事しているが、2025年度には34％増の640万人を超える人手が必要になるとされている。

また、今後の急激な高齢化の進展は、医療や介護の問題だけでなく、さらに地域の産業構造、地域経済にも大きな影響にもたらすとされ、交通や住宅問題、住民の各種のコミュニティ活動、さらに防災や防犯等の問題にも大きく影響することが予測される。

例えば、国土交通省の調査では、自宅から徒歩20分（1キロ）圏内に生鮮食料品店がない高齢者の世帯数は、2005年の46万世帯から2015年には2.5倍の114万世帯へ増加すると推計している。公共交通の廃止や削減に伴って、交通手段を持たない高齢者などの買い物難民が急激に増加することが危惧される。最近の認知症高齢者による深刻な交通事故には、このような要因が背景にある。

さらに、空き家問題も年々深刻化している。総務省統計局の「平成25年度住宅・土地統

計調査」によれば、全国では総住宅数6,063万戸のうち、空き家は820万戸であり、空き家率は、13.5％となっている。東京都でも総住宅数735.2万戸のうち、空き家は82万戸と空き家率は11.1％となっており、空き家問題は地方の問題だけではなくなっていることを示している。

② 次代の担い手をめぐる危機

わが国の将来的な危機の通底には、次の世代をめぐる危機的な状況がある。

少子化については、1990年「1.57ショック」の世代層が結婚適齢期を迎えている。つまり、この世代の少子化傾向が止まらないと今後、少子化と人口減少は加速度的に進行することになる。

子どもの貧困問題については、平均的な所得の半分を下回る世帯で暮らす18歳未満の子どもの割合を示す「子どもの貧困率」が、2012年には16.3％であることが、2014年7月の国民生活基礎調査によって公表された。これは、約6人に1人の割合であり、社会に大きな衝撃を与えた。1990年代に入ってから、日本の格差社会については、多くの人に認識されさまざま論じられるようになっていたが、子どもの貧困そのものが、社会の大きな関心を呼ぶようになったのは、この報告が大きな契機となった。最近では、全国で子ども食堂の開設や生活困窮世帯の小・中学生への学習支援活動が展開されるようになってきている。

さらに、若者の引きこもり問題については、地域においてその実態を把握することが困難であるが、全国的な調査が実施されるようになり、15〜39歳を対象とした内閣府の2016年の調査による推計では、ほとんど家から出ない状態が半年以上続く「引きこもり」状態にある者が約54万人とされた。また、KHJ全国ひきこもり家族会連合会[注1]が2016年に公表した調査結果によると、引きこもり期間は、平均で10年に及び、40歳以上が2割を超えているとしている。

引きこもり者をめぐる施策としては、2009年7月に「子ども・若者育成支援推進法」が制定され、翌年4月に施行された。新たに若者支援の拠点として、地域若者サポートステーションが開設され、2015年現在全国に160カ所設置されている。また、引きこもり者の家族会の全国組織「KHJ全国ひきこもり家族会連合会」が結成され、2016年現在では43都道府県に59の支部が置かれている。今後、地方自治体レベルにおいて、引きこもり者への支援活動が拡充していくことが求められる。

バブル崩壊後、デフレ経済が長く続く中で、グローバリゼーションの影響を受けた雇用の不安定化は、青少年や働き盛りの世代に、大きな将来への生活不安をもたらした。子どもの貧困や引きこもり問題は、それらが社会問題として顕在化した一つの例といえる。

注1　KHJ：Kazoku Hikikomori Japan

このほかにも人口の東京一極集中問題など、広く地域福祉に関わる問題や課題は枚挙にいとまがない。戦後のわが国において、地域住民の暮らしや地域社会の持続可能性をめぐって、これほど危機的な状況はないといっても過言ではない。

　視点を変えてみると、日本社会の危機的な状況は、このような山積する地域社会の問題・課題に対処すべき財政的なゆとりが存在しないことにあるともいえる。周知のとおり、国・地方の公的債務残高は、現在約1,300兆円に達し、先進諸国においても最悪の状態にある。さらに、日本の社会保障給付費は、年金、医療、介護、子育て、その他の領域での合計額が、2015年度には約120兆円となっているが、今後の高齢化の急速な進展により、2025年度には約150兆円と、約30兆円、25％程度増加することが予測されている。

　すでに、医療保険や介護保険の自然増による給付を抑制する制度改革が始まっているが、財政が高齢化のさらなる進展による自然増、供給増に耐えられるか、予断を許さない状況といえる。

② 地域福祉のイノベーションの視座

　2025年までの超高齢化・人口減少社会の到来は、わが国の歴史、また世界でも例がない経験をすることになり、従来の考え方や枠組みの延長線上でとらえることには限界があるといえる。本項では、地域の生活環境そのものの持続可能性の危機と、その維持・再生に挑むべき地域福祉のイノベーションの視座について述べていくこととする。

　近年、地域社会、地球社会の持続可能な開発が求められているなか、社会的課題をビジネスによって解決していこうとするソーシャル・イノベーションが注目されてきている。

　谷本寛治は、ソーシャル・イノベーションの定義を、「社会的課題の解決に取り組むビジネスを通して、新しい社会的価値を創出し、経済的・社会的成果をもたらす革新」[1]としている。

　しかし、「ソーシャル・イノベーションに関する研究は、萌芽期にあり、その考え方や意義を説くアイデアレベルの問題提起にとどまっているものが少なくない」[2]状況であり、それらの研究のタイプとしては、①国家レベルにおける公共政策に関わる活動を対象とする研究、②市場レベルにおけるビジネス活動を対象とする研究、③コミュニティレベルにおける社会活動を対象とする研究があるとされている[3]。

　例えば、コミュニティレベルにおける研究において、ソーシャル・イノベーションを生み出していく地域での集団を、「ソーシャル・イノベーション・クラスター」と呼び、すなわちそれは、似かよったヒトやモノが集まっている様を意味しており、「ソーシャル・イノベーション・クラスターにおける特徴は、①領域を超えた関係性、②オープンアクセス（ク

理論編 ● 地域福祉のイノベーションの視座と方向性　5

ラスター内外の主体との相互関係性）、③コミュニティにおける制度や規範の変化、④動態的な変化にある」としている[4]。

　このようなソーシャル・イノベーションに関する研究成果を参考にすると、地域福祉のイノベーションとは、「コミュニティの持続可能性の危機に対する地域福祉の課題解決への取り組みを通して、新しい社会的価値を創出し、社会的成果をもたらす革新」と定義することができる。

　以下、地域福祉のイノベーションに求められる基本的な視座について、「地域福祉の対象認識の変革」、「地域福祉についての制度や規範の再構築—競争から共創へ—」、「領域を超えた関係性の創出」、「地域福祉における主体の動態的な変化の活性化」という4点から述べることとする。

①　地域福祉の対象認識の変革

　日本の社会保障、社会福祉は、高齢者領域を優先しており、障害者領域、ならびに子育て世代や若者支援が後回しにされているとの指摘がある。駒村康平は、「現在50歳代以下の世代にとっては、親世代が過ごしてきた経済環境は消滅しており、親世代の想定するモデル的な生き方はできなくなっている。世代間の意識ギャップ、遅々として進まない社会経済システムの改革をめぐって世代間の大きなフラストレーションが発生する」と警告を発している[5]。

　例えば、少子化問題は、第二次ベビーブームが終わった1970年代半ばからすでに発生し、1990年には、合計特殊出生率が1.57となり、「1.57ショック」と呼ばれ注目をされた。しかし、その後政府もエンゼルプランなどの対策を更新しながら打ち出してはいるが、2015年時点の合計特殊出生率は1.46であり、25年の長い期間を経ても改善の効果を得ていない。

　また、雇用問題からみると、わが国ではバブル経済崩壊後、非正規労働者が長期的に増加する傾向が続いており、2014年現在雇用者に占める比率は、およそ4割に迫っている。子どもの貧困については、先に述べたとおりであり、特にひとり親世帯における貧困率は、50％以上と高いものになっている。

　このように、次代を担うべき若者や子育て世代の暮らしが不安定化し、われわれの社会を持続可能とするファンダメンタル[注2]の条件が脆弱化しているといえる。

　このような次世代に大きな危機が存在しているにもかかわらず、これまでの地域福祉は、目の前に存在する高齢化問題に追われてきたといっても過言ではないかと思われる。その背景の一つには、シルバー・デモクラシーといわれるように、わが国においては、国政、地方自治体選挙において、高齢者の投票率が若者や子育て世代に比較して高く、政治家や行政が高齢者を優先とした政策を展開しがちであった。また、地域福祉の視点から考えると、独居

注2　ファンダメンタル（fundamental）とは、経済用語で「基礎的事項」の意味。

高齢者や要介護高齢者は、日中地域に在住しており、さまざまな支援に携わる関係者にみえやすい存在である。それに対し、子育て世帯、さらにひとり親世帯や非正規雇用者、もっといえば引きこもり状態にある人は、自ら行政や支援に関係する機関や団体、また近隣住民に支援を求めるSOSを発しない、また発しにくい状態にあるといえる。

これからの地域福祉は、目の前にみえている課題に対してだけその力を注ぐだけでは全く十分ではない。地域の生活環境そのものの維持に向けて、他の領域と連結する働きを強める必要があり、若者や子育て世代などの次世代に向けた取り組みを強化していく必要がある。その際、若者や子育て世代の声や要望は、把握しにくいからと消極的になったり避けたりしてはいけないと考える。

近年、子どもの貧困問題が顕在化されるにつれ、地域においても子ども食堂や生活困窮世帯の小・中学生への学習支援活動が取り組まれ、年々その広がりをみせてきている。また、寄付による食料をマッチングし、生活困窮世帯に提供するフードバンクを展開するNPOが増加している。

このような民間レベルの取り組みが、地方自治体や政府の子どもの貧困問題や子育て支援策、若者支援施策を拡充し、包括的な施策や制度に発展していくという道筋は、まだまだ不透明であり、地域福祉においても実践的、また科学的・理論的に取り組むべき重要な課題といえよう。

② 地域福祉についての制度や規範の再構築─競争から共創へ─

近年、高齢者や障害者などの福祉、あるいは保育の実践現場において、職員等による殺人事件や虐待などの事象が増加している。その背景には、高齢者や障害者への福祉サービス、保育サービスに従事している職員の労働条件や待遇の厳しさ、深刻化する人材不足、そして社会的な承認の欠如などがあると考えられる。

わが国のシルバー産業の振興策は、低経済成長が続いた財政危機を背景に、1980年代半ばに打ち出された第二次臨時行政調査会（通称、臨調）や臨時行政改革推進審議会の行政改革に関する各種答申を発端としている。そして、2000年に開始された介護保険によって、高齢者ケアへの民間参入が一層促進された。そこには、民間事業者による競争が、サービスの質の向上をもたらすという政策的な意図が存在する。確かにそのような側面があるものの、事業者は、自らの利益誘導に走りがちになり、利益が期待できない地方の過疎地域では、すぐに撤退してしまう、また、あえて参入しないという地域的偏在の問題が存在する。

高齢者ケアの準市場化による競争の活性化が、サービスの質の向上をもたらすという発想に終始することなく、個人の普遍的な権利保障という価値観や理念を形成し、地域福祉において具現化する手だてを実体化していく必要がある。そのためには、自らの過度な利益追求を図る民間事業者への対抗的な措置も施策として必要とされる。

理論編 ● 地域福祉のイノベーションの視座と方向性　7

地域福祉の実践現場において、政府の施策やこれまでの制度や規範に固執せずに、いかに個人の普遍的な権利保障を地域のサービスや資源として実現することが可能となるのか検討していく必要がある。

視点を転じると、山崎亮は、マーケティング業界では、2010年代になって萌芽した商業分野でのコラボレーションは、池田紀行が提唱した「共創」(Co-Creation) であると指摘している。山崎は、「顧客が欲しいのはドリルではなく穴である」というマーケティングの世界の言葉から、消費者参加型の商品開発は、つくる側と使う側とが協力して穴をうがつ作業であるとし、具体的にビール会社の参加型商品開発の事例を挙げている[6]。

2011年に「SIPS」という新たな概念が示されており、それは、Sympathize（共感する）→Identify（確認する）→Participate（参加する）→Share & Spread（共有・拡散する）→Sympathize→……、というサイクルにより、売り手の側が予想もしていなかった商品価値を、消費者の側が自由な発想で創出するケースまで出てきているとしている[7]。

この「共創」という参加型商品開発の手法を、高齢者ケア・サービスの開発のあり様を例として考えてみたい。例えば、政府の一億総活躍プランでも取り上げられている介護離職ゼロについて取り上げてみる。政府は、介護離職を減らすために、「育児休業、介護休業等育児又は家族介護を行う労働者の福祉に関する法律」（通称、育児・介護休業法）の改正や特別養護老人ホームの増設を施策として挙げている。しかし、要介護高齢者本人が施設入所を希望しない場合はどうであろう。実際には相当多いケースであろうことが考えられる。重度の要介護高齢者の場合、現在の介護保険によるホームヘルプサービスでは限界がある。現在のデイサービスは、夕方16時頃までのサービスが圧倒的に多い。つまり、家族介護者が存在していることを前提としている。介護離職をゼロにするなら、保育園と同程度のサービス提供時間帯にすべきである。

このように福祉の領域では、利用者参加型のサービス開発が行われていないことが多い。公的なサービスは、制度に基づいてサービスの設計が行われ、制度に準拠したサービス提供をすることで事足りるという認識に陥りがちであると考えられる。しかし、利用者とその家族に真に必要とされているサービスとして構築され、提供されているのか疑問であり、そのためには、供給サイドに立ったサービスや資源開発ではなく、利用者やその家族、地域住民との「共創」による参加型のサービスや資源開発へ転換していくことが望まれる。

さらに、それには民間営利企業の参入を基軸とした競争によるサービスの質の向上を図るという規範形成の論理から、利用者や地域住民による参加型開発を促進する「共創」の論理に基づく規範の形成や制度設計が求められる。

③ 領域を超えた関係性の創出

戦後の社会福祉は、高齢者、障害者、児童などに分かれた「福祉六法体制」と呼ばれる属

性領域別の制度に基づく施策やサービス提供を長らく展開してきた。

政府は、このような児童・障害・高齢者などの属性領域別によるこれまでの相談支援体制の限界を認め、「子供・高齢者・障害者など全ての人々が地域、暮らし、生きがいを共に創り、高め合うことができる『地域共生社会』を実現する。このため、支え手側と受け手側に分かれるのではなく、地域のあらゆる住民が役割を持ち、支え合いながら、自分らしく活躍できる地域コミュニティを育成し、福祉などの地域の公的サービスと協働して助け合いながら暮らすことのできる仕組みを構築する」とし、2016年7月に厚生労働省をあげて、「我が事・丸ごと」地域共生社会実現本部を立ち上げている。

その「我が事・丸ごと」の地域づくりの強化に向けた取り組みの具体的なあり方を検討した「地域力強化検討会中間とりまとめ―従来の福祉の地平を超えた、次のステージへ―」（2016年12月公表）では、市町村における包括的な相談支援体制について、「それぞれの機関が直接担当している分野だけでなく、『丸ごと』の相談を受け止める場を『住民に身近な圏域』に設けていくべきである」とするとともに、「基本的には市町村をベースとした（地域の実情に応じて、それより大きいことも、小さいこともありうる）多機関の協働による包括的な相談支援体制が構築されるべきであり、こうした体制が構築されるためには、協働の中核の役割を担う機能が必要である」としている[8]。

この中間報告を受けて、「社会福祉法」の改正によって、地域福祉計画を福祉各分野の共通事項を記載した上位計画として位置づけ、包括的な相談支援の体制整備を記載するとともに、計画の進行管理におけるPDCA (Plan–Do–Check–Act) サイクルの徹底を図ろうとしている。

政府のこうした方針を是としたときに、今後の焦点は、住民の暮らしの場である地方自治体において、包括的相談・支援システムをいかに実現するかが問われる。

これからの地域福祉は、これまでに述べてきたように社会福祉領域だけでなく、それらに加え、地域の生活基盤である医療や住宅、交通、産業、雇用、防災・防犯などの領域とどのような関係性を創出するかが問われる。従来の制度や法律で設定していた対象に限定した働きだけでは、地域の生活環境そのものを維持することができない。それぞれの地域における空き家問題など住宅に関係する課題、交通移動に関する問題、産業・雇用や、防災などの生活環境そのものを維持するための働きを強める必要がある。

社会福祉領域と住宅領域の関係性を例として挙げたい。

2017年度通常国会で「住宅確保要配慮者に対する賃貸住宅の供給の促進に関する法律」（通称、住宅セーフティネット法）改正案が審議されている。そこでは、急増する民間の空き家・空き室を、高齢者、子育て世帯、低額所得者、障害者、被災者などの「住宅確保用配慮者」向けの賃貸住宅として活用する新たな制度の導入が盛り込まれている。具体的には、空き家等を住宅確保要配慮者の入居を拒まない賃貸住宅、すなわち「専用住宅」として、賃

借人が都道府県に登録するとともに、都道府県等は、登録住宅の情報開示を行うとともに要配慮者の入居に関し賃借人を指導監督し、登録住宅の改修・入居への支援を行うものとしている。その専用住宅について、耐震改修やバリアフリー化を行う改修費用として、1戸あたり最大200万円を国・地方公共団体が補助することを予算化している。また、地域の実情に応じて、要配慮者の家賃債務保証料や家賃低廉化に国・地方公共団体が最大で月4万円の家賃補助をするとしている。

また、登録住宅の情報提供、入居相談その他の援助をする組織として、「居住支援法人（NPO等）」を都道府県が指定し、居住支援協議会の活動の中核として機能するように図ることとし、さらに、具体的に、年間5万戸程度の専用住宅の登録を進め、2020年度末までに17万5,000戸の登録を目標としている。

このように、2015年度の公営住宅の応募倍率が全国平均で5.8倍、東京都で22.8倍、大阪で10.5倍に達する「ハウジングプア」問題に対して、空き家等を活用し、住宅セーフティネット機能を強化する施策は、待ったなしの状況である。

しかし、住宅セーフティネット法は、2007年度に制定され、かなり年月がたっているにもかかわらず、居住支援協議会を設置しているのは、2016年11月時点で、47都道府県17市区町村である。特に、地域の空き家・室の状況に応じた住居資源を開発し、入居者へのニーズにきめ細かく対応するため、市区町村自治体による居住支援協議会の設立と支援機能の強化を図る必要が求められる。

この点から地域福祉の役割として想定されることは、第一に、地域の「住宅確保要配慮者」に関する居住ニーズをきめ細かく把握することであると考えられる。これまで、社会福祉関係者は、居住に関して、施設への入所を優先して考える傾向にあったといえるのではないだろうか。空き家・空き室という新たな地域資源を利活用してニーズとマッチングする機能が求められているといえよう。

ここまで社会福祉領域と住宅領域の関係性を、住宅セーフティネット法の新たな施策の展開を視野に例として挙げた。このような例は、住宅領域にとどまらず、医療や住宅、交通、産業、雇用、防災・防犯などの領域と地域における社会福祉領域とがどのような関係性を創出するのかがますます注目されるものと考える。その際、特に地域福祉の各領域におけるニーズの把握と顕在（見える）化、求められる地域資源の共同開発、ニーズを有する人と地域資源のマッチング機能を高めていくことが求められる。

④ 地域福祉における主体の動態的な変化の活性化

中山間地の過疎問題への先駆的な取り組みで全国的に知られている鳥取県智頭町の推進役であった寺谷篤志は、著書の中で「これは行政がすべきだ、いや住民がすべきだではなく、地域社会を持続させるために、行政、住民がその地域の宝物を最大限に活せる効果的な投資

をする必要があるいうことだ。またその投資は費用対効果を含め地域でヒト・モノ・カネ・情報などがもっと有効に循環すること、即ち地域丸ごとで採算も含めて最大の効果が挙げられるようにしなければならない」と述べている[9]。しばしば地域で話題となる行政と住民の一方的な関係性を克服するとらえ方について、示唆に富んだ知見である。

　地域福祉の主体は、その多様化が進んでいる。行政や社会福祉協議会が、長く主体として期待してきた町会・自治会や老人クラブなどは、近隣関係の疎遠や高齢化の影響で加入率の低下や活動の停滞が、関係者などで話題になることが多い。東京都23区では、町内会・自治会の加入率が50%の過半数を割り込み、役員も高齢化し、既存の活動を継続することもかなり困難になってきているとも聞く。また、民生・児童委員も全国的に進む高齢化によって、担当する地区において独居高齢者や認知症高齢者などが急速に増加している一方、なり手を確保することが難しくなっている状況が拡大している。

　地域においては、高齢化やその他の対応すべき課題が拡大する一方で、既存の町会・自治会、老人クラブ、民生委員・児童委員などの地縁組織の対応力が問われている。

　筆者は、「今後、町会・自治会が取り組むべき地域の課題は、福祉と防災である」と近年機会あるごとに、関係者に提起している。地域の高齢化に危機感を抱いた住民リーダーを中心に、大都市部でも、町会、自治会など身近な近隣エリアにおいて、独居高齢者向けのサロン活動や見守り活動、軽易な生活支援サービスなどを展開している例が増えてきている。今後、社会福祉協議会や地域包括支援センターのこのような住民活動への支援のあり方がますます重要となるであろう。

　地域福祉の主体に関する政策的な動向として、「社会福祉法」の改正による社会福祉法人の公益活動の制度化が開始されている。論点の詳細や先進的な事例は、本書の第4章に譲るが、これまで、都道府県レベルにおける先進的な取り組みが散見されるなか、今後は、いかに市町村レベルで社会福祉法人が有している有形無形の資源を活かして地域の福祉課題へ対応していくかが問われる。

　介護保険の事業者には、地域的な違いがあるものの、営利、非営利に関わらず、ますます多様な事業者が参入している。また、先に述べた人口減少・超高齢化する地域社会において、地域の生活環境を維持、存続するために、医療法人、生活協同組合、農業・漁業協同組合、不動産や交通事業者、商業施設などの民間事業者、その他の団体なども、地域福祉に関与しているし、さらにその傾向が強くなると考える。

　地域福祉における主体をめぐるイノベーションとは、既存の行政、社会福祉協議会、町会・自治会、民生委員・児童委員、老人クラブなどの地縁組織の主体だけにとどまらない、新たな主体の参加をいかに図り、地域レベルにおいて、地域福祉のミックス（共同体）を形成することによって、動態的な変化を活性化することにあるといえる。

　市町村社会福祉協議会においては、そのような新たな主体の参加を促進し、地域福祉ミッ

理論編●地域福祉のイノベーションの視座と方向性　　**11**

クスとしての影響力を高めるためのネットワークをコーディネートする機能が強化される必要があろう。

新たな地域福祉を構成する要件

① 地域福祉の構成要件の論点をめぐる変遷

　地域福祉の理論的な体系化について活発に論議されたのは、1970年代になってからである。それまでは、戦後の1950年代にアメリカのコミュニティ・オーガニゼーション理論を移入し、社会福祉協議会における実践の理論的な根拠として用いられてきた。

　それが、1968年のイギリスのシーボーム報告におけるコミュニティ・ケアの理念と地方自治体におけるパーソナル・ソーシャル・サービスの体系的な展開の影響を受けて、より地域福祉を理論的体系化しようとする試みが活性化した。

　その嚆矢となったのが、岡村重夫である。岡村は、『地域福祉研究』(1970年)、『地域福祉論』(1974年) によって、地域福祉の理論的体系化を試みた。

　岡村は『地域福祉論』において、地域福祉概念の構成要素として、①最も直接的具体的援助活動としてのコミュニティ・ケア、②コミュニティ・ケアを可能にするための前提条件づくりとしての一般的な地域組織化活動と地域福祉組織化活動、③予防的社会福祉の三つを挙げている[10]（図1）。

　当時、東京都社会福祉審議会答申「東京都におけるコミュニティ・ケアの進展について」(1969年)、中央社会福祉審議会答申「コミュニティ形成と社会福祉」(1971年) などが公表され、イギリスにおけるコミュニティ・ケアの考え方をいかに日本にもたらすかについて活発に論議されており、岡村の地域福祉の理論的体系化に大きな影響を与えている。

　また、地域組織化活動を一般的地域組織化活動と福祉組織化活動に分けているのも特徴的であり、一般的地域組織化活動とは、新しい地域社会構造としてのコミュニティづくりを進めるものであり、福祉組織化活動とは、コミュニティを基盤とし、福祉コミュニティづくりを進めるものであるとし、その福祉コミュニティの性格や機能について論じている[11]。

　この点は、当時高度経済成長時代を経て地域社会の様相が急激に変化し、都市社会学におけるコミュニティ論が奥田道大などによって盛んに論じられ、それらの知見の影響を受けたものと理解される。

　さらに岡村は、予防的社会福祉を、不可欠なものとし、個人の社会生活上の困難の発生を予防するとともに、社会制度や社会福祉サービスの積極的な改善を図るものであるとしている[12]。これについては、今日において、権利擁護などを含めてより広く展開されており、

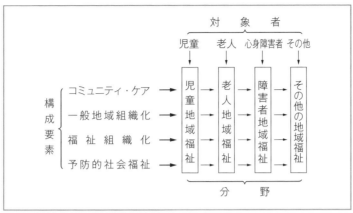

図1　岡村重夫の地域福祉論における構成要件

〔出典：岡村重夫（1974）『地域福祉論』光生館、63〕

表1　右田紀久恵の地域福祉論における構成要件

（1）基本的要件 （地域で生活を成り立たせる基本的なもの）	①制度的な関連公共施策の確立（所得保障、雇用、教育、保健、医療、住宅等） ②地方分権化 ③行政機能の統合化
（2）サービス構成要件 （個別的対応としてのもの）	①予防的サービス ②対症療法的サービス ③アフターケア的サービス ①在宅福祉サービス ②通所・短期滞在施設 ③入所施設の社会化
（3）運営要件 （①と②を関係づけるもの）	①公的責任としての基準の設定 ②地域組織化 ③地域福祉計画 ④福祉教育、情報公開 ⑤地域福祉方法論、技術論の開発の開発

〔出典：右田紀久恵（1984）「地域福祉の構成要件」『地域福祉教室』阿部志郎・右田紀久恵・永田幹夫・ほか編、有斐閣、72〕

非常に卓見であると考える。

　右田紀久恵は、『現代の地域福祉』（1973年）において、地域福祉の政策論的な視点から概念化を図り、「具体的には、労働者・地域住民の生活権保障と個としての社会的自己実現を目的としている公私の制度・サービス体系と、地域福祉計画・地域組織化・住民運動を基礎要件とする」と規定している[13]。右田は、その後地域福祉の構成要素として、**表1**で示したように、①基本的要件（関連公共施策の確立、地方分権化、行政機能の統合化）、②サービス構成要件、③運営要件を挙げている[14]。

　右田の地域福祉論は、住民自治や地方分権を重視しており、地域福祉の対象が生活問題一

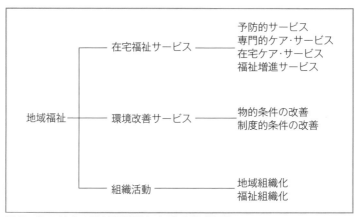

図2　永田幹夫の地域福祉論における構成要件
〔出典：永田幹夫（1993）『改訂地域福祉論』全国社会福祉協議会、46を参考に作成〕

般に広がっており、その固有性が明確でないという指摘がある一方、岡村が挙げていない地域福祉計画を取り上げている点や関連公共施策の確立や行政機能の統合化を挙げている点は、今日ではむしろ重要な課題となっており、示唆に富んでいるといえよう。

永田幹夫は、地域福祉とは、「社会福祉サービスを必要とする個人・家族の自立を地域社会の場において図ることを目的とし、それを可能とする地域社会の統合化・基盤形成をはかるうえに必要な環境改善サービスと対人的福祉サービス体系の創設・改善・運動およびこれら実現のための組織化活動の総体をいう」としている[15]。そして、『改訂・地域福祉論』（1993年）において、地域福祉の構成要件として、図2に示したように、①在宅福祉サービス、（予防的福祉サービス、専門的ケア・サービス、在宅ケア・サービス、福祉増進サービス）、②環境改善サービス（物的条件の改善整備、制度的条件の改善整備）、③組織活動（地域組織化、福祉組織化）を挙げている[16]。

永田の地域福祉の構成要件のとらえ方の特徴として、在宅福祉サービスを地域福祉の構成要件の中核として位置づけている点にある。それは、1970年代に在宅福祉サービスが実験的な取り組みを経て実体化する中で、『在宅福祉サービスの戦略』（1979年）が全国社会福祉協議会から発刊されており、そこでは、居宅処遇の原則に立ったニーズ論を再編成し、そのニーズに対応する在宅福祉サービスについての理論的体系化と新たな供給体制の整備を図ることが提起された。永田の地域福祉論の構成要件のとらえ方は、当時の在宅福祉サービスへの社会的な需要の高まりに応えんとする意図が含まれているといえよう。

岡村、右田、永田のほかにも、1970年代から1980年代初頭にかけて、地域福祉の概念、構成要件について盛んに論じられたことによって、1980年代に入って、地域福祉理論の比較研究が行われる。

それらには、鈴木五郎による在宅福祉サービス、地域福祉計画、地域組織化活動などの構

成要件を比較検討した研究[17]、牧里毎治による「地域福祉を構造的アプローチ（構造的概念）と機能的アプローチ（機能的概念）でとらえる分析が挙げられる[18]。

2000年代に入って、平野隆之は、牧里の二つのアプローチを援用し、機能論からのアプローチ、政策論、運動論からのアプローチ、地域組織化論・在宅福祉論からのアプローチに分類し、機能論からのアプローチでは岡村重夫を挙げ、政策論、運動論からのアプローチとして、右田紀久恵、真田是、さらに、地域組織化論・在宅福祉論からのアプローチとして、永田幹夫、三浦文夫を挙げている[19]。

また、岡本栄一は、牧里の地域福祉の二つのアプローチ分析は確かにわれわれの地域福祉理解を助けるものであったとする一方、「この分析方法は、二つの概念枠に理論を無理に押し込め、またそこに入らないほかの理論を排除するといった問題点を抱えやすいことも事実である」と述べ、それまで立論されてきた理論の特徴をみるために、それらが持つ構成要素や諸概念を抽出し、①コミュニティ重視志向軸、②政策制度志向軸、③在宅福祉志向軸、④住民の主体形成と参加志向軸の四つの枠組みをつくり、その枠組みごとに地域福祉の関連するキーワードを集合させ、①コミュニティ重視志向の地域福祉論、②政策制度志向軸の地域福祉論、③在宅福祉志向の地域福祉論、④住民の主体形成と参加志向の地域福祉論とし、代表的な論者を挙げている[20]。

さらに岡本は、このような四つの地域福祉理論の理論化過程において影響を与えた関連ファクターとして、①史的事実と実践方法、②地域問題と住民運動、③地域福祉理念や思想、④制度・政策的動向、⑤海外の動向、⑥福祉および関連諸研究を挙げている。そのうえで、1970年以前と1970年代、1980年代、1990年代に分けて、それらの六つの関連ファクターの時代的な変遷を整理している[21]。

岡本のこのような分析は、地域福祉理論の理論化過程、またその構成要件の内容は、時代的・社会的な環境におけるさまざまなファクターの影響を受け、変化を遂げているということについて理解を助けてくれる。また、その点からいえば、2000年代に入り今日まで、社会福祉の基礎的な構造や制度・政策が大きく変わり、地域の福祉問題も10年20年前とは、量的にも質的な面からも大きく異なっており、新たな地域福祉の構成要件について探求する意義は十分にあるといえよう。

②　新たな地域福祉の構成要件を検討する意義

1970年代以降の各論者における地域福祉の構成要件のとらえ方とそれらの比較研究について概括してきた。

まずいえることは、近年、それも相当長い期間にわたって、地域福祉の構成要件に関する論議がほとんどなされていないという点である。その背景と要因は何であろうか。

筆者の見解としては、2000年から今日にいたるまでわが国の地域福祉をめぐる環境的変

化が激しく、実践現場においては、その環境変化に対応するのに余裕がない状況であり、また地域福祉の研究においても、そのような実践現場の事象に追随し、十分に理論的な論議や検討がなされる機会が乏しかったのではないかと考える。

しかし、岡本が整理した地域福祉理論に影響を与えた関連ファクターについて、2000年から今日までを概観すると多くのことが挙げられる。例えば、社会福祉の基礎構造改革、世界的なグローバリゼーションの進行、リーマンショックの発生と非正規雇用などの雇用や貧困問題、高齢化の急速な進展、人口減少や過疎化の進展、東日本大震災の発生、待機児童問題の深刻化、政府や地方自治体における慢性的な財政危機などである。また、近年の急速な高齢化や人口減少は、先に述べたように、地域福祉の基盤であり、地域住民の暮らしの場であるコミュニティの持続可能性に深刻な危機をもたらし、地域の生活環境総体の危機として現れており、地域福祉が対象とすべき範域が大きく拡大している。

このように、2000年以降の今日まで地域福祉をめぐる社会的環境は、大きく変動している。社会的な問題や政策・制度などの社会的な事象が急速に変化し、また今後もさまざま変化が予測される状況にあるからこそ、地域福祉の社会的な意義について再度考察し、今日、また今後の地域福祉のあり方について理論的な検討をすることが求められていると考える。

③ 新たな地域福祉を構成する要件

右田が述べているように、地域福祉が、従来の社会福祉の方法や制度・システムを使用する新たな社会福祉のあり方と展開を示すものであるとしたら、一定の対象認識と価値を内在させた地域福祉の包括的概念と、それを構成する要件・枠組みが必要である。

筆者は、これまでの先人たちによる論述を念頭に置いて、近年の地域福祉に関する方法・技術の発展と生活環境をめぐる危機的状況に対応すべき地域福祉のあり方をふまえて、地域福祉の構成要件として、以下の内容を提起したい。

新たな地域福祉を構成する要件の第一は「コミュニティソーシャルワーク」である。そして第二は「在宅ケアサービス」、第三は「権利擁護・予防的地域福祉」、第四は「地域福祉の推進体制の開発・整備」である。

以下、各構成要件の具体的な内容について説明することとする。

筆者が提起する新たな地域福祉の構成要件と、これまでの先人たちが示してきた内容と大きく異なる点は、地域福祉の実践方法としてのコミュニティソーシャルワークを第一に挙げているところである。

1）コミュニティソーシャルワーク

先人たちによるこれまでの地域福祉の構成要件のとらえ方において、地域福祉の実践方法であるソーシャルワークとしては、岡村、永田が地域組織化と福祉組織化、右田は、運営要件の中で、地域組織化、地域福祉方法論、技術論として位置づけている。しかし、要件の第

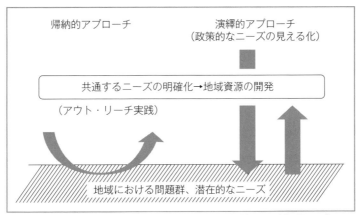

図3　コミュニティソーシャルワークにおける帰納的・演繹的アプローチ

一に挙げているのは、岡村は「コミュニティ・ケア」、永田が「在宅福祉サービス」であり、右田は「基本的要件（地域で生活を成り立たせる基本的なもの）」である。

　筆者は、地域福祉が他の領域と違う固有性を有するのは、地域福祉の実践方法である「コミュニティソーシャルワーク」であると考える。

　コミュニティソーシャルワークの意義について、1990年代後半から理論的にまた実証的に提起してきた大橋謙策は、コミュニティソーシャルワークを、「地域に顕在的に、あるいは潜在的に存在する生活上のニーズを把握し、それら生活上の課題を抱えている人々に対して、ケアマネジメントを軸とするソーシャルワークの過程と、それらの個別援助を通しての地域自立生活を可能ならしめる生活環境の整備や社会資源の改善・開発、ソーシャル・サポート・ネットワークを形成するなどの地域社会において、ソーシャルワークを統合的に展開する支援活動である」と定義している[22]。

　図3は、コミュニティソーシャルワークが、地域における問題群、潜在的なニーズに対して介入する際に、帰納的なアプローチと演繹的なアプローチが存在することを示している。帰納的なアプローチは、例えば、本人が自ら支援を求めない場合、家族・親族、近隣住民や民生委員・児童委員、その他関係者からの連絡・通報などによって、ソーシャルワーカーが、アウトリーチ実践によって、本人や家族に接触し支援に結びつけ、個別の支援や地域に共通するニーズに対応する社会資源を開発・整備していく。一方、演繹的なアプローチとは、政策的、または計画的な視点から、地域において顕在化されていないにニーズについて、データや調査結果を分析し、一定のニーズを推計することによって「見える化」し、そこから新たな支援策や社会資源を開発・整備していく。この視点に立った地域福祉計画の策定方法と内容が重要となる。

　コミュニティソーシャルワーク実践は、図4に示したように、地域社会において住民の生

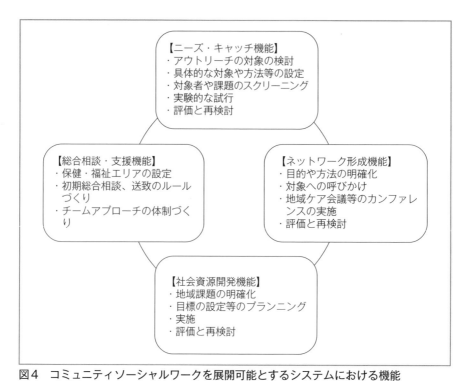

図4　コミュニティソーシャルワークを展開可能とするシステムにおける機能
〔出典：宮城　孝（2015）「地域福祉計画」日本地域福祉研究所監修, 中島　修・菱沼幹男編『コミュニティソーシャルワークの理論と実践』中央法規出版、80〕

活上の課題・問題についてニーズ・キャッチ機能、総合相談・支援機能、ネットワーク形成機能、社会資源開発機能を発揮する[23]。

　少子・超高齢社会の地域社会において、自ら支援の声を出せない複合的な課題を有する世帯が増加している。今後、地域福祉の方法論としてのコミュニティソーシャルワークの意義と役割が重要性を増すと考える。

2）在宅ケアサービス

　地域福祉の構成要件の第二として、在宅ケアサービスを挙げる。在宅ケアサービスは、利用者の在宅生活において、利用者本人や家族介護者のニーズや生活上の課題をアセスメントしたうえで、十分な説明と合意のもとで、必要な各種のサービスや提供方法について適切なケアプランを作成し、契約に基づいて提供される。

　1970年代から1990年の社会福祉八法改正にいたるまで、施設入所中心主義から地域福祉を実態化していく経過において、「在宅福祉サービス」についての実験的導入や理論化、制度化が図られてきている。そのような時代的な背景から、先人たちにおいても、岡村は、地域福祉の構成要素の第一として、最も直接的具体的な援助活動としてのコミュニティ・ケアを挙げ、また、永田も、予防的、専門的ケア、在宅ケア、福祉増進サービスを含む対人福祉

サービスとして在宅福祉サービスを第一の構成要件として挙げている。

1990年の社会福祉八法改正によって在宅福祉サービスが法制化され、1990年代に「高齢者保健福祉推進十カ年戦略」（通称、ゴールドプラン）などによって、在宅福祉サービスの提供は著しく拡大していった。さらに、2000年の介護保険の実施によって、提供主体において、営利企業、NPO、医療法人など供給主体の多様化が進んでいった。

地域福祉の構成要件として、在宅福祉サービスではなく在宅ケアサービスとしたのは、地域包括ケアが提起しているように、ホームヘルプサービスやデイサービスなどの介護サービスだけでなく、訪問診療や訪問介護、住宅改修、生活支援サービスなどが十分にコーディネートされ、一体的に提供される必要性が求められるからである。

3）権利擁護・予防的地域福祉

地域福祉の構成要件の第三として、権利擁護・予防的地域福祉を挙げる。地域福祉の構成要件として、最初に予防の概念を用いたのは岡村である。岡村は、「予防的社会福祉は、社会生活上の困難の『発生予防』はもちろんのこと、社会生活の積極的な改善をも目的とする社会福祉である」と述べている[24]。岡村が、地域福祉の理論的体系化を試みた1970年代前半の時期における社会福祉の実態の主流は、貧困対策と施設入所である。そのような時代にあって、そこにとどまらず地域福祉の構成要件として、社会生活上の困難の発生予防と社会生活の積極的な改善を図る予防的社会福祉を挙げた点は、今日においてより一層その重要性が高まっており、まさに時代を超えた慧眼であるといえる。

この予防的福祉は、今日では、まず虐待防止や成年後見制度など権利擁護に関する制度や実践として、地域福祉においてますます位置づけが重要となっている。家族・親族による扶養機能が脆弱化することにより、今後権利擁護に関する制度や実践のあり方について、さらに改善を図る必要がある。

また、独居高齢者の孤立死、若者や中高年者の引きこもり状態などの社会的孤立からの回復、貧困の世代間継承など、発生予防としての予防的社会福祉を、地域に特性に応じていかに展開していくかが地域福祉の重要な課題となっている。特に高齢者領域においては、地域における介護予防や認知症予防の取り組みが広がってきている。

この権利擁護・予防的地域福祉の意義として、一つには、社会生活上のハイリスク状態にある人や家族に対しての発生予防として機能する側面がある。もう一つには、子どもの貧困問題や若者の引きこもり問題のように、中・長期的な視点からみた場合、その社会生活の改善を図ることは、単なる発生予防だけでなく、社会的・経済的な価値を生み出す社会的投資機能として働くことが挙げられる。

地域福祉は、眼前の問題や課題に対処するだけでなく、このような新たな価値を創造する予防的機能をさらに拡充・発展させるべきであり、その点から予防的地域福祉とした。

4）地域福祉の推進体制の開発・整備

　地域福祉の構成要件の第四として、地域福祉の推進体制の開発・整備を挙げる。これは、ここまで述べてきたコミュニティソーシャルワーク、在宅ケアサービス、権利擁護・予防的地域福祉を推進する基盤と体制を開発・整備することである。それらの具体的な内容としては、まず一つに「地域福祉（活動）計画の策定と進行管理」を、次に「包括的相談・支援体制の開発・整備」を、そして第三に「関連公共施策の開発・整備と有機的連携」を挙げる。

　一つ目の「地域福祉（活動）計画の策定と進行管理」について、本稿で、その歴史的変遷に関する詳述は、紙幅の都合上避けることとする。ここで述べるべきことは、地域福祉（活動）計画の位置づけの再構築の必要性である。

　2000年の「社会福祉法」の制定によって、都道府県地域福祉支援計画、市町村地域福祉計画が法的に位置づけられた。その一方、今日まで市町村自治体において介護保険事業計画、障害福祉計画、子育て支援計画の三計画策定の義務化がなされたことにより、地域福祉計画の位置づけがあいまいになり、本来の意義と目的とは異なり、この三計画に入らない事業を対象とするであるとか、地域住民による地域福祉活動の活性化支援を重点化するなど、その意義と内容の矮小化が進んだ側面がある。

　この点において、政府は、「社会福祉法」の改正によって、その位置づけの再編成を図ろうとしている。政府による「社会福祉法」の改正にいたるまでの経緯は、他稿に譲るとするが、そこでは、市町村が地域福祉計画を策定するように努めるとともに、福祉の各分野における共通事項を定め、上位計画として位置づけることとしている[注3]。

　これについて、筆者が、多くの市町村地域福祉計画の策定に関わる際に提起していた点と同様であり、特に異議はないが、今後の市町村地域福祉計画、社会福祉協議会における地域福祉活動計画の内容において、先の図4に示したように、コミュニティソーシャルワークを展開可能とするシステムを組み込むことが重要であると考える。

　その点で、地域福祉の推進体制の開発・整備として、二つ目に挙げた「包括的相談・支援体制の開発・整備」が求められる。図4では、その内容として・保健・福祉エリアの設定、初期総合相談、送致のルールづくり、チームアプローチの体制づくりを挙げている。

　児童、障害、高齢者領域において、法制度上の相談窓口は、民間機関への委託を含めて、近年多様化し、拡散する傾向にあった。これらを地域住民に身近な圏域において、複合的な

注3　社会福祉法第107条の市町村地域福祉計画に関する改正案では、「市町村は、地域福祉の推進に関する事項として次に掲げる事項を一体的に定める計画（以下「市町村地域福祉計画」という。）を策定」するよう努めるものとすると、これまでの市町村自治体の策定を任意から努力義務としている。また、地域福祉計画の内容として、一地域における高齢者の福祉、障害者の福祉、児童の福祉その他の福祉に関し、共通して取り組むべき事項を挙げている。
　　さらに、市町村は、定期的に、その策定した市町村地域福祉計画について、調査、分析および評価を行うよう努めるとともに、必要があると認めるときは、当該市町村地域福祉計画を変更するものとする。
　　なお、都道府県地域福祉支援計画についても基本的に同様としている。

生活課題を抱える人の相談にあたり、効果的な支援体制を構築することは、簡単に可能となることではない。財政的な措置、拠点としての整備、相談にあたる職員体制、その資質等検討すべき課題が多い。これについては、市町村の人口規模、地域特性などを考慮したうえで、現在、また今後モデル的な取り組みについて精緻な検証をふまえたあり方を検討すべきと考える。

　地域福祉の推進体制の開発・整備の内容の第三は「関連公共施策の開発・整備と有機的連携」である。

　先に述べたように、今後のわが国における人口減少や急速な高齢化は、地域福祉の基盤であり、地域住民の暮らしの場であるコミュニティの持続可能性に深刻な危機をもたらす。それらは、地域住民の生活基盤である医療や介護、住宅、交通、産業、雇用、さらに住民相互の社会関係や地域の生活文化など、生活環境総体の危機として現れる。

　これらの危機的な状況の内容や程度は、地域によって差異があるが、言えることは、これまでの狭義の対象を限定した福祉的なサービスや活動だけでは、地域住民の安心・安全な暮らしを維持・向上させることに限界があるということである。政府が推進している地域包括ケアにおいても、多領域、多職種の連携への取り組みの促進が推奨されている。重要な点として、いかに市町村自治体においてこれらの社会福祉に関連する関連公共施策を開発・整備し、有機的な連携を図る機能を強化するかが求められる。地方自治体行政においても、法制度には忠実ではあるが、各領域において縦割り志向が強く、領域を超えた連携において効果的に機能した例は少ないといえよう。

　この点において、第一には、市町村行政において、地域福祉を担当する部署の機能強化を図るべきであるということを挙げたい。現在の市町村行政の部署では、地域福祉を担当する部署が設置されていたとしても、児童、障害、高齢者領域に入らないその他の事項を担当する部署として行政内部で認識されている場合が多いと考えられる。今後の地域福祉を担当する部署は、市町村において地域福祉を企画・運営する部署であり、関連する多くの他の領域との連携を図る部署として位置づけるべきである。

　そして第二には、市町村自治体における地域福祉と関連する公共施策との連携、新たな公共施策を開発・整備する体制のあり方について、継続的に担保するための条例の制定、または実施要項を策定するべきである。そうでないと、職員の異動により、従来の縦割り的な認識は変わることなく、維持されることになろう。

おわりに

　本稿は、地域福祉のイノベーションに関する総論として、最初に、歴史上また世界でも経

験をしたことがない人口減少・超高齢社会を迎えるわが国において、コミュニティの持続可能性の危機と地域福祉をめぐる問題群の様相について、具体的な例を挙げ述べた。それは、大きく地域の生活環境総体の危機、次代の担い手をめぐる危機として現れている。続いて、地域福祉のイノベーションを定義し、地域福祉のイノベーションを語る際の視座と方向性について、4点から述べてみた。

このような地域福祉のイノベーションの視座と方向性を提示したうえで、新たな地域福祉を構成する要件について、先人たちの論議について概略的に論じ、今日何故新たな地域福祉の構成要件について検討する必要性があるのかについて考察した。それをふまえて、新たな地域福祉を構成する要件について試論として提起し、そして、その具体的な内容について論じた。

本稿を執筆する契機となったのは、2016年6月に開催された日本地域福祉学会第30回記念大会の基調討論「コミュニティの持続可能性の危機と地域福祉のイノベーションを探る―最前線の現場から―」とのテーマで、筆者が、埼玉県和光市保健福祉部長の東内京一氏と認定NPO法人フードバンク山梨理事長の米山けい子氏と共に登壇し、論議したことによる。

両氏の報告は、行政と民間非営利組織という立場の違いこそあるが、これまで論じてきたわが国が置かれた地域社会の課題と現実に対し、既存の規範や枠組みにはまらず果敢に挑戦している内容が示されている。筆者にとっても非常に刺激的であり、地域福祉の新たな可能性を感じた次第である。実践編には当日の両氏の報告について掲載しているので、合わせてご高覧いただきたい。

●引用文献

1) 谷本寛治（2013）「ソーシャル・イノベーションの可能性」谷本寛治・大室悦賀・大平修司・ほか『ソーシャル・イノベーションの創出と普及』NTT出版、8
2) 前掲書1）、14
3) 前掲書1）、10-14
4) 前掲書1）、25-26
5) 駒村康平（2016）「2025年の日本：破綻か復活か」駒村康平編著『2025年の日本：破綻か復活か』勁草書房、20
6) 山崎　亮（2016）『縮充する日本「参加」が創り出す人口減少社会の希望』PHP研究所、233-234
7) 前掲書6）、231-233
8) 厚生労働省　地域における住民主体の課題解決・相談支援体制の在り方に関する検討会（地域力強化検討会）（2016）「地域力強化検討会中間とりまとめ：従来の福祉の地平を超えた，次のステージへ」平成28年12月、11-12
9) 寺谷篤志・平塚伸治（2015）『「地方創生」から「地域経営」へ：まちづくりに求められる思考のデザイン』鹿野和彦編著，仕事と暮らしの研究所、23
10) 岡村重夫（1974）『地域福祉論』光生館、62-63
11) 前掲書10）、86-101
12) 前掲書10）、162-163
13) 右田紀久恵（1973）「地域福祉の本質」住谷　馨・右田紀久恵編『現代の地域福祉』法律文化社、11-13
14) 右田紀久恵（1984）「地域福祉の構成要件」阿部志郎・右田紀久恵・永田幹夫・ほか編『地域福祉教室』有斐閣、72
15) 永田幹夫（1985）『改訂・地域福祉組織論』全国社会福祉協議会、36

16）永田幹夫（1993）『改訂・地域福祉論』全国社会福祉協議会、46
17）鈴木五郎（1983）『増補・地域福祉の展開と方法』筒井書房
18）牧里毎治（1986）「地域福祉の概念構成」右田紀久恵・高田真治編『地域福祉講座①：社会福祉の新しい道』中央法規出版
19）平野隆之（2008）「地域福祉の概念」平野隆之・宮城　孝・山口　稔編『コミュニティとソーシャルワーク』有斐閣、82-93
20）岡本栄一（2006）「地域福祉の考え方の発展」福祉士養成講座編集委員会編『新版・地域福祉論』中央法規出版、10-15
21）前掲書20）、13-15
22）大橋謙策（2002）「21世紀トータルケアシステムの創造と地域福祉」大橋謙策・野川とも江・宮城　孝編著『21世紀トータルケアシステムの創造：遠野ハートフルプランの展開』万葉舎、58-59
23）宮城　孝「地域福祉計画」日本地域福祉研究所監、中島　修・菱沼幹男編『コミュニティソーシャルワークの理論と実践』中央法規出版、80
24）岡村重夫（1974）『地域福祉論』光生館、162-163

第1章　コミュニティの持続可能性の危機と地域福祉のイノベーション

実践編 1

地域の縁を結ぶフードバンク山梨の取り組み

（認定NPO法人フードバンク山梨理事長、全国フードバンク推進協議会代表）米山けい子

1　地域の縁を結ぶフードバンク活動

　かつて、わが国では、家族・親族間による経済的、また時間的援助（血縁）、地域での助け合いやコミュニティによる孤立化の防止（地縁）、企業における安定した雇用や手厚い企業福祉など会社を基盤とするつながり（社縁）が、私たちの生活を守るセーフティネットとして機能していました。現在、無縁：社会といわれるように、血縁・地縁・社縁による助け合い活動は減少、あるいは消滅し、生活困窮者世帯が増加しています。

　こうした中で、フードバンク活動は地域における新たな縁を結ぶ活動となるのではないかと考えています。フードバンク活動とは、活動に賛同した企業から、外箱の破損や外箱のつぶれ、ラベル印字が薄いなど、製造・販売の過程で生じる食品の寄贈や、ご家庭にある食品を市民の皆さまから無償でいただき、生活に困窮している世帯や障害者施設、さらに高齢者施設に無償で提供する活動です。わが国で、まだ食べられるのに廃棄される食品は年間624万トンといわれています。トンをカロリーベースに直すと、1人1日あたりほぼ1食分が廃棄されているという、相当数の食品が捨てられてしまっているという状況です。こうした中で、フードバンク活動は、企業にとって廃棄コストの削減となる一方で地域における社会貢献（Corporate Social Responsibility；CSR）にもつながります。

　このようにフードバンク活動は、生活に困窮している世帯を市民や企業など地域全体で支える活動であり、血縁・地縁・社縁に代わる新たな縁を結ぶ活動として地域のセーフティネット機能を有すると考えます。

写真1　熊本地震での活動

写真2　防災品の白飯

 ## 災害時における活動

　フードバンク団体では災害時における取り組みも行っています。2016年4月14日、熊本地震が発生した際、17日には、現地に当団体（NPO法人フードバンク山梨）のスタッフが入りました。当時、全国からの支援物資が届いていましたが、各避難所で差が生じていました。そのため、全国各地のフードバンク団体から、保管している食品を提供していただき、物資が届いていない避難所に食品を届けました（**写真1**）。震災直後は電気や水などのライフライン、および一般の流通網が止まっていたため、コンビニやスーパーでも食料が買えないという状況でしたので、防災品やお米、缶詰、レトルト食品やインスタントラーメンなど、普段フードバンク団体が保管している物資は被災者の皆さんにとても喜ばれました（**写真2**）。

 ## 提携企業と同意書の締結

　現在、同意書を締結した企業は55社となりました。同意書を締結することは、寄贈される食品の「安全性の確保」、またフードバンクの「責任の所在」を明らかにすることにつながります。例えば、当団体では食品の管理を倉庫で行い、食品を取り扱った際の記録を作成し保存しておくことで、食中毒など健康に影響を与える事故等が発生した際に、問題のある食品がどこからきたのかを調べたり（遡及）、どこに提供したのかを調べたり（追跡）することができます[1]。

④ 市民参加のフードドライブとアメリカにおけるフードバンク活動

　フードドライブとは、一般家庭で発生するもったいない食品（余剰品）を集める活動です。こうした活動は市民同士が助け合う共助の関係を築くことにつながります。また、寄付者自身が食品ロスや貧困問題を考える機会となり、市民のフードバンクに対する認知度の向上にも貢献することができます。2015年12月のフードドライブでは6.2トンの食品が寄付され、それら一つひとつの賞味期限をチェックし、困窮世帯への支援に活用しました。

　アメリカでは、連邦政府の施策として、生活困窮者に対し「フードスタンプ」と呼ばれる食糧券の支給が、2008年に栄養補助に重点を置く「補助的栄養支援プログラム」(Supplemental Nutrition Assistance Program；SNAP、呼称「スナップ」) に拡充されました。スナップ利用者は、2007年のサブプライム住宅ローン崩壊等で大幅に増加し、2010年には4,000万人（国民の約8人に1人）を突破しています。つまり、生活困窮者の基本的な食糧給付の約半分を州政府がスナップで支給し、不足する残りの約半分を民間公益団体である全米200余のフードバンクが提供している形になります。アメリカでは生活困窮者が生活保護を受ける手前の段階で食糧の現物支給で生活を支え、フードセキュリティを欠いた生活困窮者に満遍なく食糧が行き届く施策を行っています[2]。

⑤ 事　例

　ある寒い冬の日、女性の方から1本の電話がありました。「明日食べるものがない、お金もない、今、家族4人おかゆで過ごしている、フードバンクさん助けてください」と。私は慌てて、福祉課の方に同行していただき、すぐにその家庭に駆けつけました。なんと、驚くことに、その家は立派な2階建てで、車もありました。ただ、お話を聞くと、もう何年も車は車検切れ、ガソリンも入っていないとのことです。本当に寒さで凍えるような日にもかかわらず、家の中は暖房が入っていません。ご家族は卓上コンロでおかゆを食べて過ごしていたということです。

　よくよく聞いてみますと、病気になられた女性（妻）を、夫が看病するために自営でやっていたお仕事を辞められ、そうするうち、ご自身も年をとり、仕事にはなかなか就けないし収入も少ない。仮にご自宅を売却しても借金が残るなど、本当に困窮している中で、周囲の人にもいえないというような状況でした。この体験から、自宅が

あっても生活に困窮されている方々が多くいるのではないかと考え、個人への食糧支援（食のセーフティネット事業）を開始しました。

最終的にたどりつく食の困窮

　さまざまな理由で困窮された世帯は最終的に、「食べ物がない」という状況にたどりつきます。フードバンク活動から、生活に困窮されている世帯には、特に、子どもさんがいる家庭が多いのではないかと感じていました。こうしたことから、2010年11月から2015年3月に支援した2,303人（1,155世帯）を対象に調べてみたところ、なんと「その2,303人の中に、子どもさんが690人、約30％もいたということ」に非常に驚きました。これまで、海外の子どもさんに目がいっており、身近に暮らす本当に地域のなかにいる子どもさんたちへの支援が不足していたというところから、活動が始まっていきました。

　食品を送付する際、ご家庭の状況に合わせた手紙を入れています。また、返信はがきも同封しており、当団体に届けられた食品の提供を受けたご家族からの返信はがきは3,000通を超えました。返事の内容から、ご家族の状況を知ることができ、子どもさんが多い場合には、お菓子などを多く入れ、お米は6キロぐらい入れています。また、乳児のいるご家庭にはミルクや離乳食など、その世帯に合わせた食品を送付してしています。こうした柔軟かつ即効性のある活動は、やはりNPOだからこそできるのではないかと思います。

返信はがきから①

　「品物が届きました。当日、私は前日から続く片頭痛で伏せっていました。孫は朝から玄関でハンコを用意して待っていました。ここに書くのは恥ずかしいのですが、ここ数年、本当に大変な思いをしていました。2年前、1日に豆腐1丁しか食べさせることができないときがありました。体の大きな孫は、空腹で眠れずに、夜中にふと気づくと台所でボーッと立ちすくんでいました。その姿が今でも忘れることができません。今、皆様にこうして助けていただいて、本当に感謝しています。」

返信はがきから②

　「(母子家庭のため) 子どもがどんどん大きくなるのに、我慢ばかりさせる日々でした。けれど、文句は言わず、子どもには本当に感謝です。フードバンク様を紹介していただき、とても救われました。子どもに気を遣わず、こちらも気兼ねすることなく、食べていいよと言ってあげられることのすばらしさを痛感しています。本当にありがとうございます。」

返信はがきから③

お孫さんと生活をされている方からいただきました。

「私は、今月一度もお米を買わなくて済みました。牛乳や卵、納豆、チーズ、お肉などの、いつももっと多めに食べさせてやりたかったものにお金を回すことができました。それでも、5,000円以上の出費を抑えることができ、ありがたくて涙が出ます。2年以上穴の開いた靴を履いている孫に、何とか靴をと考えています。『貧すれば鈍する』という言葉通り、最悪のことまで考えた日々がありました。そんなとき、フードバンクの活動に救われました。行政では難しい柔軟で即効性のある、命に直接繋がる活動だと思います。」

NPOだからできる柔軟かつ即効性のある活動

特に、大切にしていることは、行政窓口機関との連携です。仮に「明日食べるものがない、お金が10円、100円しかない」という方が相談にこられても、すべての方が制度にあてはまるわけではありません。当団体では、制度の狭間にいる方、生活保護に該当しない方などを対象に、利用申請書を書いていただき、提出していただきます。その後、月2回、最大3カ月の間、申請されたご家庭に、宅配便で食品等を送るシステムとなっています。現在、高齢者、失業者、ひとり親家庭、路上生活者など、さまざまな生活困窮者の方から申請があります。

フードバンク活動では市民や学生によるボランティアが大きな役割を果たしています。例えば、市民や学生による賞味期限のチェックや箱詰め作業があります。また、農家の皆さんからのお米は30キロ袋で寄付されますので、2キロずつの袋詰め作業なども学生や一般のボランティアの方にやっていただいています。

子どもへの支援「学校とフードバンクの連携」

こうした経緯から、明日の食べ物にも事欠く子どもたちが、この飽食な日本にいるということに気づいていくことになりました。そして私たちの活動は、社会から求められ、必要とされているのではないかと考えるようになりました。

夏休みなど、学校が長期の休みに入り給食がない時期には、どうしても食費がかさみます。一方で、ひとり親家庭では、夏休みのため、働く機会が少なくなり、収入が減るということを聞きました。まして、生活に困窮されているご家庭のお子さんは十

分な食事を確保することが困難になってしまいます。

このような声に耳を傾けた結果、「フードバンクこども支援プロジェクト」の実施につながりました。第1回目では支援世帯は、県内127世帯で、そのうち母子世帯が65％の83世帯、19歳以下の子どもが288人でした。この中には学校からの申請が13件ありました。やはり、夏休みや週末は学校が休みのため、給食はありません。夏休みに空腹で「先生、何か食べるものない？」と言って学校にきた子どもを何とかしたいと思った一人の先生からの要望で、当団体と学校との連携が始まりました。空腹のあまり、万引をしてしまった児童もいたそうです。こうした経緯もあって、子どもたちの支援として学校とフードバンクが連携して、日本で初めて「フードバンク子ども支援プロジェクト」を実施しました。3年目となる2017年の夏休みは、546世帯約1,100人の子どもたちに食料支援、学習支援、バーベキュー大会等のイベントを実施しました。アメリカでは、すでに週末や夏休みに子どもたちに食品を配布する取り組みが「バックパックプログラム」という名前で行われており、160以上のフードバンクが45万人以上の子どもたちに食品を配布しています。

フードバンク活動を次世代につなげるために

フードバンク活動を、次の世代につないでいくためには、一つの団体の力では限界があります。そのため、全国規模で力を合わせていきたいという思いから、全国フードバンク推進協議会が設立されました。現在21団体が加盟しており、今後さらなる増加を目標としています。全国フードバンク推進協議会では、政策提言、広報、ノウハウの共有などを行っています。

最後に、フードバンク活動を次世代につないでいくために、「賛同から、参加へ」、自分ができるところから行動に移していただくよう、企業、市民の皆さま方にお声かけしているところです。

● 引用文献
1) 農林水産省ホームページ「トレーサビリティ関係」
　http://www.maff.go.jp/j/syouan/seisaku/trace/（2017年3月2日参照）
2) NPO法人フードバンク山梨「米国フードバンク視察報告（St. Mary's Food Bank Alliance Phoenix, Arizona, U.S.A）」.
　file:///C:/Users/admin/Downloads/america.pdf（2017年3月2日参照）

● 参考文献
農林水産省「海外におけるフードバンク活動の実態及び歴史的・社会的背景等に関する調査」
　http://www.maff.go.jp/j/shokusan/recycle/syoku_lossfoodbank/pdf/data1-2.pdf（2017年3月2日参照）

第1章 コミュニティの持続可能性の危機と地域福祉のイノベーション

実践編 2

和光市における超高齢社会に対応した地域包括ケアシステムの実践：マクロの計画策定とミクロのケアマネジメント支援

―地域包括ケアにおける地方自治体行政の役割―

（埼玉県和光市保健福祉部長）東内京一

1 和光市の地域包括ケアシステムの実践

　和光市の地域包括ケアは、高齢者の介護予防、あるいは在宅介護の展開というところから始まっているのですが、そこで培った地域包括ケアのノウハウを、現在、子どもの子育て支援や障害を持つ方への支援、さらに、最近、創設されました「生活困窮者自立支援法」の必須事業、任意事業など多様な分野で活用し、事業を展開しています。本稿では和光市における超高齢社会に対応した地域包括ケアシステムにおける実践から、マクロの計画策定とミクロのケアマネジメント実践、地域包括ケアにおける地方自治体行政の役割について述べさせていただきます。

2 多様な市民ニーズを支える地域包括ケアシステム

　わが国の総人口は、長期の人口減少過程に入り、2026年に人口1億2,000万人を下回った後も減少を続け、2048年には1億人を割って9,913万人となり、2060年には8,674万人になると推計されています。その結果、2060年には高齢化率は39.9％に達し、2.5人に1人が65歳以上となることが見込まれています[1,2]。

こうした中で自助、互助のあり方、また共助、公助の支援内容について検討し、多様な市民ニーズを支える地域包括ケアを考えていくことが必要ではないかと考えます。

　多様な市民ニーズを支える地域包括ケアを自助、互助、共助、公助の枠組みからみると、団体自治には公共的な支えとして行政（地方政府）による自治基本条例の設定、基本構想・計画の策定、各種のまちづくり施策の展開などがあります。

　一方、住民自治としては自助（互助）による地区内の相互扶助の関係で、民生委員による活動、校区の支え合い活動、公民館活動などが行われています。また、隣組や向こう三軒両隣のような地縁、あるいは血縁の支え合いがあります。こうした行政の活動と地域のつながり、さらに企業による地域課題に対する社会貢献（Corporate Social Responsibility；CSR）活動が非常に重要であると考えます。わがまちの地域課題を解決するために、地域の企業に賛同していただき、何らかの資源、いわゆるヒト、モノ、カネを確保していく。こうしたことも重要ではないかと考えるからです。

　また、わがまちにある法律制度をどう運用するか、あるいは制度が法律に定められていない場合、独自の条例を創設するためにどうすればよいか、このようなスタンスが行政（地方政府）にないと、これからの地域課題は解決できないのではないでしょうか。私は、国・県の施策を吸収して、さらに団体自治という行政を住民自治に変換していくという姿勢が重要で、それが行政（地方政府）の基本的なあり方だと思っています。

　例えば、多様な市民ニーズを支えるために官・公だけではできない場合、そこに民の力、NPO、あるいは協同組合を含め、さらにCSRとの融合をどのように検討していくか、こうしたことが重要です。法による制度化がされていなくても、各市町村の実情に応じて、自治基本条例をつくることが可能であるため、こうした意識を持つ公務員をもっと増やすべきであると思います。

　多様な市民ニーズ（課題）を解決するためには、NPOやボランティアを含めた住民自治をもう一つの公共的な支えとして地域包括ケアシステムを検討していくことも、一つの方法であると考えます。

3　共生社会を目指す市町村の姿勢

　共生社会を目指す市町村の姿として、行政（地方政府）には「姿勢」と「やる気」が求められています。それは、国が制度をつくり県に下すだけではなく、まず、地域や高齢者の状態像を把握する、つまりアセスメントによって地域の状況の把握や課題

の分析が必要です。次に、地域課題が明らかとなり、解決するための手法を検討し、方向性が決定したら、住民や議会に対しての説明責任、そして合意形成を得ることが必要です。さらに、非営利団体や事業者などからの意見や要望、あるいは提案にも耳を傾けることが必要です。これらの過程を経て、施策を基本構想（まちづくり構想）につなげること、それが市町村の本来あるべき姿であると思います。

　そのために、行政職員として姿勢とやる気を持った人材を育成することが非常に重要となります。公務員は一般的に3年ごとに部署の異動が行われます。こうした中で、特に福祉行政においては、10人中2人程度は異動の期間を10年のワンスパンとして次の担当と5年かぶらせることなど、今後検討すべき重要課題です。そのとき考慮すべきことは、行政職員の「洞察力、協調性、企画力」、あるいは「協働性、実行力、さらに情熱」が不可欠であるという認識で、これらを備えた職員を養成するところから和光市の自治計画の策定は始まっている、そうしたスタンスを持つべきだと思います。

4　マクロの計画策定

　和光市の地域包括ケアシステムでは、介護保険事業計画（「長寿あんしんプラン」）を基本に、そのノウハウを障害者計画・障害者福祉計画、子ども・子育て支援事業計画、生活困窮者自立支援計画のすべてに展開しています。その中で、準中学校区を一つの地域ととらえた日常生活圏域の設定、地域ケア会議およびニーズ調査による地域課題の発見、この三つを実行しています。

　また、地域福祉計画と地域福祉活動計画を一つの委員会で一体的に展開しています。長寿あんしんプランと障害分野、子ども分野、そして生活困窮者の分野すべての計画は実行機能計画であり、理念計画である地域福祉計画、地域福祉活動計画を各計画の上位として、その統合を図っています。

5　ニーズ調査に基づく地域課題の分析

　和光市では、住民からの要望に対応するだけなく、ニーズ調査という方法で高齢者の個別課題、あるいは地域課題を把握しています。ニーズ調査は88項目の質問からなる記名式の調査票を郵送して行い、返信をいただいた中で課題を「見える化」することができます。例えば、健常者と認知症の中間にあたる、MCI (Mild Cognitive

Impairment：軽度認知障害）という段階（グレーゾーン）の高齢者の状況や、生活に困窮されている低所得者数や独居高齢者の居住形態から集中する地域や「公社・公団（賃貸）」に極めて多くの独居者がいることが明らかとなりました。こうしたデータを総合的に検討することによって、生活保護の住宅扶助などで入居できる低所得者向けのグループホームの建設の必要性等がみえてきます。和光市では、こうしたニーズ調査から得られた数値等の情報を市民に公表し、説明したうえで地域課題の解決に資するサービス基盤を構築しています。

6 マクロとミクロ双方からの総合的検討

　ニーズ調査から把握された高齢者の生活課題や地域課題は、介護保険事業計画に反映され、地域包括支援ネットワークが構築されます。高齢者等の課題解決を図る支援として「介護保険サービス」、「医療系サービス」、「住宅」、「生活支援サービス」、「福祉・権利擁護」がネットワーク化され、個々の課題に応じてサービスが提供されます。

　こうした地域包括支援ネットワークは、高齢者の多様な個別課題に対応する支援基盤となります。例えば、Aさん、Bさん、Cさんを想定してみましょう。Aさんは生活課題の支援は介護保険だけでよい。しかし、Bさんは医療と介護が必要だ。さらに、Cさんは、生活支援が介護と医療のほかに必要だ、というように個人を支援するために異なる制度を連結していくことが求められます。

　これらの仕組みを構築するために、個別のケアマネジメント支援、要介護者・家族に対する支援としてコミュニティケア会議（法令用語では地域ケア会議）を展開しています。例えば、自宅に「高齢の母親」と「精神障害を患った息子さん」が同居している世帯への支援は、介護のヘルパーは介護だけ、精神のヘルパーは精神だけで入ったのでは、世帯全体の支援をすることはできません。障害と介護は担当課が分かれますが、ケア会議の中で一体化し、世帯プラン作成として他の制度や他の職種を統合していきます。

　和光市では、マクロとして、各計画の基本方針と、個々のケアマネジメントのミクロ的な支援のあり方を考えることが重要であるという視点に基づいており、マクロとミクロの双方から総合的に検討していきます。

実践編2●和光市における超高齢社会に対応した地域包括ケアシステムの実践　33

7 ミクロのケアマネジメント支援

　和光市の生活困窮者関連の事業では「くらし・仕事相談センター」を市内に2カ所設けています。その中の職員は社会福祉士資格を保有しているのですが、さらに、ファイナンシャルプランナーの2級資格をとっていただきました。それは、キャッシュフローの計算をできる方が「くらし・仕事相談センター」にいなかったら、生活困窮に対する具体的な生活の立て直しを支援するという視点がマネジメントから落ちてしまうからです。

　また、高齢者の医療介護連携においては、病院を退院後、リハビリテーションのために老人保健施設に入所後、特別養護老人ホームへの入所を待つケース、それだけではなく、急性期病棟から退院後、在宅医療を受けることで自宅に戻るケースもあります。大切なことは、ケースに応じ高齢者の在宅を支援するチーム編成が地域にできれば、特別養護老人ホーム、あるいは介護療養型医療施設（療養病床）に近づく在宅ケアが可能になり、施設入所と在宅の選択肢が広がります。

　そのために和光市では、中央コミュニティ会議を開催して、病院や介護保健施設の入退院・入退所時の効果的連携を目指す垂直統合と、地域の医療と介護サービス基盤の連携を行う水平統合を行い、総合的にマネジメントするミクロのケアマネジメント実践を展開しています。

　自己の経験から、生活課題は、身体的・精神的・経済的に自立できない、主にこの3点に集中していると考えます。

　現在、在宅を支援するために、小規模多機能型居宅介護、グループホーム、24時間定期巡回などの地域密着型サービスを推進しています。さらに、在宅療養支援診療所や配食サービスセンターなどが展開されています。加えて、和光市では地域密着型サービス拠点に地域交流スペースをつくり、そこで介護予防サポーターに活躍いただき、地域支援事業の介護予防事業をやってもらうなど多機能的にとらえた地域福祉の展開を行っています。

8 和光市コミュニティケア会議（地域ケア会議）

　前述したように、ミクロのケース検討を通じた地域課題を積み上げてマクロな政策に反映させ、新たな計画策定時に解決する基盤（サービス）をつくっていく。こうした支援を展開させるための一つの手法として、地域ケア会議を行っているわけです。

表1　和光市コミュニティケア会議（地域ケア会議）包括的・継続的支援事業タイプ

項　目	所要時間	ポイント
（1）プラン作成者より概要説明	約4分	・現在の状態に至った個人因子・環境因子を簡潔に説明する（生活機能低下の背景を洞察することが重要）。 ・【更新プランの場合】前回の支援計画に対して評価する。 　　⇒目標に対して達成か未達成か？ 　　⇒未達成の場合はその原因は？ ・生活機能評価を解説する。 　　⇒改善可能なポイントは？　維持なのか？　悪化予防なのか？ ・上記をふまえて次期プランを説明する。 （注）参加者は、自らの専門分野を中心に内容をチェックする。例えば、保健師・看護師は、医療リスクの高い人の生活上の注意点や、服薬内容に対してサービス内容が妥当かどうかという視点。社会福祉士は、独居や認知症ケース等に対する権利擁護的な観点。
（2）事業者からの評価、今後の支援方針	約4分	・居宅介護支援事業者、介護予防通所介護、グループホーム、ケアハウス、食事の自立支援事業者、ゴミの戸別収集事業者、住宅改修事業者、福祉用具事業者など、利用しているサービス提供事業者が各立場から発言する。
（3）全参加者から質問、意見	約10分	・参加者は、挙手したうえで発言する。 ・司会は、ケースの本質（課題の本質）やプラン作成・サービス提供上の注意点などについて、端的に言語化してまとめ、共通認識にぶれが生じないようにする。
（4）まとめ	約2分	・司会は、会議の最後に次回（通常3カ月後または6カ月後）までのケア（プラン修正含む）の方針を確認する。 ・介護支援専門員や事業者等が当面行う必要がある課題（例えば、医師の意見の確認、専門医の受診、追加訪問調査、家族からの事情聴取、など）がある場合には、その漏れがないよう、最後に念押しする。

　和光市コミュニティケア会議は、表1の手順で進め、1ケース20分でまとめていきます。これらの会議手法を、リアルなケース調整を通して、OJT（On-the-Job Training）により人材育成を図りました。

　また、施策推進の基本姿勢を要望対応型行政から課題解決型行政に転換し、マクロとミクロの両面においてその機能の徹底を図っています。その計画においては課題解決に資する組織や会議等の体制（ストラクチャー）をどうとるか。要は、プロセスロードマップをどうとるか。あとは、プロセスエンジンをどういうふうにつくっていくか。そして、効果を生むか。また、連携尺度についてもリンケージレベルの声かけだけでなくて、定期的に会議をやるコーディネーションレベルなのか、会議の中でも用紙を統一して機能的に統合するインテグレーションレベルなのか。そういう連携のスタンスも重要です。

　さらに、和光市では政策の推進手法をPDCA（Plan-Do-Check-Act）からSPDCAへ転換し、計画策定の前提となるSurvey（情報収集とその分析・評価）を重視するよう職員の意識改革を図り、施策の実行手法として官民の協働が進行してきたところ

です。

❾ 介護予防の効果と介護予防の概念

　こうした実践の中で、2003年より全国に先駆けて実施している介護予防の効果が表れ、和光市の要介護（要支援）認定率は低く推移しています。また、5歳刻みの各年齢別階層においても、認定率は全国を下回り、とりわけ80〜89歳以上では10％以上の低率となっています。

　私は、介護予防の概念は生活保護予防にも効果があり、ひいては生活保護から脱却し、自立生活をしていくことができると考えます。経済協力開発機構（Organisation for Economic Co-operation and Development；OECD）による相対的貧困率の国際比較（2010年）によると、わが国の子どもの相対的貧困率は、OECD加盟国34カ国中10番目に高く、OECD平均を上回っています。さらに、子どもがいる現役世帯のうちひとり親世帯における相対的貧困率はOECD加盟国の中で、最も高くなっています[3]。

　和光市では、こうした家庭への支援として、学習支援、親御さんへの就労支援、生活自立支援などを一体的に行っています。ひとり親家庭の親御さんに対しては、技能訓練を経て、例えば看護師になるなどの就労支援も必要になります。このように、一定の自助努力ができるよう支援していくことが、官民協働のあるべき姿ではないかと考えます。

❿ 和光市各種ケアマネジメントの一元化

　和光市では、ケアマネジメントの一元化を目指して、2018年度を目標に、高齢者の「地域包括支援センター」、障害児・者の「地域生活支援センター」、「生活困窮者自立支援法」の「くらし・仕事相談センター」、子ども・子育ての「子育て世代包括支援センター」を一元化した「統合型地域包括支援センター」をつくる予定です。

　また、中央コミュニティケア会議に高齢者、障害、子ども、生活困窮の四つの部会を設け、必要に応じて連携しながら一つひとつのケアプランを支援していくことを目指しています。そのために私の所管する保健福祉部に、新たに福祉政策課（現在は、地域包括ケア課）をつくり、Aさん、Bさんの課題が、障害、あるいは介護に分かれたときには、必ず福祉政策課の総合相談支援調整担当のもとにくるような役所のスト

ラクチャーをつくりました。

　今後生産年齢人口が減少していく中で、「あなたは高齢者の社会福祉士、あなたは子どもの社会福祉士」という時代はなくなると思います。介護保険で培った地域包括ケアシステムのノウハウを保健福祉行政全般にリンクさせることで、市民にとってどのようなライフステージにおいても一人ひとりの尊厳や幸福を目指した自治体の役割が果たせると考えます。これが共生社会実現の支援のあり方の一つです。

⑪ 地区社会福祉協議会の設立により目指す地域の姿

　地区社会福祉協議会（以下、地区社協）は、誰もが安心して暮らすことのできる福祉のまちづくりを目的に、地域住民が自発的に取り組むために設立された自主的な住民組織です。住民参加による地域福祉活動を通して、地域のふれあいを高めるとともに、住民一人ひとりの福祉課題を地域全体の福祉課題ととらえ、その解決に向けた取り組みを行っています。

　和光市では、2016年度、市内2カ所に地区社協が立ち上がり、2019年度までに合計9カ所設置する予定です。地区社協の設置により目指す地域の姿は、地域住民の交流、文化、暮らしの安全と安心など地域の絆の構築であり、有事への備えとして緊急時・災害時に機能する地域コミュニティを促進します。つまり、地域における自助力・互助力の強化につながります。

　今後、和光市内の介護事業所、保育事業所においては、生活困窮や障害のある方、またひとり親家庭の就労支援先として雇用を促進していただきたいと考えております。こうした循環が重要であり、それが互助の関係ではないか、そして、そのように進めていくことが、地域包括ケアにつながる地域福祉の進化であると考えます。

●引用文献
1）内閣府「平成27年版高齢社会白書」
　　http://www8.cao.go.jp/kourei/whitepaper/w-2015/zenbun/27pdf_index.html（2017年3月4日参照）
2）内閣府「平成28年版高齢社会白書」
　　http://www8.cao.go.jp/kourei/whitepaper/w-2016/zenbun/28pdf_index.html（2017年3月4日参照）
3）内閣府「平成26年版子ども・若者白書（全体版）：第3節　子どもの貧困」
　　http://www8.cao.go.jp/youth/whitepaper/h26honpen/b1_03_03.html（2017年3月4日参照）

●参考文献
総務省統計局「人口推計（平成28年9月確定値、平成29年2月概算値）」
　http://www.stat.go.jp/data/jinsui/new.htm（2017年3月4日参照）

コメント

地域共生社会の実現を目指した公私の役割
―地域福祉のイノベーションを志向した実践報告から―

（日本社会事業大学社会福祉学部専任講師）**倉持香苗**

　「地域福祉のイノベーション」とは何か。宮城論文（本章理論編）では、「コミュニティの持続可能性の危機に対する地域福祉の課題解決への取り組みを通して、新しい社会的価値を創出し、社会的成果をもたらす革新」と定義されている。「革新」が必要とされる背景には、人口減少・超高齢社会、地域の希薄化などがある。とりわけ近年は、地域課題の複雑化・多様化により、制度による課題解決が追い付かず、地域住民の主体的な活動が期待されているほか、包括的な相談支援体制の構築が目指されている[1,2,3,4]。

　誰もが安心して暮らし続けることができるまちを創るためには、多様な活動主体に期待するのみならず、新たな地域包括支援体制の構築が不可欠である。さらに、公私あるいは官民の連携と協働が重要になる。実践編で紹介された二つの事例は、NPO法人の実践と地方公共団体の実践であり、いずれも公私協働あるいは官民連携の重要性が示唆されている。言うまでもなく公と私（官と民）の両者は、車の両輪のように、どちらか片方が欠けてはならないものである。

　地方自治体にとって、地域の状況に応じた施策を立案しそれを展開するためには、多職種連携はもちろんのこと、地域住民あるいは民間組織との連携が不可欠である。一方、民間の立場からは、地域課題の解決を目指すための活動の基盤をより強固にするために、行政からの理解と協力を求めている。そこで本稿では、持続可能なコミュニティを形成するための地域福祉のイノベーションについて、地域福祉実践における公私協働あるいは官民連携に焦点をあてながら考察し、その内容を本章のコメントに代えさせていただきたい。

1 「小さな拠点」から発信する地域福祉のイノベーション

(1)「小さな拠点」を中心とした地域づくり

　たった1人の気づきから始まった個別課題あるいは地域課題を解決するための実践や、社会福祉法人やNPO法人をはじめとする民間団体等によりおこなわれる地域福祉活動は、各地で展開されている[5,6,7,8]。他者が抱えている課題を解決するための実

践を通じて、新たな個別課題や地域課題に直面することは、決して珍しいことではない。また、新たに把握された課題を解決するための取り組みから、さらに新たな課題が浮上してくることもある。このように、小さな気づきから始まった実践は、さらに広く、深く展開していく可能性がある。

　厚生労働省が掲げる「地域共生社会の実現」[3,4]においては、地域づくりを「他人事」ではなく「我が事」としてとらえることが重視されている。すなわち「支える」「支えられる」という関係ではなく、「支え合う」関係を構築することが求められており、誰かの「ために」ではなく「共に」という姿勢が重視されている。一人ひとりが地域を創る主役であるということであろう。

　さて、課題を解決する際に不可欠となるのが「場」すなわち地域拠点である。例えば「誰もが支え合う地域の構築に向けた福祉サービスの実現—新たな時代に対応した福祉の提供ビジョン」[2]においては「小さな拠点」とされている。「小さな拠点」は世代間交流・多機能型の活動拠点として包括的にサービスを提供する場として提起されているほか、まちづくりの拠点としても期待されている。一方、総務省は「小さな拠点」について、住民の生活に必要な機能・サービスを集約化し周辺集落とのネットワークを持つ場としている[9]。いずれも地域福祉のイノベーションを推進するうえで必要な考え方であるが、本稿では「小さな拠点」について、前者に準拠してとらえたい。

(2)「小さな拠点」に対する期待と課題

　世代間交流やまちづくりの拠点として機能する「小さな拠点」は、専門的なサービスを提供する場所からサロンや居場所と呼ばれる場所まで、多様な形態がある。運営主体も同様に、個人、任意団体、NPO法人、社会福祉法人などさまざまである。こうした「小さな拠点」が増加し、地域課題を解決する場として、あるいは住民が支え合う関係を構築する場として機能すれば、地域福祉のイノベーションを志向した実践は各地で展開されることになるだろうと期待が高まる。

　一方、「小さな拠点」が抱える課題もいくつかある。例えば、筆者が「小さな拠点」の一つとして取り上げたコミュニティカフェの運営状況およびスタッフのアプローチに対する調査結果によると、「子ども・障害者・高齢者・不登校児童生徒などの居場所づくり」「住民が交流する場づくり」というように、個人あるいは地域が抱える課題の解決を目的として設置された場所は、そうでない場所と比較すると、財源の確保に課題を抱えている状況がみられた。さらに主な収入が「補助金・助成金」であると回答した場所については、「今後も補助金などを受けなくては運営を継続することはできない」と回答した割合は86.6％であった[10]。詳細は前掲書に譲るが、本調査結

果においてはコミュニティカフェの開設理由によりスタッフのアプローチに違いがみられたほか、スタッフの積極的なアプローチにより利用客同士の関係性が構築される傾向にある旨が明らかになった。

このように「小さな拠点」として機能することが期待されながらも、家賃および光熱水費、人件費をはじめとする運営費用の確保に苦慮している例は少なくない。しかし、だからといって補助金や助成金に期待できるほど、地方公共団体の財政は豊かであるとは言いがたく、民間の助成金を獲得できるチャンスも多くはない。さらに、補助金や助成金の多くは期限が設けられており、最終的には自主財源の確保が課題となる。

今後は、地域住民による主体的な活動を推進する仕組みを構築すると同時に、活動に対する多様な支援のあり方を検討することが必要になるだろう。例えば、企業の社会的責任の取り組み（Corporate Social Responsibility；CSR）として、地域にある企業が住民の活動を支えることや、企業がNPO法人と協働してCSRに取り組むことも考えられる。筆者は、社会福祉法人、NPO法人というように社会福祉領域と深く関わりのある領域の枠を超え、地域の企業等と有機的に結びつくことで、これまでになかった新たな取り組みが生まれることを期待している。

② 地域福祉のイノベーションを志向した実践を可能にするもの

本章実践編で紹介された二つの報告は、複雑化・多様化する福祉課題を抱える地域における、NPO法人および地方公共団体の実践である。

近年、わが国においては経済格差の拡大とともに生活困窮世帯が増加しており、それに伴い子どもの貧困がクローズアップされ、無料または低額で利用できる子ども食堂や学習塾などが各地域で開かれている。認定NPO法人フードバンク山梨は、経済的に困窮している世帯に「食品を送る」のみならず、「新しい縁を結ぶ」という視点で活動している。企業や農家にとってフードバンクは、廃棄されてしまう規格外の食品を有効に活用できるほか、社会貢献の場となる。一方、食品を受ける側である福祉施設や団体にとっては、フードバンクのおかげで食材を購入する費用負担が軽減される。筆者は研究で地域拠点としてのコミュニティカフェを訪問しているが、ここ数年は、「フードバンクから届く野菜のおかげで品数が1品増えた」「栄養のバランスがよいメニューを提供することができるようになった」といった声を聴く機会が増えた。フードバンクの仕組みは、食品を提供する側と受け取る側の両者に求められていることがわかる。

フードバンク山梨には、食品の寄付のみならず箱詰め作業のボランティアや大学生

の料理教室など、市民が気軽に参加できる機会がある。フードバンクの活動は、個人から企業までの多岐にわたる関わりによって支えられている。何よりも、行政機関や学校との連携により、制度では対応しきれない方や見過ごされてしまいがちな方に対して、迅速かつ柔軟に対応している点が印象的であり、公的機関との連携があってこそ可能になる支援があるということを再認識した。

　一方、和光市における地域包括ケアシステムの報告では、地域住民・団体・事業者といった地域福祉の担い手の活動を重視したうえで、行政の役割は、アセスメントを主とした個別課題および地域課題を把握し解決のための計画を策定すること、あるいは仕組みをつくることが重要である旨が提起された。和光市ではデータに基づいた地域課題の分析をおこなっており、すべての部署がアセスメントを実施している。そして複雑な課題を抱えた世帯に対して、他制度・多職種によるチームアプローチを通じた課題解決を図っている。

　ニーズ調査に基づいた個別課題および地域課題の把握は、住民から寄せられたニーズを可視化し実証する機会になるほか、潜在的ニーズの発見および将来予測を可能にし、的確なアプローチにつながる。ニーズ調査の実施、アセスメント、計画策定、事業の実施といった一連の取り組みは、行政だからこそ果たせる役割であると考えられる。和光市では、NPOや事業者からの提案に対し真摯に向き合いながらまちづくりを進めており、こうした取り組みが、官民あるいは公私の連携と協働につながると考えられる。

　さらに報告では、生活困窮世帯が抱える課題を包括的に支援する仕組みを構築するとともに、包括的な課題に対応できる人材の必要性が示された。現状の縦割りの制度や計画では、個人や世帯が抱える複雑な課題を解決しきれない。包括的に対応する仕組みの構築が早急に求められている自治体にとって、既存の制度の変革から職員の意識変革までの広範囲にわたる和光市の取り組みは、今後の地方自治体が果たす役割の先駆的な事例になるだろう。

　地域共生社会を実現するためには、住民および民間組織による主体的な活動が不可欠である。そして地域において支え合う関係を構築するためには、官民あるいは公私の連携と協働が求められ、各地域の実情に応じてそれぞれの役割を果たすことが求められる。一方、住民等による地域福祉活動に期待が寄せられていながらも、活動を継続するための資金獲得や人材の確保等が課題となっており、住民が活動しやすい仕組みづくりが問われている。また、住民では解決しきれない課題に対する行政との連携・協働の在り方を検討することも重要である。

　創意工夫に基づいた住民の多様な活動が共生型のまちを創り、これらの活動を推進

するために地方自治体の基盤整備が求められる。地域福祉のイノベーションを推進するために官民あるいは公私がどのような役割を果たすのか、二つの事例から提起されたといえよう。

●引用文献

1) 厚生労働省　これからの地域福祉のあり方に関する研究会（2008）「地域における『新たな支え合い』を求めて：住民と行政の協働による新しい福祉」平成20年3月31日
http://www.mhlw.go.jp/shingi/2008/03/dl/s0331-7a.pdf

2) 厚生労働省　新たな福祉サービスのシステム等のあり方検討プロジェクトチーム（2015）「誰もが支え合う地域の構築に向けた福祉サービスの実現：新たな時代に対応した福祉の提供ビジョン」平成27年9月17日
http://www.mhlw.go.jp/file/05-Shingikai-12201000-Shakaiengokyokushougaihokenfu-kushibu-Kikakuka/bijon.pdf

3) 厚生労働省（2016）「『我が事・丸ごと』地域共生社会実現本部について」
http://www.mhlw.go.jp/file/05-Shingikai-12601000-Seisakutoukatsukan-Sanjikanshitsu_Shakaihoshoutantou/0000134707.pdf

4) 厚生労働省　地域における住民主体の課題解決力強化・相談支援体制の在り方に関する検討会（地域力強化検討会）（2017）「地域力強化検討会最終とりまとめ：地域共生社会の実現に向けた新しいステージへ」平成29年9月12日
http://www.mhlw.go.jp/file/05-Shingikai-12201000-Shakaiengokyokushougaihokenfu-kushibu-Kikakuka/0000177049.pdf

5) 勝部麗子（2016）『ひとりぼっちをつくらない―コミュティソーシャルワーカーの仕事』全国社会福祉協議会

6) 村上　稔（2014）『買い物難民を救え！：移動スーパーとくし丸の挑戦』緑風出版

7) 鳥取大学過疎プロジェクト（2012）『過疎地域の戦略 新たな地域社会づくりの仕組みと技術』谷本圭志・細井由彦編、学芸出版社

8) 読売新聞生活情報部編（2008）『つながる：信頼でつくる地域コミュニティ』全国コミュニティライフサポートセンター

9) 総務省　自治行政局地域振興室（2015）「『公民連携によるまちなか再生事例に関する調査研究事業』報告書」平成27年3月26日
http://www.soumu.go.jp/main_content/000349417.pdf

10) 倉持香苗（2014）『コミュニティカフェと地域社会：支え合う関係を構築するソーシャルワーク実践』明石書店、158

地域包括ケアシステム形成に向けた地域福祉の視点と役割
―2025年までに何ができるか？―

第2章 地域包括ケアシステム形成に向けた地域福祉の視点と役割
—2025年までに何ができるか？—

地域包括ケアシステムと共生社会実現への地域福祉の視点と役割

（大正大学人間学部教授）神山裕美

 はじめに

　2017年の高齢化率は27.3％であるが、団塊世代が75歳以上となる2025年に向けて、高齢化率は30％を超えると予測されている。そして団塊世代が85歳以上となる2035年には、さらなる要介護高齢者と死亡率の増加が予測される。日本の高齢者の医療・介護体制は抜本的改革が求められ、その対策の一つとして地域包括ケアシステムが提起された。

　地域包括ケアシステムが厚生労働省の政策に最初に提示されたのは、2003年にさかのぼる。二木立によれば、「法・行政的には、2003年（平成15）に初めて地域包括ケアシステムの言葉が現れ、2014年（平成26）まで変化・拡大・進化し続けた」[1]。そして、2016年の全世代型地域包括ケアシステムと共生社会実現に至った。

　一方で二木は、地域包括ケアシステムの源流には、「保健・医療系」と「福祉系」があると指摘している[2]。地域包括ケアシステムは、高齢者ケアの効率的提供や、医療介護連携の文脈で議論され、地域の支え合いの仕組みや、地域サービスの資源開発が政策に反映されたのは、2014年に生活支援コーディネーターの配置が決まった頃からである。

　本章実践編に掲載されている東京ふれあい医療生活協同組合の平原佐斗司氏の報告では、在宅医療から地域包括ケアの変化が述べられ、保健・医療の視点から地域包括ケアについて言及されている。また、「福祉系」では地域福祉分野において、高齢者だけでなく障害者、子どもや家族支援等を含めて、社会福祉協議会（社協）、民生児童委員、住民団体や関係機関等と協働で展開してきた経過があった。それは、同じく実践編に掲載されている、鶴ヶ島第二小学校区地域支え合い協議会の柴崎光生氏や、宝塚市社会福祉協議会の山本信也氏の報

告にもその実践が述べられている。

　本稿では、高齢者の地域包括ケアシステムから、全世代型地域包括ケアシステム形成と共生社会実現への変化について、地域福祉分野からの課題と可能性を論じたい。本稿の構成は、最初に、地域包括ケアシステムの医療と福祉の源流について述べ、次に、地域包括ケアシステムの高齢者から全世代への拡大にむけた論点を挙げる。そして、最後に共生社会実現への地域福祉の役割について論じることとする。

① 地域包括ケアシステムの「保健・医療」と「福祉」の源流

①「保健・医療系」の地域包括ケアシステム

　保健・医療系の地域包括ケアシステムの源流には、1970年代の広島県尾道市の公立みつぎ総合病院が挙げられる。患者中心に病院と在宅を結び、地域における継続的医療体制を整えた先駆的な医療型実践である。病院長の山口昇医師が、「地域包括ケアシステム」の言葉を初めて使ったことでも有名で、「医療の出前から保健福祉サービスに結びつけ、医療・保健・福祉・介護の連携・統合システムというみつぎモデル」[3]が形成された。さらに、二木によれば、「1970年代の広島県尾道市医師会や、岩手県沢内村の病院医療と保健活動を一本化した取り組みも、病院や自治体主導の『保健・医療系』の草分け」[4]であるという。

　保健・医療系の地域包括ケアシステムは、高齢者人口の増加とともに、病院と在宅ケアの連続性、認知症対策、介護予防、医療介護連携等を巻き込みながら発展した。WHO（世界保健機関）の"Integrated Care"[5]の考え方も高齢者に焦点化したもので、「プライマリケア供給者と保健システムの転換に焦点をあてた、複雑な高齢者ニーズ対応に求められる、個人とシステムレベルの変化に取り組むプログラム」と記されている。保健・医療系の地域包括ケアシステムは、その発展過程において、患者中心のケアシステムの議論とともに、高齢者医療保健システムの効果的・効率的運用もまた論点の一つであった。

　近年の取り組みの中では、医療介護連携だけでなく、地域での住民参加型サービス開発や住民との協働を含めた保健・医療型包括ケアも増加しており、本章の東京ふれあい医療生活協同組合（実践編3）の取り組みもその一例である。

② 地域包括ケアシステムをめぐる政策の推移

　地域包括ケア関連の政策は、2003年から2014年頃まで、高齢者分野の介護保険制度改革を中心に検討されてきた。

　まず、最初の政策的な地域包括ケアシステムは、2003年に「高齢者介護研究会報告書」[6]

理論編 ● 地域包括ケアシステムと共生社会実現への地域福祉の視点と役割　45

の中で、「可能な限り在宅で生活する介護サービス体系」の一つとして提起された。

次に政策として現れたのは、2009年であった。地域包括ケア研究会が、「地域における医療・介護・福祉の一体的提供（地域包括ケア）の実現」への検討を行い、介護保険制度改革に向けた論点整理を行った[7]。そこでは、地域ケアの推進と持続可能な介護保険制度のために、地域社会、介護と医療、家族・親族・地域住民の支え合いのあり方が含まれていた。

さらに、2010年には、介護保険事業計画改訂に向けた地域包括ケアシステムのあり方や、自助・互助・共助・公助をふまえたシステム構築が提起された[8]。

その後、2013年の「地域包括ケア研究会報告書」では、地域包括ケアシステムを「高齢者の尊厳の保持と自立生活の支援の目的のもとで、可能な限り住み慣れた地域で生活を継続することができるような包括的な支援・サービス提供体制の構築」と定め、住まい・医療・介護・予防・生活支援の一体的な提供を提起した[9]。この時点では、「家族・親族・地域住民の支え合い」の部分が弱まり、地域包括ケアシステムの定義は高齢者医療介護連携を重視したようにみえた。しかし、2014〜2015年にかけて、自助・共助・互助・公助の重要性が提議され、「家族・親族・地域住民の支え合い」部分が協調されるようになった。

2015年には、地域包括ケアシステムを高齢者だけでなく障害者や児童等、全世代に広げる構想を掲げ、2016年に、その実現に向けて厚生労働大臣を本部長とした「我が事・丸ごと」地域共生社会実現本部を設置した。そして2017年、「制度や分野、支え手受け手を超えて、地域住民や多様な主体がつながり地域を共に創る」ために法制度改革も含めた取り組みが進められている。

このように、2003年以降、地域包括ケアシステム政策は、介護保険制度を軸に高齢者分野を中心に検討されてきた。しかし、2015年には全世代に拡げる構想が出され、2017年現在もその方向に進んでいる。これは保健・医療系地域包括ケアシステムの流れにおいて、大きな方向転換となったのではないだろうか。福祉系においても同様であるが、地域福祉分野では、市町村行政と社協連携の中で、障害や子ども家庭、さらには地域力強化と住民主体活動を含めて取り組んできた経過がある。そのため、これまでの取り組みが、より求められる時代になったともいえる。

③「福祉系」の地域包括ケアシステム

1）1990年代以前のコミュニティケアの取り組み

二木によれば、福祉系の地域包括ケアシステムの源流は、社会福祉協議会や特別養護老人ホームをもつ社会福祉法人による地域福祉活動とされている。その実践の理論的源流にさかのぼると、1970年代からの地域福祉理論や日本型コミュニティケア政策の理論に突き当たる。

地域福祉分野では、1974年に岡村重夫の『地域福祉論』[10]において、「コミュニティケア」

「一般地域組織化」「福祉組織化」「予防的社会福祉」を構成要素として、児童・高齢・心身障害・その他分野に横串をさす理論が紹介された。1979年には、三浦文夫ら全国社会福祉協議会による『在宅福祉サービスの戦略』[11]が発行され、日本型コミュニティケア政策の理論化が図られた。その中で、非貨幣的ニーズ対応における「広義の在宅福祉サービス」の要素として、予防的サービス、専門的サービス、在宅ケア、福祉増進サービスの4点が挙げられ、さらに公共的と非公共的福祉供給体制が提起されている。そしてこれ以降、地域福祉分野では、これらの理論と実践への適用と検証が、各地域で試行され蓄積されてきた。

2）社会福祉協議会や福祉法人の地域包括ケア

　1990年の社会福祉関係八法改正により、社会福祉行政は市町村の責任で行われることになり、計画的な在宅福祉サービスが整備される時代になった。その流れは、2000年の「社会福祉法」制定につながり、地域福祉の推進と利用者意向の尊重、そして福祉サービス提供体制確保への国や市町村の責務が規定された。

　1982年に開園された新潟県長岡市の社会福祉法人長岡福祉協会による「高齢者総合ケアセンターこぶし園」の取り組み[12]は、その代表的な実践の一つである。1986年からの認知症在宅ケア事業を皮切りに、高齢者の地域社会での暮らしを支える地域ケアシステム構築の基礎づくりに取り組んだものである。24時間365日の訪問介護、看護、通所介護、配食等のサービスを包括的に提供するサポートセンター構想は、1992年より開始され、2014年までに小規模多機能サービス拠点を市内全域に16カ所構築し、法人が所有する特養定員をゼロにした。

　また、富山県の氷見市社会福祉協議会の取り組み[13]は、社協型地域包括ケアシステム例の一つである。1987年の「福祉ボランティアのまちづくり事業」では、厚生省（当時）から補助を受け、市内21地区の小学校区ごとに住民参加を得て懇談会や研修会を開催し、全地区に地区社会福祉協議会を結成した。1990年より多問題家族支援に多職種連携のコミュニティソーシャルワーク実践を行い、行政と連携した地域福祉活動計画にもつなげていった。そして現在に至るまで、新たなシステムづくりや地域人材の育成を図り、住民参加型サービス開発や、専門職と行政のつながりを強化し、福祉総合相談支援システム構築に取り組んでいる。

　氷見市と同様に、本章実践編で紹介された兵庫県宝塚市社会福祉協議会も、住民や行政と協働で地域包括ケアシステムを構築した社協の一つである。社協型地域包括ケアシステムの特徴は、住民主体の小地域活動を支援し、地域福祉活動計画を活用し、住民と行政の協働の仕組みを丁寧に創り上げた点である。同じく実践編で紹介された埼玉県鶴ヶ島市の地域支え合い協議会も、柴崎氏をはじめとした住民の方々の活動が、住民主体活動のモデルとなる実践である。その発展に社協の支援があることも、鶴ヶ島市の特徴の一つではないかと考える。

3）地域福祉計画を活用した地域包括ケアシステムの形成

　さらに、岩手県遠野市や長野県茅野市等、地域福祉計画を活用した地域包括ケアシステムがある。

　2000年の茅野市地域福祉計画「ビーナスプラン21」[14]では、住民の生活圏を諏訪広域圏（1層）から茅野市全域（2層）、保健福祉サービス地域（3層）、地区（4層）、自治会（5層）まで五つの生活圏域に分け、その3層目に市内4カ所の保健福祉サービスセンター設置し、身近な地域での保健福祉の総合相談体制を構築した。この保健福祉センターは、後の地域包括支援センターのモデルになったといわれている[15]。地域福祉計画は社協の活動計画と一体的に策定され、1996年から市民組織が立ち上がり、プラン策定から提言・実施まで住民参加で行われた。

　一方、1991年度から策定された遠野市地域福祉計画の老人保健福祉計画編（「第一次ハートフルプラン」）[16]は、当初、子どもや障害分野も含めた地域福祉計画として提案された。しかし、介護保険制度の開始をふまえ、高齢者の保健医療福祉と住民の主体的参加に焦点をあて、「トータルケアシステム」[17]として展開した。県立遠野病院と、福祉事務所および保健所と国保診療所を一体化した「遠野市健康福祉の里」の在宅医療や保健福祉活動、そして、住宅・労働・教育・交通・生涯学習等の公共部門を計画策定に巻き込む行政のリーダーシップ[18]は、全世代型地域包括ケアシステムと共生社会実現にも求められる視点である。

　地域福祉計画を活用した地域包括ケアシステムは、地域医療型病院の在宅ケアに、行政の保健福祉等の各多分野と、社協による住民参加をつなげて展開してきた。地域の主体性や住民の自主活動は、社会教育や生涯学習との関連もあり、茅野市も遠野市もそれらが強い地域であった。また、氷見社協や宝塚社協のように、小地域での住民懇談会や学習会を重ねることで、地域の主体性や住民活動がより活発になる。さらに、鶴ヶ島市の支え合い協議会のような住民主体活動に発展する地域もある。このような福祉系の地域包括ケアシステムの取り組みは、全世代型共生社会を構想するエビデンスとして貢献したのではないかと考える。

② 地域包括ケアシステムの高齢者から全世代拡大への論点

　地域包括ケアシステムは、保健・医療系と福祉系が別々に発展し、同じ「地域ケアシステム」という言葉を使っていても、両者の捉え方は異なる。海外の状況をみても、筒井孝子によれば、保健・医療系のヘルスケアシステムを統合する"Integrated Care"概念には、共有された枠組みはなく多様な枠組みがあるのが現状である[19]。本項では、保健・医療系と福祉系の地域包括ケアシステムの取り組みより、共通点・相違点をふまえ、地域福祉の視点より、その論点を以下のようにまとめた。

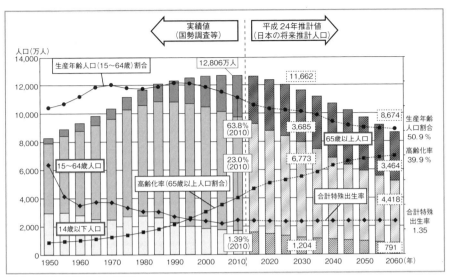

図1 日本の将来人口推計
〔出典:総務省「国勢調査」および「人口推計」、国立社会保障・人口問題研究所「日本の将来推計人口(平成24年1月推計):出生中位・死亡中位推計」(各年10月1日現在人口)、厚生労働省「人口動態統計」〕

1) 人口動態変化による社会保障財源の確保と効率化

　日本の人口減少と少子高齢社会の進展により、社会保障費は増加傾向にあり、今後、高齢化率と後期高齢者の増加によりさらなる医療介護コストの増加が予想されている(図1)。さらに、雇用形態の変化による終身雇用の減少や正規雇用から非正規雇用の増加、家族形態の変化による核家族から単身世帯の増加、および生涯未婚率や離婚率の増加等、税や保険料の納入に支障が生じ、社会保障制度の安定財源確保にも課題が生じている[20]。

　高齢化と後期高齢者の増加は、医療介護費用の増加につながるため、疾病構造の変化に合わせた医療サービスの有効活用や、医療機能の分化と多機関連携は不可欠である。そして自分自身の健康を維持し、要介護になっても可能な限り自分自身の生活を維持する努力が求められる。これらは、医療・介護・予防・住まい・生活支援として、保健・医療型地域包括ケアシステムで取り組まれており、今後も継続的な発展が求められる。

　しかしながら、雇用や家族形態の変化による社会保障財源の安定確保には、就労支援や家族支援等、傷つきやすく弱い(vulnerable)個人を支える必要がある。誰もが人生のライフイベントの中では、失業や離婚等のリスクがあり、その問題発生はベバリッジ報告で提起されたように、人生の五大悪(貧困・疾病・無知・不潔・怠惰)とも関連する。それらへの予防や対応は、対人援助サービスとしてソーシャルワーカー等が長年支援してきた分野である。

　さらに、自らの健康や生活を守り、要介護状態となっても自分らしく暮らし、家族や近隣

者等とも助け合って暮らし続けるためには、生涯学習や健康時からの社会参加や活動が必要である。これらは、自発性や自助努力により行われるほか、地域福祉分野の住民主体活動からも取り組まれてきた。そして、「制度や分野、支え手受け手を超えて、地域住民や多様な主体がつながり地域を共に創る」ことが、共生社会実現にも求められている。人口動態の変化や雇用や家族形態の変化への社会保障財源確保の対応は、ソーシャルワーク等の対人援助サービスを含めた福祉型地域包括ケアシステムの蓄積が生かせる点でもある。

② 医療介護連携から共生社会実現への多機関・多職種連携

住み慣れた地域や自宅で暮らし続けるために、介護保険施行前より現在に至るまで、病院治療から在宅ケアまで、施設ケアから地域ケアまで、連続的な隙間のないケアへの取り組みがなされてきた。そして高齢者分野では、本人や家族が望む生活の尊重と実現に向けて、多機関・多職種連携と情報共有等のシステム形成に取り組んできた。

しかしながら、全世代対象型の地域包括ケアシステムの構築にあたり、多職種・多機関連携がどこまで含まれるのか、さらに専門職連携だけでなく住民も参加する連携はどのように進めればいいのか等、戸惑う点もあるだろう。

地域包括ケアシステムは、多様な捉え方が可能であり、正解は一つではない。そのため、本人（利用者）主体の理念のもと、各地域で創意工夫し、我が町モデルを創ることが求められる。要するに、地域包括ケアシステムの進め方は、「みんな違って、みんないい」のである。しかし、医師を頂点としたピラミッド型権威体系や、官僚型行政システム等では、それがなじみにくい面があるのではないだろうか。住民との協働は、トップダウンによる指示命令系統になじまず、同じ目線で多様な価値観を受け入れつつ共に歩む視点が求められる。例えば、構造構成主義の考え方では、立場が異なる人々の対立を打開し協働をすすめるため、自他の関心の認め合いや関心相関的見方を挙げている[21]。多機関・多職種連携においても、単一リーダーによる「富士山型組織」から専門職や住民の特性を生かして協働する「八ヶ岳型組織」が求められる。また、全世代型地域包括ケアシステム形成に向けて、児童・障害・住宅・保健・高齢等の行政縦割りの「八ヶ岳組織」を、本人主体にどのようにつなぐのかという点が課題となる。

さらに、我が町地域包括ケアシステムの成果をどのようにみせるのか、また、本人（利用者）主体のふりをして、関係機関や専門職本位のシステムになっていないかどうか、常に注意が必要ではないかと考える。

③ 医療モデルから生活モデルへの転換とソーシャルワークの活用

疾病構造の変化と長寿命化により、医療に求められるニーズは変化した。病気の原因を細菌レベルで探り、病気を治療する時代から、慢性疾患や回復不可能な障害を抱えながら、長

期間生き続ける時代となった。宮本[22]は共生社会実現への新しい支え合いシステムを創るために、「保護・治療アプローチ」でなく、「生活アプローチ」の必要を、また、猪飼[23]は高齢者問題への生活支援と治療の両面からアプローチと包括ケアシステムの形成を指摘している。

　社会福祉学では、医療モデルの限界をふまえた生活モデルによる研究と実践が蓄積されてきた。ミシュラーによる、医学モデルが社会的文脈を切り離すゆえの包括的視点の不足[24]や、人と環境の交互作用に焦点をあてたジャーメインらによる生活モデルの考え方[25]は、ソーシャルワークが手がかりにしてきた概念の一つである。岡村重夫や三浦文夫が理論提起した1970年代以降、コミュニティケアからケースマネジメント、コミュニティソーシャルワークへ、そして施設や在宅ケアから、地域包括ケアシステムへと変化した。そして、制度政策的にも生活モデルによるソーシャルワークが求められる時代を迎えている。

　生活モデルは理論モデルであるが、ソーシャルワーク実践では、さらに具体的に本人や家族の自己決定と成長発達を支援するストレングスモデルの活用が進んでいる。ストレングスモデルは、専門職の不要な介入を減らし本人や家族の意向を尊重して力を発揮させるモデル[26]で、個人から地域支援まで幅広く活用できる。さらにストレングスモデルは、地域包括ケアシステム形成においても、利用者や家族、そして住民主体の支援とシステム形成に活用できるモデルである。ストレングスモデルの実践は、社会が求める生活モデルをより具体的に実現する可能性をもつ。それがどの地域のソーシャルワーカーでも提供できるのかどうか、ソーシャルワークの力量が問われている。

④　多問題家族支援とボトムアップ型地域包括ケアシステム

　高齢者支援だけで解決できない例は、高齢者ケアマネジメント事例に時折みられる。例えば、高齢者の介護家族の課題として、中高年の独身無職の子からの虐待、介護者の心身障害や急死、家族の失業や経済的困窮、家事介護力の不足や放棄、孫の障害や引きこもり、不登校、非行等。家族課題の解決なしに、高齢者の介護問題も解決しない。これらは、多問題家族事例として、高齢者の医療保健福祉分野だけでなく、障害・児童・貧困・住宅・教育・地域振興等、多様な分野との連携が必要である。さらに、既存の法律や制度枠組みだけでは解決できない制度の狭間支援として、新しいサービス開発やネットワーク構築が求められる。このような困難事例の増加は、全世代型地域包括ケアシステムが必要とされる社会的背景の一つである。

　そして、本人や家族がいかに問題と向き合い、長期的に自分で生き抜く力をもつか、という点がより重要になる。なぜなら、例えば現在、引きこもりの50代の長男の場合、親亡き後は地域で孤立する高齢者になる確立が高く、また、親が生活困窮と精神障害をもつ介護者である場合であれば、子の貧困連鎖につながる可能性もあるからである。本人や家族自身が

考える力を養い、これらを実行するためのセルフマネジメント力をつけなければ、問題は拡大するばかりである。自立した個人は、ライフイベントの危機状況においても、必要な情報を集め選択し、さまざまな人やサービスを調整しながら、自分や家族の権利を守り、問題を解決する力をもつ。しかしながら、その力が弱くなったときや、病気や障害等により損なわれたときは、その程度に応じたソーシャルワーク支援が求められる。

　猪飼は、「個別事例が複雑になるほど生活モデルによる支援効率が高くなり、ソーシャルワークをいかに生活支援の枢要に埋め込むか」という課題を指摘している[27]。多問題家族支援は、今後も地域支援のなかで数多く発見され、その都度新しい課題に対して、本人や家族主体に関係者と共に対応されていくだろう。その際、不要な介入を減らすための情報提供や社会教育システムは整備しつつ、早期発見早期対応につながる潜在的ニーズ発見や個別相談支援システムが求められる。そして、その支援が本人や家族にとって最大の利益となり、地域包括システム形成と評価の出発点でありゴールとなるよう、ボトムアップ型の地域包括ケアシステムの構築が求められる。

⑤ 住民主体活動と行政協働によるシステム形成

　ジェネラリスト・ソーシャルワークの考え方は、個人や家族の問題解決のため、ミクロ（個人や家族）、メゾ（小集団や地域）、エクソ（個人や家族の社会関係）、マクロ（制度や法律）のレベルとの交互作用をふまえた生態学的視点より支援することである。実際の支援では、これらの枠組みをふまえたうえで、全レベルに対し行うのではなく、利用者ニーズに基づき、ソーシャルワーカーの所属組織や役割により実践し連携していくものである[28]。

　かつては、個別支援と地域支援がケースワークやコミュニティワークとして分離されていた時代もあった。しかし、地域基盤のソーシャルワークでは、個別ニーズに基づく地域支援や、個別ニーズ集積による地域共通ニーズへの支援、そして小地域から市町村への重層的なシステム形成につなげるジェネラリスト・ソーシャルワークの視点に基づき、より実践的なコミュニティソーシャルワークとして各地で行われてきた。そして、福祉型の地域包括ケアシステムでは、社会福祉協議会や市町村の地域福祉計画の実施過程で、コミュニティソーシャルワークが活用されてきた。

　2018年度には「社会福祉法」の改正が予定されており、地域住民等の孤立予防や活動参加への課題把握、市町村による包括的支援体制の整備、地域福祉計画の高齢・障害・児童福祉の共通事項の一体的な策定、PDCA（Plan-Do-Check-Act）による地域福祉計画の定期的評価と変更等が盛り込まれる予定である。この地域福祉計画策定の委員会を組織し、市町村全体の地域福祉計画検討まで組織化する自治体と、そうでない自治体とは、共生社会実現と、全世代型地域包括ケアシステム形成に差が出ることが予想される（図2）。

　多様な目的と志向をもつ住民活動や多職種・多機関の活動が、自己の利益だけでなく地域

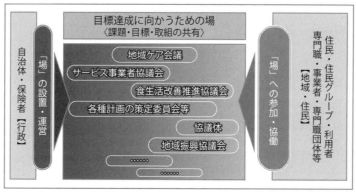

図2　2040年に向けた「行政」と「地域・住民」の関係
〔出典：三菱UFJリサーチ＆コンサルティング　地域包括ケア研究会（2017）「地域包括ケア研究会：2040年に向けた挑戦」（地域包括ケアシステム構築に向けた制度及びサービスのあり方に関する研究事業、平成28年度厚生労働省老人保健健康増進等事業）〕

全体の共通ニーズ達成に向けて協働するためには、地域福祉計画策定の場を活用した行政のリーダーシップが求められる。

 ## 共生社会実現への地域福祉の役割

①「我が事・丸ごと」地域共生社会に向けて

　厚生労働省が示すこの「我が事」とは、地域づくりに向けて互いに影響し合い、「我が事」の意識を醸成することであり、「丸ごと」とは、介護・子育て・障害・病気等から、住まい・就労・家計・孤立等に及ぶ、"くらし"と"しごと"を丸ごと支えることである。そして、地域の持つ力と公的支援体制が協働し安心して暮らせる地域へと、「新たな地域包括支援体制」をつくる[29]ことが期待されている。地域共生社会実現の背景には、2016年の「ニッポン一億総活躍プラン」にもある「支え手」と「受け手」を固定せず誰もが役割を持ち、活躍する社会をつくることがある。

　このような考え方は、これまでも地域福祉分野で取り組まれてきたが、それを「社会福祉法」改正により全国展開を目指す点では、新しいチャレンジであるといえる。地域包括ケアシステムは、多様なモデルがあるので、福祉型の提案が、保健・医療系の地域包括ケアシステムにどのように受け入れられるか、その影響はわからない。また、各地の実情に応じて取り組まれるべき地域包括ケアシステムが、全国一律に法律で規定される奇妙さはある。さらに、高齢者から全世代に、医療介護から生活全般に対象を広げた地域包括ケアシステムは、理想ばかりがふくらみ現実が追いつかず、萎んでいくリスクもある。

しかしながら、病院治療や施設入所から地域ケアへの変化は、生活の場における医療と福祉を変化させ、専門職主導のパターナリズムから、インフォームドコンセントと本人主体の自己決定尊重が、より拡大し成長する可能性がある。また、法律で規定しても全国一律レベルにはならず、地域差が生じるのはこれまでの経過からみても明らかである。さらに、全世代型地域包括ケアシステムの提起は、本人主体に縦割り組織を横につなぐ契機となる可能性もある。それらが、共生社会実現につながるかどうか、社会的な取り組みとその成果と検証が求められる。

② 地域福祉とコミュニティソーシャルワークの役割

　「我が事・丸ごと」地域共生社会実現の理念は、地域福祉とコミュニティソーシャルワークが長年取り組み、目標にしてきた考え方である。同時に、地域保健や医療・看護の分野から、教育・障害・児童、まちづくり、さらには宗教（者）にいたるまで、さまざまな分野が地域に入り住民と共に協働する時代になった。多分野の人や組織が地域に関わることはよいが、地域や対象者が望むことより、支援者がしたことを優先したり、本人や地域特性の理解や尊重に欠けたり、地域での多様な人と組織との調整不足でトラブルが生じることも考えられる。それらの対応には、人と環境への配慮や、連携と協働のコツ、そして個人や地域へのアセスメント視点や支援方法まで、コミュニティソーシャルワークの蓄積と、その価値・知識・技術の活用が可能である。その役割や専門性が薄い場合、コミュニティソーシャルワークは多分野・多職種のなかで存在が薄れ、埋もれてしまう可能性がある。

　しかしながら、人と地域へのエコロジカルなストレングス視点による支援や、住民の自助・互助、主体性をはぐくむ教育と活動、市町村行政や保健医療等との連携と協働方法には、ソーシャルワークの蓄積として多くの人に伝え、スーパーバイズする役割が期待されている。そして、本人や家族の問題対応力を高めるとともに、地域住民等と共に、共生社会実現へ、共に関わるパートナーシップの形成が求められる。その役割の自覚と、自らの専門的視点や方法を人と地域のために活用できるのかどうか、ソーシャルワークの力量が問われる。さらに、地域包括ケアシステムと、共生社会実現に向けた、住民や利用者視点からの地域福祉政策の成果検証や評価もまた、今後の地域福祉の展開に向けて求められる点である。

おわりに

　地域包括ケアは、保健・医療と福祉の二つの源流があるが、それぞれ別々に発展してきたので、相互理解に欠ける面もあるように思われた。しかしながら、全世代型地域包括ケアシステムと共生社会実現に向けて、保健・医療と福祉の蓄積がようやく交わる時代がきたので

はないだろうか。

　病気や障害より、活動や参加に焦点をあて、地域でその人らしく暮らし続ける生活モデルによる実践は、特に地域福祉分野が長らく蓄積した実践の一つである。その方法論がコミュニティソーシャルワークである。そして、地域共生社会実現に向けて、「個人や家族への支援、及び近隣地域のインフォーマルサービスの組織化と制度的サービスを統合した提供」[30]が求められている。その背景には、個人や家族、地域等のエンパワメント視点の支援と、それらが不足する場合の併走型支援があり、未来の社会保障財源の確保にもつながる。

　全世代型地域包括ケアシステムと地域共生社会の実現には、個人と地域を支援するコミュニティソーシャルワークが不可欠であると考える。それがどの地域でも、各地の特性やニーズに合わせて提供できるのかどうか、地域福祉分野の新しいチャレンジが始まる。

●引用文献

1) 二木　立（2015）『地域包括ケアと地域医療連携』頸草書房、4
2) 前掲書1）
3) 小林甲一・市川　勝（2013）「医療主導による地域包括ケアシステムの形成と展開：広島県尾道市におけるモデル構築を事例に」『名古屋学院大学論集　社会科学篇』51（3）、1-18
4) 前掲書1）
5) WHO "Integrated Care for Older People（ICOPE）"
http://www.who.int/ageing/health-systems/icope/en/（2017年8月12日参照）
6) 厚生労働省　高齢者介護研究会（2003）「2015年の高齢者介護：高齢者の尊厳を支えるケアの確立に向けて」
7) 三菱UFJリサーチ＆コンサルティング　地域包括ケア研究会（2009）「地域包括ケア研究会報告書：今後の検討のための論点整理（平成20年度老人保健健康増進等事業）」
8) 三菱UFJリサーチ＆コンサルティング　地域包括ケア研究会（2010）「地域包括ケアシステム構築における今後の検討のための論点（平成21年度老人保健健康増進等事業）」
9) 三菱UFJリサーチ＆コンサルティング　地域包括ケア研究会（2013）「地域包括ケアシステム構築における今後の検討のための論点（平成24年度老人保健健康増進等事業）」
10) 岡村重夫（1974）『地域福祉論』光生館、63
11) 全国社会福祉協議会編（1979）『在宅福祉サービスの戦略』全国社会福祉協議会
12) 小山　剛（2014）「高齢者総合ケアセンターこぶし園（新潟県長岡市）」大橋謙策・白澤政和編『地域包括ケアの実践と展望：先進的地域の取り組みから学ぶ』中央法規出版、12-27
13) 森脇俊二（2014）「氷見市社会福祉協議会（富山県氷見市）」大橋謙策・白澤政和編『地域包括ケアの実践と展望：先進的地域の取り組みから学ぶ』中央法規出版、81-90
14) 土橋善蔵・大橋謙策・鎌田　實・ほか（2003）『福祉21ビーナスプランの挑戦：パートナーシップのまちづくりと茅野市地域福祉計画』中央法規出版
15) 竹内　武（2015）「長野県茅野市：地域福祉計画」日本地域福祉研究所監、中島　修・菱沼幹男編『コミュニティソーシャルワークの理論と実践』中央法規出版、262-276
16) 大橋謙策・野川とも江・宮城　孝・ほか編（2002）『21世紀型トータルケアシステムの創造：遠野ハートフルプランの展開』日本地域福祉研究所監、万葉舎
17) 野川とも江（2002）「21世紀型トータルケアシステムの開発と創造」日本地域福祉研究所監、大橋謙策・野川とも江・宮城　孝・ほか編『21世紀型トータルケアシステムの創造：遠野ハートフルプランの展開』万葉舎、68-98
18) 宮城　孝（2002）「地域福祉計画の策定・進行管理とトータルケアシステム」日本地域福祉研究所監、大橋謙策・野川とも江・宮城　孝・ほか編『21世紀型トータルケアシステムの創造：遠野ハートフルプランの展開』万葉舎、100-117
19) 筒井孝子（2014）『地域包括ケア構築のためのマネジメント戦略：Integrated careの理論とその応用』中央法規出版、38-39
20) 前掲書19）、24-29
21) 西條剛央（2005）『構造構成主義とは何か：次世代人間科学の原理』北大路書房

※「構造構成主義」の考え方では、立場が異なる人々の対立を打開し協働を進めるため、自他の関心を認め合うこと、関心相関的見方の理解の2点を挙げている。「そんなのはあたりまえ」「それは間違っている」等自分の意見を絶対視してしまう人ほど連携を妨げる傾向があるとのことである。

22) 宮本太郎（2014）『地域包括ケアと生活保障の再編：新しい「支え合い」システムを創る』明石書店

23) 猪飼周平（2010）『病院の世紀の理論』有斐閣

24) エリオット・G・ミシュラー・ほか（1988）『医学モデルを越えて：医療へのメッセージ』尾崎　新・三宅由子・丸井英二訳、星和書店

25) カレル・ジャーメイン・ほか（1992）『エコロジカルソーシャルワーク：カレル・ジャーメイン名論文集』小島蓉子編訳、学苑社

26) 神山裕美（2007）「ストレングス視点の活用と展開：地域における高齢者の介護予防と生活支援を通して」『山梨県立大学人間福祉学部紀要』（2）、19-30

27) 猪飼周平（2015）「制度の狭間から社会福祉学の焦点へ：岡村理論の再検討を突破口として」『社会福祉学研究』（122）、29-38

28) 神山裕美（2006）「ストレングス視点によるジェネラリスト・ソーシャルワーク：地域生活支援に向けた視点と枠組み」『山梨県立大学人間福祉学部紀要』（1）、1-10

29) 全国社会福祉協議会地域福祉部編（2017）『NORM：社協情報』NO.308、2-3

30) 大橋謙策（2014）「高齢社会助成事業の目的・変遷と地域包括ケア実践の萌芽」大橋謙策・白澤政和編『地域包括ケアの実践と展望』中央法規出版、12

第2章　地域包括ケアシステム形成に向けた地域福祉の視点と役割
　　　―2025年までに何ができるか？―

新しい支え合いのカタチ

（NPO法人鶴ヶ島第二小学校区地域支え合い協議会会長）柴崎光生

 ## 高齢化が急速に進むまち「鶴ヶ島」

　鶴ヶ島市は首都圏45キロ圏内で埼玉県のほぼ中央部に位置しています。現在、関越自動車道と首都圏中央連絡自動車道の両インターチェンジとジャンクションを持ち、また東武東上線で都心に直結する交通要衝の地です。

　江戸時代、武蔵野の新田開発で耕作地が開かれ、純農村として歴史を刻んできましたが、1953（昭和28）年「工場誘致条例」の施行により企業が進出して人口が増え、1966年には町制が施行されました。その後も首都圏の通勤、通学圏であることから東京のベッドタウンとして人口が急増し、1991年9月鶴ヶ島市が誕生しました。面積17.6km^{2}の鶴ヶ島は、近隣との合併もなく村から町へそして市へと人口が増えてきましたが、高度経済成長の終息とともに急速な少子高齢化傾向に向かい、今後さらなる高齢化が進むと予測されています。現在人口は約7万人、近年ほぼ横ばいの状況ですが、急速な高齢化が進み現在の高齢化率は市全体で約26％に達しています。

　「鶴ヶ島第二小学校区地域支え合い協議会」（以下、鶴二支え合い協議会）は市内に8校ある小学校の1校「鶴ヶ島市立鶴ヶ島第二小学校」（以下、鶴二小学校）の通学区内を拠点にしています。世帯数は約3,200世帯、人口約7,200人（2011年現在）。鶴ヶ島駅周辺で戸建ての住宅が多く、高齢化率は市内8校区で最も高く約30％に達しています。

地域防災から活動が始まる―住民による避難所運営委員会の設置―

　鶴二小学校区内には10自治会があり、住民の自治会加入率も90％を超えて市内でも最も活発な自治会活動を展開している地域です。各自治会は個別の活動とともに小学校を拠点として10自治会が合同して盆踊りや運動会等を行うほか、小学校のグラウンド・体育館は年間を通して市民に開放されており、小学校を中心にした地域コ

ミュニティが形成されています。

　2008年7月、当時の自治会長会議で「各自治会の役員はほぼ1～2年任期で、事業は年間を通し前例踏襲で決まっており、地域の変化に対応できない」との声が上がり、そうした状況の中で地域防災への懸念が協議されました。

　地域防災について、協議の結果、地域の高齢化が急速に進む中で、万一の災害に備える対応が必要であり、防災対応は各自治会にばらつきがあり避難所運営は単独ではできないことから、各自治会が連携して行うことが望ましいこと、現自治会活動の延長では限界があるので新たな避難所運営組織をつくる必要があることなどが共通認識されました。同年度1月には、初めての住民による合同防災訓練が実施されました。

　その結果、消防署や各自治会の想定を超える約500名の住民が自主的に参加する防災訓練となりました。以来、避難所運営委員会が主催する地域合同防災訓練が毎年500人を超える住民が参加しての多彩な訓練として行われてきました。高齢化の進む当地域においては、「防災」が地域住民の大きな関心事であり、地域がまとまるキーワードとなっていることがはっきり示されています。市の主催する防災訓練の規模、内容を超える住民の防災訓練が行われる要因として次のことが考えられます。

　①高齢化の進む地域では、万一の場合はご近所同士の助け合いが最も必要であることが多くの災害事例から知られていること。
　②避難所運営委員会の委員は任期を5年以上とし、自治会役員OBが多くて、自治会との連携がスムーズであること。
　③万一の場合、学校を守るのは地域住民であることを学校関係者が深く理解してすべての教室に住民が一時避難する訓練も円滑に行える信頼関係があること。
　④消防署、医師会、福祉施設、市、市社協（社会福祉協議会）等との緊密な連携協力が行えること。
　⑤災害時要援護者（要配慮者）の避難誘導、防災FM放送、宿泊訓練、炊き出し訓練等、毎年多彩な訓練が行われていること。

　こうした住民による主体的な防災訓練や防災講習会が自治会の枠を越えて実践されてきました。その中で、地域には防災対応だけでなく日常的にも助け合い、支え合う地域づくりの必要性が提起される状況になっていきました。

鶴二支え合い協議会の発足

　埼玉県は「新しい公共支援事業・新しい公共の場づくりのためのモデル事業―市町村・NPO等の共同モデル事業」を公募しました。鶴ヶ島市においては鶴二小学校区

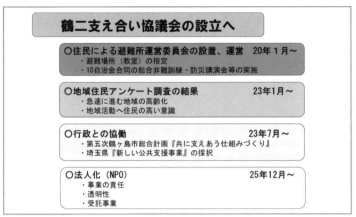

図1　鶴二支え合い協議会の設立へ

における実績をふまえて、新たな公共の担い手を育成し、住民主体の支え合い助け合いの仕組みをつくり新しい公共のモデル事業として、「支え合う地域づくり推進事業」を提案して県の採択を受けることができました。避難所運営委員会のほか、NPO法人鶴ヶ島市学童保育の会、市社協、市、地元の葬儀会社などが協働のメンバーとなりました。新しい公共のモデル事業として採択され、避難所運営委員会を母体に、2011年7月、鶴二支え合い協議会が設立されました（図1）。鶴二支え合い協議会設立の基盤としては、以下が要因として考えられます。

①避難所運営委員会の組織、実践活動があること。
②鶴ヶ島市の第五次総合計画前期基本計画リーディングプランに「共に支え合う仕組みづくり」を掲げて住民の主体的な支え合い活動を支援する市の体制と市社協の協力体制があること。
③市社協と鶴二支え合い協議会準備会により「住民福祉アンケート」を実施、約44％（約700名）の住民が何らかの地域活動に協力できる回答があるなど住民意識が高いことが確認されたこと。

4 鶴二支え合い協議会の組織

　役員メンバーは、避難所運営委員会、民生委員、自治会、老人会、子ども会、福祉施設等の協働団体から理事20名、監事2名が選出され、市と市社協はオブザーバーとしてそれぞれの任務を担任することとしました。
　幹事会（理事、監事で構成）ならびに事務局会議（会長、副会長、事務局長・同次

長・各委員会委員長で構成）はそれぞれ月１回開催され、総会決定事項の具体な協議や実行する機関として位置づけました。なお、各会議には、オブザーバーである市の職員（地域活動推進担当および市民センター職員）や市社協の職員も出席することとなりました。

各事業は、4委員会（防災委員会、福祉支え合い委員会、子ども委員会、交流拠点整備委員会）がそれぞれ所管の事業を担当して推進する体制としました。なお、2012年度からは新たに「鶴二助け合い隊」が加わり5委員会体制となりました。

会員の種類（年会費）は、個人（500円/年）・団体（5,000円/年）・賛助個人（1口1,000円/年）・賛助団体（1口10,000円/年）・事業会員（事業支援者会費不要）とし、原則、会費負担会員制としました。会費の有無については論議がありましたが、地域ボランティアとして、先駆的な活動を行う会員の自覚、責任感、使命感など高い意識を持つことを期待したいと考え決定しました。現在の会員数は約280名。3,200世帯の中で会員数の多い少ないが話題になりますが、会費を払っての会員数は高い住民意識を反映した状況であると思われます。

役員等の活動は発足以来、無償のボランティア活動でしたが、NPO法人化に伴い、受諾施設の案内用務、事務室当番、事務補助等に限り一定の手当てを支給しています。その他、特に用務を依頼するイベント用務については、後述する「ありがとう券」の支給を行いますが、委員等の平常の用務はすべて無償で行っています。なお、役員用務の有償、無償については議論を重ねてきましたが「有償であれば役員を辞める」との意見が多く出され、原則無償となっています。ボランティア活動の有償、無償については論議のあるところですが、活動実践の中で意義と喜びを体感し無償の活動でいきいきと自己実現している状況が見受けられます。

NPO等の活動においては、活動拠点の確保が財源確保と並ぶ重要な問題です。鶴二支え合い協議会は、設立と同時に小学校の3教室を市から無償で提供していただき、事務所や「鶴二サロン」を設置して活動の拠点としています。ふさわしい活動拠点があることが活動を展開するうえで最も重要な要件です。

なお、市内には現在七つの支え合い協議会が設置されていますが、学校を使用しているのは鶴二支え合い協議会だけです。学校やPTAとの関係を維持するため、適宜学校との話し合いや新年度のPTA、児童への説明、さらには学校行事の草刈り支援など年間を通して交流や情報交換が行われています。

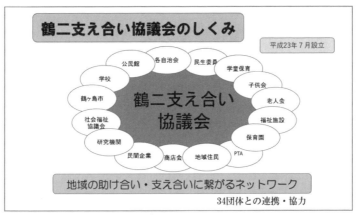

図2　鶴二支え合い協議会の仕組み

5 地域の新たなネットワークづくり

　スタートした当時、鶴二支え合い協議会の最初の課題は、活動の目的や事業内容を既存の関係機関や団体にしっかり伝え、理解を得ることでした。特に、自治会との関係において、各自治会と同じ住民基盤にあることから、設立当初は「屋上屋を重ねるもの」「自治会の上にある感じ」「上から目線」等の批判がありました。鶴二支え合い協議会は設立にあたり、「各自治会とは対等平等の住民組織で上下の関係にないこと。自治会では対応できない新たな地域課題に取り組むこと。各自治会とは緊密に連携し相互の支援協力関係をすすめること」を基本にして自治会長会議等で繰り返し説明してきました。

　鶴二支え合い協議会と自治会合同の防災訓練等の事業を協働で実践する中で、信頼感が高まり連携協力が進んでいます。鶴二支え合い協議会の資料パンフレットの配布を自治会回覧にお願いすることや逆に「鶴二サロン」を自治会が活用することなど、連携協力も進んでいます。現在過半数の自治会が団体会員として加入をしています。

　その他の地域関係機関、団体との関係については、NPO法人、医療・福祉・介護施設、企業、商店、公的機関等約50団体が協力団体として名を連ねています。特に、介護・福祉関係施設とは、防災訓練における二次避難所として協力をお願いするほか、地域包括ケアシステムを進めるうえでも地域のパートナーになっています。地域にあるそれぞれの機関、団体の活動を尊重しつつ、連携協力できる仕組みづくりを目指し、従来の縦割りで課題解決にあたる方法から、住民を核にして各機関、団体に横ぐしを入れる役割を果たしていきたいと考えています（図2）。

❻ 鶴二支え合い協議会の活動

　鶴ヶ島市内には、現在8小学校区の中で7地区に支え合い協議会が設置され、それぞれ特徴を持った活動が行われています。鶴二支え合い協議会は、現在五つの委員会の活動を中心に各事業が行われています。

① 防災委員会

　鶴二支え合い協議会の最大の事業は、地域防災訓練の実施です。2008年度以来、住民による500〜1000人規模の地域合同防災訓練を自治会と共同で実施してきました。規模、内容ともに年々充実して、消防署等からも高い評価いただいています。その概要は次のとおりです。

①小学校の教室、体育館、グラウンドすべてを避難所とし、避難してきた住民は各自治会に指定された教室に一次避難して、避難者カードを提出します。各自治会は避難情報まとめ本部に報告し安否確認を行える体制づくりを行いました。日常も各自治会別の避難教室がはっきりわかるよう各教室の窓には大きな表示が常時なされています。

②医師会、福祉関係施設と連携し、災害時の要援護者（要配慮者）の避難誘導訓練を重視して、小学校にほぼ隣接する南市民センター（旧公民館）を福祉避難所と位置づけ、ここに医師会から医師の派遣による診断、近隣の特別養護老人ホームを二次避難所とし避難者を搬送する訓練を行っています。

③小学校との合同訓練を隔年で行い、学校の児童引き渡し訓練の後、保護者、児童は各自治会の避難教室で避難者カードの提出、その後は適宜防災訓練に自由参加します。学校が住民の避難所に指定されながら、住民は教室には一切入れない、訓練は別々に行う事例が多い中、これまでの災害の事例教訓に学んでいないと考え、地域と学校が共に協力して連携した実践的な訓練が行われています。

④訓練は住民主体で実施され、医師会、薬剤師会、栄養士会、地域消防団、大学、消防署、福祉施設、障害者団体、市、市社協など、幅広い地域関係機関、団体が参加協力しています。

⑤訓練の内容は、避難誘導訓練のほかに消防署による救急医療訓練や炊き出し、防災FM放送、障害者誘導、健康講話、宿泊訓練など、多彩な実践メニューを体験できます。

　防災委員会は、合同訓練に加え、防災講演会、講習会の開催、防災品の備蓄などを毎年計画的に行っています。また、小学校にある市の防災倉庫も当協議会が管理して

万一の場合はすぐに活用できるよう点検の試行も行っています。

② 福祉支え合い委員会

　急速に高齢化が進む地域では、高齢者が孤立しないよう地域の温かな見守りが大切です。この地域で高齢になっても安心して健康で、生きがいのある生活ができるようさまざまな取り組みを行っています。

1）見守り声かけ活動

　見守られたい方の申し出により、その方の希望する方法で、きめ細かい見守り、声掛け活動を各自治会に実施しています。メンバーは民生委員に加え委員会のメンバーがあたり、関係者による情報交換会も開き、今後ますます重要になる活動の充実を目指しています。

2）サロン活動

　小学校の事務所に併設した「鶴二サロン」は空調完備で、敷物がある部屋です。この場所では、主に高齢者向けの四つのサロン活動が定期的に行われています。「ふれあい会食サロン」、「サロンエスポワール」「ふれあい体操サロン」、「吹き矢教室」に多くの高齢者が訪れます。「ふれあい会食サロン」では、学校の福祉教育授業を活用した学校給食を児童と一緒に食べ、児童と高齢者の顔のみえる関係をつくっています。「サロンエスポワール」では、歌声喫茶で歌う、ふるさとの食事をつくる、認知症のため脳トレをする、お花見や食事会など、活動メニューはさまざまです。

3）講演会、セミナーの開催

　高齢者のニーズに合った遺産相続や認知症などのテーマでの講演会の開催や介護保険制度の仕組み、近隣の介護事業所から介護サービスの内容の説明など参加したくなるような講演会を毎年継続して行い、毎回多くの方が参加されています。動員される催しでなく住民が求める事業であるといえます。

③ 子ども委員会

　地域の子どもたちが健やかに育つことは地域全体の願いです。少子高齢化の進む中で、少なくなった子どもたちを地域ぐるみで健やかに育てようとする取り組みです。

1）子どもたちの自由な遊び場づくり（プレイパーク）

　水遊び、そうめん流し、紙飛行機づくり、バルーン遊び、かるた大会から餅つきまで、毎月体験できる楽しい活動の場を関係するNPO等と連携して実施しています。

2）宿題サロン

　2013年度からスタートした事業です。毎週月曜日に子どもたちの宿題を、地域のボランティアが先生となり指導しています。宿題や勉強の場だけでなく楽しい年中行

事も体験します。正月飾り製作からクリスマス会まで、ボランティアらによる節分の鬼やクリスマスのサンタ役は子どもたちに大人気です。独自の工夫を凝らした宿題サロンは、地域と子どもとの関わりの先進事例として市内の他地区にも広がっています。

3）子育てサロン

鶴二支え合い協議会の子育てサロンには、毎日、親子づれが集まります。地域の方などから提供いただいた絵本やオモチャ等の遊具がそろい、湯沸かし用具やベビーベッドもあって空調が効いた部屋は乳幼児には快適な遊び場となり、交流の場にもなっています。また、鶴二支え合い協議会の会員が若いお母さんのいろいろな相談にも応じています。

4）芸術鑑賞会等の開催

鶴ヶ島市には専門ホールがないため、子どもたちは芸術鑑賞の機会が多くありません。鶴二支え合い協議会では他の学校やNPOと協力して親子で楽しめる観劇会やコンサートを、学校体育館や南市民センターを利用し開催しています。

④ 助け合い隊

1）助け合い隊の仕組み

高齢者等の生活上のちょっとした困りごとを、地域の協力会員が有償ボランティアでお手伝いする活動です。利用会員は「ありがとう券」（1枚200円/20分）を購入し、ちょっとした困りごとを協力会員に依頼、支援後に「ありがとう券」を渡します。受け取った「ありがとう券」は1枚150円分の商品券として市内の支援会員店舗から買い物をすることができるシステムです。依頼の内容は、ゴミ捨て、草取り、庭木の剪定、話し相手、掃除、付き添いなど多様で年間260件ほどの要請があります。プロではない温かみのある助け合いの活動です。

2）助け合い隊の広がり

現在、鶴ヶ島市には六つの地域支え合い協議会で、助け合い隊が始まっています。「ありがとう券」が使える支援店舗は鶴ヶ島市内で共通して利用できます。介護保険の改正や地域の高齢化がますます進むことから、今後さらに助け合い隊を必要とする人たちが増えるものと思われます。

3）協力会員研修および会員交流

協力会員のスキルや技能を高めるための講習会を開催しています。庭木の剪定、掃除、包丁とぎなどの講習会を実施したり、協力者の情報交換会、視察研修会などを行ったりしています。また、利用会員および協力会員のリクエストに応えて、年2回買い物バスツアーを実施しています。県内外の日帰りコースで名所やお買い物の穴場

を訪れます。いずれも、会員同士の交流の機会となっています。

5 交流拠点整備委員会

　小学校に事務所があることが活動を支える大きな要因です。事務所内に設置した「鶴二サロン」「子育てサロン」には毎日多くの方が出入りします。当初は、PTAから「人相の悪いおじさんがいて不安」などの声もあったと聞きましたが、現在では子どもたちとの温かい交流が生まれています。

　小学校内に高齢者を中心とした団体が入り、子どもとの多彩な交流や、校内の環境美化への共同活動など学校、家庭、地域が一体となって活動する当小学校は、三者の連携がうまくいっている先導的な活動となっています。

6 全体活動

1）市への要望
　各委員会活動とともに、全体で取り組む活動があります。鶴二支え合い協議会は協力団体と緊密に連携協力して地域課題に取り組むことを目指しています。このため、10自治会長連絡会議、福祉関係施設会議、協力団体との情報交流会の実施や会議結果をまとめ市長へ要望の提出、市長との話し合い等の活動も行っています。また、当協議会の総会には、市長をはじめ、議長、市社協会長、以下多くの関係者が出席され、市や市社協との緊密な連携を示しています。

2）まちづくりイベント参加
　市が実施するイベントなどに積極的に参加しています。「産業まつり」、「さくらまつり」、「市民センターまつり」等に出店し、鶴二支え合い協議会のPR活動を行っています。また、今年で3周年となる「eコラボまつり」は、養命酒製造工場の跡地を使い、養命酒製造株式会社、東洋大学、市、鶴二支え合い協議会が共同開催しているイベントで、のぼり旗を立て、焼きそば、豚汁、ポップコーン等の模擬店を出して、情報発信と地域交流を行っています。

3）情報発信
　広報誌の発行とホームページによる情報発信を行っています。会員向けの広報誌「鶴二支え合いだより」は毎月発行しており、600部を会員、関係団体等に配布します。住民配布については多くの催し物の案内チラシと同様に各自治会の回覧をお願いしています。また、年1回発行する年間活動報告書の冊子は全戸配布しています。

　インターネットによる情報発信も会員の手づくりで行われています。「鶴二支え合い」で検索すると「鶴二支え合いのウェブ覧板」で活動状況を投稿しています（現在、更新準備中です）。

実践編1 ● 新しい支え合いのカタチ　65

7 新たなステップ―広がる活動―

① NPO法人化

2013年12月2日、鶴二支え合い協議会は特定非営利活動法人（NPO法人）の認証を受けました。法人化の理由は次のとおりです。

①法人として責任ある活動を行う必要がある。事業活動の広がりに伴い個人で責任を負えない事故や状況が予測されこれに対処するため。

②法の下で徹底した情報公開を行い開かれた組織運営を行う必要がある。鶴二支え合い協議会の活動経費は会費のほかに、市や市社協等からの補助金があります。これを受けて活動しており、補助金の使途を明確にする等会計の公開、活動状況を広く情報公開する必要がある。

③契約や業務委託を受ける団体として事業の充実を図る。

こうして、NPO法人化に伴い新たなステップを踏み出すことになりました。

② 業務の受託

2014年3月、養命酒製造株式会社から地域内の養命酒製造工場の跡地に設置された環境教育施設「eコラボつるがしま」の受付業務や跡地除草広場の整備業務を受託しました。また、施設を使って子ども対象の「サイエンス教室」、「えこらぼ寄席」を定期的に開催するほか年1回「eコラボまつり」を多くの関係機関、団体と共催して催しや模擬店を開き多くの市民が訪れています。

③ 南市民センターとの連携

地域には市の施設として南市民センター（旧公民館）があります。住民の学習拠点施設として公民館が大きな役割を果たしてきましたが、2015年4月、公民館から市民センターと名称が変わり、所管も教育委員会から市長部局に移管されました。新たな業務として、行政サービス、コミュニティ推進業務が加わり、現在多くの事業を鶴二支え合い協議会と共催で実施しています。月1回定例打ち合わせを行う等の連携を深め、「南市民センターまつり」には利用者の会などと共に事業企画に参画してまつりを盛り上げています。また庭木の剪定を支援するなど各般の連携が進んでいます。

④ 地域包括ケアシステム構築を住民から

2016年4月、地域で高齢になっても安心安全に暮らしていけるネットワークを構

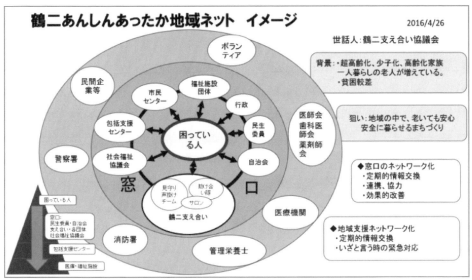

図3 鶴二あんしんあったか地域ネット

築しようと鶴二支え合い協議会、市社協、地域包括支援センター、近隣福祉事業者等を世話人として会議を重ね、「鶴二あんしんあったか地域ネット」が発足しました。高齢化が進み当地域では住まいや医療、介護予防、生活支援などさまざまな分野で不安を持つ住民は少なくありません。行政や関係機関団体と連携して縦割りでない地域包括ケアシステムの新しい地域のカタチを具体的につくり実践していこうと地域の関係機関、団体の思いがまとまったものです。組織は当面、市社協、南市民センター、地域包括支援センター、介護関係施設、民生委員、自治会、鶴二支え合い協議会で構成し、順次医師会や薬剤師会、管理栄養士、医療機関、消防署、警察署、企業など、地域に関連する広範な機関団体に呼びかけ地域総ぐるみで住民主体の地域包括ケアシステムづくりを目指しています（図3）。こうした住民主体の活動は、当該市や市医師会の施策にも反映されています。

8 新しい地域のカタチ

高度経済成長の時代、防災、福祉、教育や地域の課題についてはすべて行政に委ね、高齢化、国際化、情報化、過密過疎問題は現実ではなくスローガンの域であったように思えます。しかし、現在は現実の問題となり地域課題が顕在化しています。鶴二支え合い協議会が取り組む課題はおおかたが従来行政に委ねてきた問題ですが、住民の主体的な活動として取り組む意義と成果を実践の中で実感しています。「まず自

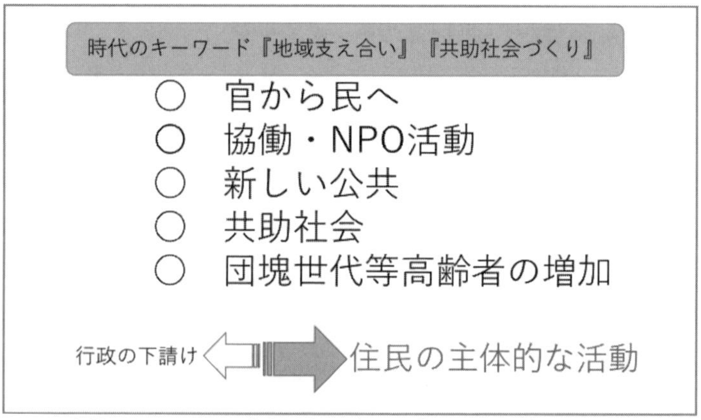

```
┌─────────────────────────────────────────────┐
│  時代のキーワード『地域支え合い』『共助社会づくり』  │
│   ○  官から民へ                              │
│   ○  協働・NPO活動                          │
│   ○  新しい公共                              │
│   ○  共助社会                                │
│   ○  団塊世代等高齢者の増加                   │
│                                             │
│  行政の下請け ⟸  ⟹ 住民の主体的な活動         │
└─────────────────────────────────────────────┘
```

図4　時代のキーワード『地域支え合い』『共助社会づくり』

分たちのために自分たちで動く、そのうえで必要な行政事務を要求する」ことのメリットを住民が認識した歩みでした。行政サービスを待つのではなく、自らの実践で効率よいサービス提供につながり、行政や関連団体を変えていくことにもつながることを学びました。高齢化などで地域課題が急増する中で座して行政、医療、福祉サービスを受けるのみの立場から、よりよいサービスをつくり出し提供する立場にも関わることが有効であることも学んでいます。加えて、自身の生きがい、元気回復にもなることを実践者は承知しています（**図4**）。

　高齢化時代、高齢者の知恵とネットワークを活用して、多様な主体が連携協力して地域課題に取り組む新たな地域づくりのカタチ、住民が主体となった先駆的な地域づくりを目指して確かな歩みを進めていきたいと考えています。

第2章　地域包括ケアシステム形成に向けた地域福祉の視点と役割
　　　―2025年までに何ができるか？―

地域包括ケアシステムの構築と社会福祉協議会による地域福祉実践

（兵庫県宝塚市社会福祉協議会地域福祉部地区担当支援課課長）山本信也

1　宝塚市の概要

1　宝塚市の概要

　兵庫県宝塚市は東西12.8km・南北21.1km・面積101.89km^{2}を有しており、阪神間の中央背後部にあって、東は猪名川、川西市、南は伊丹市、尼崎市、西宮市、西は神戸市、三田市に接し、大阪・神戸から20キロ圏内に位置しています。人口・世帯等の概要は表1のとおりです。

2　コミュニティ政策について（地区割りの変遷）

　宝塚市は市政発足以来、市域の4地区割りを採用してきましたが、その後の人口増加や新たな地区の誕生に伴いおおむね5地区となりました。けれどもこの地区割りは、市として統一されたものではなく、地域活動のための相互連携には課題がありました。1994年、自治会連合会からの改善提案を受け、市が改善に取り組み始めました。そのような中で、阪神・淡路大震災が起こったのです。市民や市には、復興の課題がのしかかる最中にもかかわらず、むしろ、復興のためにも、市民活動の基礎となる新しい地区割りが必要であり、地区割り改善の動きが止むことはありませんでした。そして、調査や協議に基づき、「7地区割りの原案」がつくられ、1996年度の自治会連合会総会で7地区体制が成立しました。その後、7地区体制は自治会のみならず、多くの団体においても、地域福祉の推進、防災体制づくりの確立、地域児童館の整備などの行政との協働における幅広い領域・分野において採用されるようになり、市民の承認を得ることとなりました。一方、7地区体制は1999年度から策定準備していた宝塚市の第4次総合計画の地区別計画にも取り入れられ、行政の政策実施上の区割りとなりました。このように、現在の7地区の体制は、大震災の発災からの復興

表1　宝塚市の人口・世帯数等の概要（2016年4月1日時点）

面　積	101.89km²
人　口	234,033人
うち男性	108,937人
女性	125,096人
世帯数	94,785世帯
老人人口（65歳以上）	61,350人
高齢化率	26.22%
ひとり暮し高齢者	16,716人（＝世帯）
高齢者のみ世帯（上記独居除く）	13,354世帯
要介護認定者	11,628人【第2号被保険者含む】
生活保護世帯（人）	1,886世帯（2,719人）
身障者手帳所持者	8,367人
療育手帳所持者	1,697人
精神保健手帳所持者	1,508人
民生委員・児童委員数	277人【主任児童委員を含まず】
主任児童委員数	19人
自治会数	281自治会

の動きと並行して、官民をあげて、議論し、つくり上げてきた体制であるといえます。

③　20のまちづくり協議会の整備

　1993年、宝塚市長によるリーダーシップのもと、まちづくり協議会の設置が提案されました。1991年からの第3次総合計画では、コミュニティエリアは中学校区で推進することとしており、行政主導・施設重視で進める考え方がありました。しかし、1993年、行政は新しいコミュニティづくりは小学校区であると決断し、市にコミュニティ課を設置し、コミュニティ政策に本格的に取り組む体制を強化したのです。その後、1999年にすべてのコミュニティエリアにまちづくり協議会が発足しました。

　宝塚市はコミュニティ政策としてエリア規模別に七つの地区と20のまちづくり協議会（小学校区）を定め、従来の自治会を含めた3層ネットワークによる住民自治の基盤を整備しました（図1）。

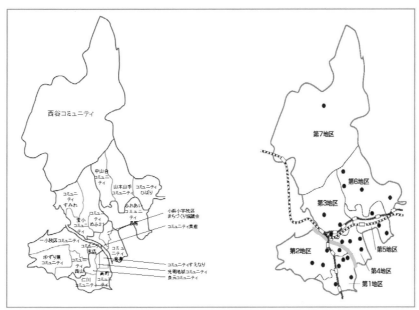

図1　まちづくり協議会のエリアと7地区のエリア

② 宝塚市社会福祉協議会の取り組み

① 地域福祉計画と社協事業の関連

　宝塚市社会福祉協議会（以下、宝塚社協）の概要は図2に示したとおりです。
　1990年、宝塚市地域福祉計画（第1次計画）をもとに、在宅福祉サービスを拡大しながら、現在の介護保険、障害者福祉サービスなど典型的な事業型社協として活動を展開してきました。1995年の阪神・淡路大震災によってコミュニティが崩壊したことを目の当たりにし、地域組織による助け合い、ボランティア活動の必要性を痛感し、それまで出遅れていた地域福祉への取り組みを加え、事業型社協から在宅福祉サービスと地域福祉を一体的に推進する総合型社協へ転換し、1996年に第2次となる新地域福祉計画を策定しました。その中で、市のコミュニティ政策の動きと合わせる形で七つの地区への拠点開設と地区担当ワーカーの配置を位置づけるとともに、これまでの自治会単位をあらため、20の小学校区単位のまちづくり協議会で地域福祉活動を支援する方針をとりました。以後、順次地区センターの開設と地区担当ワーカーの配置を進め、プログラム助成制度（福祉コミュニティ支援事業）を創設、この制度を通して地域福祉推進のための情報提供、ネットワークづくり、人材育成、活動資金提供などの支援を行い、2001年には、20のまちづくり協議会すべてで地域福祉

```
・理事15名、評議員35名、監事2名、相談役2名
・職員数 376名（契約職員273名を含む）
・地域福祉部、企画経営部の2部7課制
・各種事業（団体事務含む）
  在宅福祉事業（介護保険 民家型デイ含む、障害者総合支援事業）
  相談事業（地域包括支援センター、障害者相談支援事業、ボランティア活動センター
        日常生活自立支援事業、権利擁護支援センター、生活困窮者自立支援事業）
  老人福祉センター、大型児童センター運営、各種団体事務等
  地域福祉事業（高齢者支援ひろば事業、地区担当ワーカー、生活支援コーディネーター）
■平成24年度より組織体制を大幅に変更　『エリアチーム制』を導入
  地域福祉の推進担当である地区担当ワーカーの他、ケアマネ、ヘルパー、デイサービスのケアワーカー職員をエリア（校区ごと）
  に配置し、多職種間の連携を進めている。社協組織だけでなく、他法人への波及を試行
```

図2　宝塚市社会福祉協議会　組織概要

活動が展開されるようになりました。その後、地区担当ワーカーによるまちづくり協議会の福祉活動への支援やそのための各種事業や取り組みを、日常生活圏域における話し合いの場づくり、活動の場づくり、地域ケアの場づくりとして体系的・整合的に整理し、第4次地域福祉推進計画（以下、第4次計画）（2006〜2010年）に位置づけました。

　そして、これらの日常生活圏域での場づくりを進める中で、日常的な見守りや生活支援の活動は小学校区では広すぎることが明確になり、続く第5次地域福祉推進計画（以下、第5次計画）（2011〜2015年）では、より身近なエリアである自治会圏域などの活動を重視したプロジェクトを構想しました。

　市内の地域福祉を推進する担当として地区担当ワーカーが地区センターに配置されたことにより、市民にとって身近な存在となり、日常的な相談から制度では対応できない生活課題の相談を受けるようになってきました。一方、市社協の相談支援ワーカーやケアワーカーも、介護保険制度や障害者総合支援制度に基づく、契約による利用者本位のケアを進める中で、利用者が住み慣れた地域でのケアや地域で培ったつながり、生活するうえで必要な地域のさまざまな社会資源が重要であることを実感していました。しかし、市社協の事業が縦割りになっていることでこれらの動きがうまくかみ合わず、市民からさまざまな形で縦割りの弊害についての指摘を受けることとなっていたのです。

　このような流れの中で、市社協事業の縦割りを解消した「総合化」が強く求められるようになったのです。これは、さまざまな事業を日常生活圏域で連携・協力して進め、整合的・一体的に事業・サービスを展開することである。具体的対応として、第4次計画の中で、担当部署をまたぐプロジェクトとして、日常生活圏域における事業の総合化を職員主体で進めようとしました。しかし結果的には、従来の事業体制の縦割りを残したこの方法では、業務の縦割りを解消することはできませんでした。その

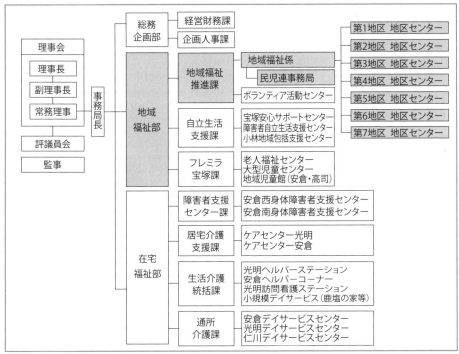

図3　事務局組織図（2012年3月まで）

ため、抜本的かつ日常業務に即した事業体制の組み換えが必要であるとの結論に至ったのです。そうした過程を経て実現したのが、第5次計画後に組織した基盤整備検討委員会で検討し実施に移した「エリアチーム制」（2012年度から実施）です。

エリアチーム制とは、事業を推進する組織体制のことで、事業種別に構成していた従来の縦割りの組織体制を、地区別に再構成したものです（図3、4、5、6）。

２）地域福祉を推進する協議体

宝塚社協は、第5次計画において、市内に4層の話し合いの場を整備し、地域福祉活動推進の基盤としてきました。1層目は身近な範域としておおむね自治会エリア、2層目は小学校区エリア、3層目はブロックエリア（おおむね中学校区エリア）、4層目は市全体としています。

1層目では、自治会もしくは、小さいエリアで、主体を限定せず、住民と専門職が情報共有、協働し、具体的な見守りや支え合い活動を進める「地域ささえあい会議」を開催しています。2層目では、小学校区エリアの各まちづくり協議会が主体となり、さまざまな団体が参画し、地域課題の解決に向け「校区ネットワーク会議」を開催しています。3層目は、ブロックエリアであり、実施・未実施のばらつきはあるけれども、「セーフティネット連絡会」や「ブロック会議」を自治会、民生委員、老人会や

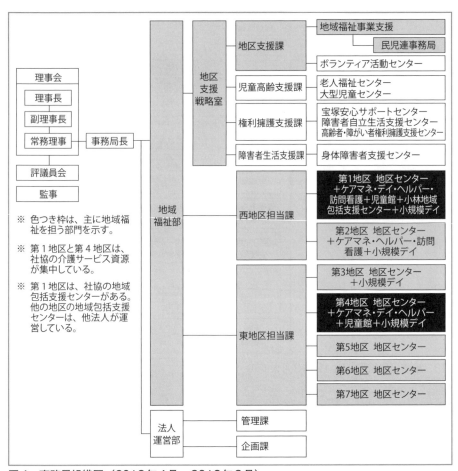

図4　事務局組織図（2012年4月〜2013年3月）

まちづくり協議会間の情報交換の場として開催しています。それらに社協、地域包括支援センターなどブロックに配置された専門職が参画し、地域活動の情報を収集したり、他エリアの情報を提供しています。4層目は宝塚市域とし、宝塚市と宝塚社協が事務局となり、地域福祉計画（行政計画）に位置づけられた「セーフティネット会議」を2013年度に立ち上げました。現状の課題としては、各階層における話し合いの場（協議体）はできたが、各層で話し合われている課題等について、集約し、循環した課題解決の仕組みまでは構築されていないため、今後、具体的な課題解決に向けた協議体間のつなぎ方や運営を再考していく必要があります。

宝塚市では、4層の話し合いの場（協議体）が整備されていることが政策を進めるうえでの大きな財産であり、今後の地域福祉を推進していく政策基盤となっています。

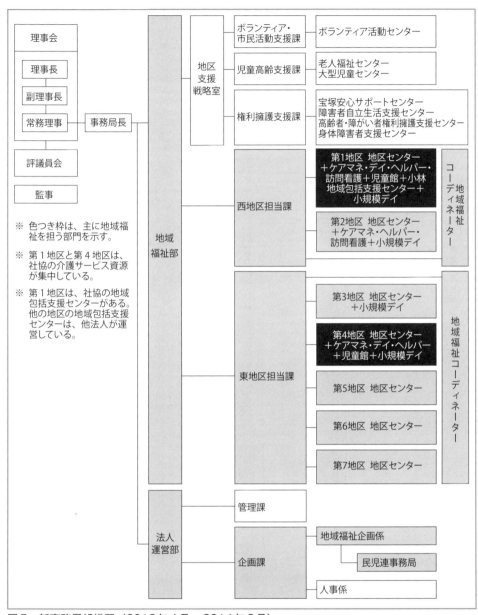

図5　新事務局組織図（2013年4月～2014年3月）

③ 社協地区担当ワーカー（コミュニティワーカー）の役割

　宝塚市の7地区（ブロック）に地区センターを設置し、各地区のまちづくり協議会が行う福祉活動をさまざまなプログラムを提供しながら、支援しています。近年の地区担当ワーカーの動きとしては、まちづくり協議会の福祉活動だけではなく、自治会エリアなどで住民が抱える生活課題についての相談等を受けながら、気になる方々の

実践編2●地域包括ケアシステムの構築と社会福祉協議会による地域福祉実践　　75

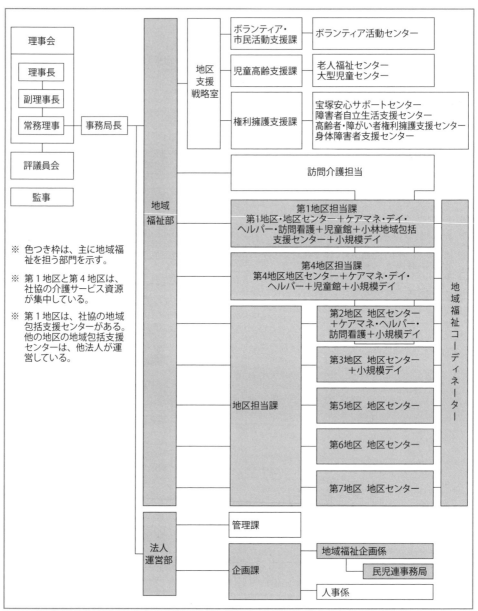

図6　事務局組織図（2014年4月〜）

相談対応などを通して、身近なエリアでの見守り活動や支え合い活動、居場所づくりの一つである「ふれあいいきいきサロン」の立ち上げ、福祉学習などの企画、さまざまな機会に当事者や専門職等が参加・活躍できる場の調整を行っています。

　地区担当ワーカーは身近な相談窓口として、常駐型地区センターとサテライト型の地区センターが配置されており、支援の対象となる地域へアウトリーチしています。最近の傾向として、見守り・支え合い活動を行う自治会などの会合へ参加することが

〈地区担当ワーカーの機能〉

地区担当の支援機能	説　明
1．相談	住民活動者のエンパワメント、関係づくり
2．調整	当事者等からの訴えを地域活動へつなぐ
3．協議の場支援	会議等の運営支援
4．課題の可視化	協議の場へ問題提起、情報発信
5．プログラム開発支援	住民主体・継続性などを軸にした活動
6．場づくり支援	助け合える関係性の構築、気づきの場
7．計画づくり支援	目的、目標設定、活動の評価、改善の意識

〈地域福祉推進プログラム〉

対　象	支援プログラム	説　明
まちづくり協議会	福祉コミュニティ支援事業	・知る・学ぶ・伝える・ふれ合う・交流 ・話し合う・見守る・人を育てる ※校区ネットワーク会議：必須 ・支え合う 上記、3段階のプログラムを選択し、取り組む
ボランティアなど	ふれあいいきいきサロン支援事業	・週に1回以上の開催が必須（52カ所） （※その他ミニデイ、月1回含め：142カ所） サロン活動を通じて、生活支援活動に取り組む場合、別途補助
自治会	自治会地域見守りネットワーク支援事業	・36自治会（全自治会：282） 災害時要援護者支援や日常的な見守り・支え合い活動を目的としたプログラム

図7　地域支援の機能と推進プログラム

多くなり、生活に密着した課題にふれる機会も増え、従来よりも細部にわたり地域の実情を把握することができるようになりました。同時に社協の地区担当ワーカーだけでは対応が難しくなってきているため、ブロックエリアや小学校区エリアでの情報交換する機会を設け、課題や活動内容などについて住民と専門職が一緒に考える場を設定しています。毎年、地区担当ワーカーは原則、地域や活動者、福祉関係機関の実情や特徴を把握しながら、地区カルテを作成しています。

　地区カルテをもとに地域分析を行い、図7に示したような七つの機能を意識し、三つの支援プログラムをうまく組み合わせ、小学校区ごとに作成した地域支援計画に基づき、地域支援を行っています。

④ 地域福祉活動の発展プロセス

　宝塚社協は、おおよそ小学校区単位に組織化されたまちづくり協議会福祉部による福祉活動を推進するプログラムとして、福祉コミュニティ支援事業を立ち上げ、20

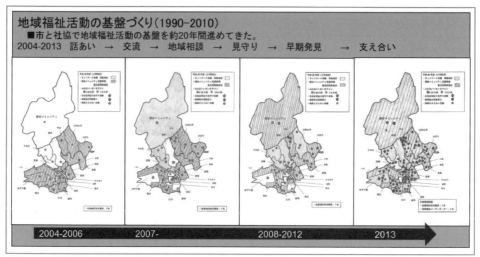

図8　地域福祉活動の基盤整備

のまちづくり協議会、それぞれの役員会等に出向き、活動計画や予算作成等を一緒に相談しながら進めています。中でも、地域福祉課題の協議の場として「校区ネットワーク会議」は必須事業として位置づけ、住民と専門職が同じテーブルにつき、地域課題について検討を行っています。

　まちづくり協議会の主な活動として、交流活動、学習会、講演会、養成講座やネットワーク会議などがありますが、具体的な支え合い活動などは、まちづくり協議会の範域より自治会範域で行うことのほうが、波及しやすいということもあって、自治会向けの福祉活動プログラムとして、自治会地域見守りネットワーク支援事業を立ち上げ、災害時要援護者支援や身近な見守り活動を進めることとなりました。見守り活動を通じて、「地域ささえあい会議」や支え合い活動へ展開している事例も増えてきました。

　エリアや対象を限定せずに、ボランティア活動の一つとして、展開してきたのが、ふれあいいきいきサロン支援事業です。当初は介護保険制度開始時の介護保険非該当者の対応として、ふれあいいきいきサロンの立ち上げ等を進めるために講座・研修などを行い、次第に活動を広げていきました。事業立ち上げ当初は、月に1回開催をするサロンへ活動費の助成を行ってきましたが、月に1回では、介護予防とならないとのことで、数年後には、事業の対象を週に1回以上開催するサロンへ変更しました。そこからさらに、活動は発展していくこととなり、サロン活動を通じて生活支援を行っている現状を把握し、また、生活支援活動を行っているサロンについては別途、活動を支援するプログラムへと変更していきました。

　このように三つの地域福祉推進プログラムは、ニーズに沿った形で少しずつ仕組み

表2　平成27年度地域別生活支援活動一覧（平成28年3月末時点）

地区	コミュニティ	人口	高齢化率	介護認定率	ふれあいサロン開催（ミニデイを含む） 週1回以上	月1回以上	生活支援活動　内容 見守り	買い物	ゴミ捨て	送迎	グループ
1	仁川	14,441	27.5%	20.7%	2	10	○	○			3
	高司	6,379	23.0%	18.3%	0	2	○				1
	良元	8,519	25.3%	23.6%	2	2	○	○	○	○	1
	末成	7,432	31.5%	20.2%	3	6		○			3
	光明	5,101	33.5%	21.5%	2	3	○		○		2
2	末広	6,371	24.6%	21.9%	0	2	–				0
	一小	20,512	24.9%	20.4%	4	6	○	○			4
	西山	10,995	28.6%	21.6%	1	6	–				1
	ゆずり葉	8,865	42.6%	19.2%	4	11	○		○	○	6
3	宝塚	17,848	24.1%	22.5%	5	0	○		○	○	4
	売布	13,413	28.5%	21.7%	6	0	○			○	2
	すみれ	7,937	13.5%	15.8%	0	1					1
4	安倉Co	17,117	22.6%	20.1%	10	1	○	○	○	○	7
	小浜	8,852	28.3%	23.9%	1	2	–				0
	美座	7,947	25.0%	21.0%	1	4	–				1
5	長尾Co	38,777	18.2%	18.8%	9	5	○	○	○	○	14
6	中山台Co	13,752	34.1%	17.1%	11	3	○	○	○	○	5
	山手台	7,518	15.6%	20.3%	2	1	–				0
	ひばり	9,279	31.8%	20.9%	1	6	○	○			2
7	西谷	2,721	38.4%	24.9%	2	5	○	○		○	2

を変更し、宝塚の地域福祉活動の拡充を図ってきました。

　市と社協が20年間進めてきた地域福祉活動の基盤整備は、話し合い→交流→地域相談→見守り→早期発見→支え合いという流れを着実に進めてきました（図8）。地域での支え合い活動は市域より小さな範域（身近な範域）へ、地縁組織だけでなくボランタリーな組織運営との協働を、また、地域の活動者は福祉の専門職と連携・調整するコーディネーターの役割を必ず行っています（表2）。

　これらが今後さらに発展していくには新しい総合事業などを活用し、各生活圏域における活動やコーディネーターの設置などを進める計画が必要となっています。

⑤　今後の展開

　新たな地域福祉政策に対応した事業展開を進めていく必要があり、次期の第6次地域福祉推進計画では、従来の考え方や事業の進め方を一新し、福祉関係以外の市民が参画するネットワークづくりを進めながら、地域の活性化、就労、生きがい・役割づくり、生涯学習や教育をテーマとしたまちづくりを目指し、広い意味での予防活動を

強化し、それぞれのつながりづくりを着実に進めていきます。

　これから宝塚社協が地域福祉を展開するうえで、三つの事業が核となると考えています。一つは、新しい総合事業、二つ目は生活困窮者自立支援事業、三つ目は介護保険事業です。新しい総合事業については、生活支援コーディネーターを設置し、住民主体で進める見守りや支え合い活動を強化し、高齢者だけにとらわれず、福祉の視点に限定しないまちづくりを進めようとしています。あわせて、協議体の設置については、国の示している1層、2層、3層という枠ではなく、市内の既存の協議体を活用しながら、宝塚市の現状に即した形で日常生活圏域における地域住民と専門職が協働を進める話し合いの場を推進します。新しい総合事業については、各市町で悩んでいる点も多くあり、阪神間で独自にネットワークをつくり、研修や情報交換の機会を設け、共通認識して進めていく点と、互いに取り入れることのできる情報や手法などを学び合いながら、今後の展開を模索しています。

　生活困窮者自立生活支援事業においては、本人の生活リズムに合わせて、生活のしづらさに寄り添いながら一つひとつ解決していくことを大事にしています。本事業での関わりから、生活困窮者が抱える諸問題は、経済的な問題だけではなく、地域で孤立し、社会的に排除されていることにであり、いかに地域での安定した生活を取り戻していけるかが、今後の重要な課題となっています。今後の取り組みとして、地域住民への啓発などを通じて社会的孤立・排除のない土壌づくりを予防的に行っていくことと総合相談支援体制の整備を行政と共に進めていきます。

　最後に、介護保険事業において、介護を必要とする高齢者が増えていくことは明らかではありますが、社協は地域共同ケア、社会福祉法人の公益事業、各サービス拠点における運営委員会の発足や地域活動拠点の整備、制度の狭間への対応を行いながら、地域との共同を基盤とし、地域住民から必要とされる介護保険事業を進めていきます。新たな展開としては、要支援者の居場所づくり、24時間365日対応可能な在宅サービス、中重度者のケア対応のできる介護現場の環境を整備し、できるだけ長く、在宅での生活を支える取り組みを進めていくことを目標としています。

　今後も引き続き、社協だからこそできることを地域住民や社会福祉の関係者と共に、話し合い、知恵を出し合い、力を合わせ、「安全で安心な楽しいまちをみんなでつくろう」のスローガンをもとに地域福祉を推進していきます。

●参考文献
宝塚市社会福祉協議会編（2015）『市民がつくる地域福祉のすすめ方』藤井博志監、全国コミュニティライフサポートセンター

第2章 地域包括ケアシステム形成に向けた地域福祉の視点と役割
　　　—2025年までに何ができるか？—

在宅医療と地域包括ケア

（東京ふれあい医療生活協同組合副理事長）平原佐斗司

 在宅医療の歴史について

　戦後すぐの日本人の主な死因は、肺炎、胃腸炎、結核などの感染症と脳卒中であり、地域での主たる医学的課題は感染症や脳卒中などの急性疾患でした。当時は、まだ病院医療が成熟しておらず、これらの急性疾患に対して、臨時往診が主体の在宅医療が展開されていました。当時の急性疾患に対しての臨時往診を「古典的在宅医療」と呼んでいます。

　やがて、感染症が克服され、日本人の死因は、脳卒中、心臓病、そして悪性腫瘍の三大成人病に移っていきます。昭和30年代には、全身麻酔手術や各種検査法が発展し、入院医療の質が飛躍的に向上し、急性期医療における入院医療の優位性は、誰の目からみても明らかになりました。また、昭和30年代には国民皆保険制度が創設され、救急医療のシステム化やモータリゼーションの普及も相まって、国民が早期に病院にアクセスすることが容易となり、医療の中心は次第に病院医療に移り、やがて日本は本格的な「病院の世紀」を迎えることになります。

　その一方で、1955（昭和30）年前後までは医療の一つの形態として広まっていた古典的在宅医療（往診）は、急性期の医療としては病院医療に劣ることが明白となり、急速に廃れていきます。

　脳卒中は1951年に結核に変わって日本人の死因の第1位となり、1965～1970年に死亡者数はピークに達します。そのような中、1960年代には、脳卒中を中心課題として、リハビリテーションのニーズが顕在化し、1963年にはリハビリテーション医学会の創立、リハビリテーション専門職の教育機関の設立、さらに1965年には、理学療法士、作業療法士の専門職の資格制度が確立するなど、わが国におけるリハビリテーション医療が本格的に始まった時期でした。

　しかし、実際の医療現場では、急性期医療が急速に発展する一方で、救命はできたものの身体の障害を残した高齢者に対してのリハビリテーションや慢性期のケアが行き届かず、多くの"ねたきり高齢者"が誕生します。そして、1973年の老人医療費

の無料化と福祉施設の圧倒的な不足の中で、ねたきり高齢者の長期入院の受け皿となる老人病院が増加し、それはやがて国民総医療費の高騰を招いていくのです。

そんな中、国民の自宅死亡は1960年には70.7％、1970年には56.6％と低下し、逆に病院死亡は21.9％から37.4％と増加していきます。

昭和50年代には、CT撮影装置や超音波、血管造影等の医療機器が普及し、急性期医療、病院の高度医療はさらに進歩していきます。また、長期入院によって国民総医療費の高騰を招き、1982年の「老人保健法」制定、1983年の市町村保健婦による訪問指導事業の開始など、入院偏重医療に対して軌道修正が行われ始めます。

日本人の死因は、1981年にはがんが脳卒中をぬいて死因の第1位となり、やがて心疾患が死因の第2位を占めるようになります。がんによる死亡はその後ますます増加し、日本人の健康上の最大の課題となり、それに伴い末期がんの緩和ケアのニーズも顕在化していくのです。

1977年には「第1回日本死の臨床研究会」が開催されたほか、鈴木荘一先生ら「実地医家のための会」の5名がイギリスのセントクリストファーホスピスを訪問し、ホスピスをわが国に紹介しました。1981年には、聖隷三方原病院に初のホスピスが開所され、1980年前後はがんを中心にわが国の緩和ケアシステムの整備が始まった時期でもありました。

1976年には病院死が在宅死を初めて上回り、その後も自宅死は確実に低下し、1980年には自宅死亡が38.0％に対して、病院死亡が57.0％と逆転しています。これを境に、わが国は病院で最期を迎えることが当たり前の社会となり、国民は身近に死を感じることが少なくなっていくわけです。

1985年には、地域医療計画による病床規制が始まり、社会的入院に本格的にメスが入れられ、老人病院からの高齢者の追い出しが社会問題化する一方で、1986年には中間施設としての老人保健施設が誕生、訪問看護が医療保険で始めて点数化され、1989年にゴールドプラン（「高齢者保健福祉推進十カ年戦略」）が、1991年に訪問看護制度（訪問看護ステーション）がスタートするなど、政策的に在宅医療を推進しようとする動きが強まっていきます。

しかし、当時は、在宅医療の担い手である開業医の多くが高齢化しており、在宅医療の飛躍的な普及を期待できる状況にはありませんでした。

在宅医療に新しい風が吹くのは1990年代になってからとなります。1992年は「医療法」に「在宅医療が医療の場である」と初めて明記された、いわゆる「元祖在宅医療元年」ですが、90年代は、在宅医療を担う若い医師が台頭し、学術団体などが立ち上がり、学問体系と教育システムを構築していきます。また、この時期は在宅医療や介護のリソースが急速に充実していく時期であり、とりわけ2000年の介護保険の

導入、2006年の在宅療養支援診療所の制度化など、在宅医療は政策的に力強く推進されるようになります。

 ## 何故、今地域包括ケアなのか

　2007年、日本は超高齢社会に突入しました。在宅医療は、超高齢社会、需要爆発、多死社会が目前に迫った2012年の「在宅医療・介護あんしん2012」を境に、「地域包括ケア時代の在宅医療」という新たなステージに突入していくことになります。

　わが国の死亡者数は、急速な登り坂を駆け上って、最終的には昭和の時代の倍以上、年間166万人が亡くなる多死社会を迎えます。がんで亡くなる方の約6割は75歳以上となり、心臓病も80〜90代の超高齢期の心不全による死亡が増加、超高齢者に多い肺炎が死因の第3位となりました。2005年の時点では、日本人の3人に2人以上は75歳をすぎてから亡くなっていますが、最終的には亡くなる人の6人に5人ほどが75歳以上という時代を迎えようとしています。これについては、この世に生まれた多くの方が命を全うできる世の中がようやく訪れたともいえるわけですが、WHO（世界保健機関）ではこのことを"Active Aging"という報告書の中で「人類が勝ち取ってきた誇るべき成果である」と述べています。

　現在、外来患者の受診年齢のピークは75歳となり、在宅や入院患者のピークはおおよそ85歳、そして、死亡のピークは、男性がおおよそ85歳、女性がおおよそ90歳になりました。超高齢患者が、肺炎で入院すると、潜在的にあった心不全が悪化し、さらに腎不全が悪化、また、それらをコントロールしているうちに次の肺炎を繰り返します。そして、その間に二次性サルコペニアが進行し、長期の絶食と廃用で、腸の機能や排泄機能が衰えるというふうに、全身的な病と障害の複雑な連鎖が引き起こされていきます。多くの日本人が、寿命を全うできる代わりに、一方で、病と障害と苦痛の連鎖の中で生きることを強いられる時代、この時代を現代人はどう生きるのか、医療はどう支えていくかということが問われているのです。

　このような変化を背景に、医療にも「治す医療から支える医療へ」というパラダイムシフトが起こっています。比較的若い人が病で命を落とすことが多かった20世紀の医療においては、命を助けるということ、一分一秒でも生命をのばすこと（延命）に価値が置かれていたのに対して、多くの人が人として与えられた寿命を全うできる超高齢社会を迎えた21世紀では、生命の長さと同じくらいに、生命の質（QOL）に価値を置くように、国民の意識や医療の考え方も変化してきました（図1）。

　もちろん先端医療の重要性は今日でも変わることはありませんが、21世紀になっ

20世紀的医療	21世紀の医療
命を救うこと、長く生きること	限られた命を自分らしく生きること
病気を治すこと（キュア）	病（障害）とともに生きる人の生活と人生を支えること（ケア）
急性期医療	人生の最終段階の医療（看取り）
生 → 病（老）→死	生→病・老→→障害（介護）→→死
治す医療（根治治療、専門医療）	支える医療（長期ケア、緩和ケア、リハビリテーション、在宅医療）
病院医療	地域包括ケア
臓器（専門医）	人間（総合医：在宅医を含む）
データ	QOL
長寿（命の長さ）	天寿（命の質・QOL）

図1　医療のパラダイムシフト

て緩和ケア、リハビリテーション、看護、そして在宅医療などのいわゆる「支える医療」の重要性がクローズアップされてきているのです。

超高齢社会と人生のセカンドステージ

　現在の医療に問われる最大の命題とは、いわゆる老人病（晩期退行性病変）とどう向き合うかです。今までは病気になって、命を落とす人はいるけれど、多くの人は治って地域に復帰するというモデルだったわけですが、老人病との闘いが中心となった現代医療においては、障害を持ちながら、不安定で、不確実な状況で、人生の最期の時間を生きていくということが当たり前になってきているわけです。

　地域の70歳以上の数千人を前向きにフォローし、現代人の最期の1年間の機能について調査した海外の研究によると、最後の最後まで元気な方というのはわずか16.9%でした。現代人の死に向かうプロセスは、突然亡くなるというコースはあまりなくて、期間が短いか長いかという差はありますが、一定の期間何らかの障害を持ちながら生活し、死に向かっていくというのが現代人のナチュラルコースなのです。つまり、超高齢社会というのは、障害を持ちながら生きていく人の数が非常に増加する社会（需要爆発）であるというわけです。

　WHOと世界銀行が2012年に、世界人口70億人の中で、何らかの障害を持っている人は10億人（人口の約15%）であるという報告を発表しました。二十数年前に行った同様の調査では、この割合は約10%でしたので、障害を持ちながら地球上に暮らしている人の割合は確実に増加しており、その最大の原因は高齢化であろうとい

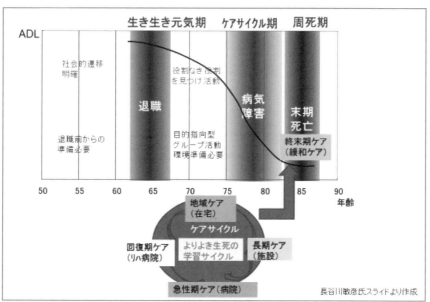

図2　人生のセカンドステージとケアサイクル─現代人の三つのフェーズ─

われております。

　このようなライフステージの変化は日本人の生き方にも大きな影響を及ぼしています。現代人には、働いていた時間と同じぐらい長いセカンドステージ（退職してから亡くなるまでの期間）が用意されています。長谷川敏彦先生は、セカンドステージの入り口にたったとき、命の主体である市民が、自ら最終段階の死を見据えた人生のセカンドステージの生き方を考えることが重要だと述べています。前期高齢期には、今まで培ってきた知識や技術を活かしながら、まだまだ社会に貢献できる時期です。そして、後期高齢期になると、何らかの病気や障害を持ち、やがて病や老化によって、間欠的に医療やケア、リハビリテーションが必要になり、やがて恒常的に医療やケアが必要な時期（ケアサイクル期）になります。現代人はこのようなケアサイクルを繰り返す中で、死に向かっていくプロセスを学んでいくというわけです（図2）。

　国民が主体として、自らの命のあり方を考えるムーブメント、ひいては文化をつくっていかなければ、単に医療やケアの供給側だけを充実させるだけではこの時代を支えていくことはできないと考えています。

地域包括ケアの概念

　「地域包括ケア」は、直接的にはわが国の地域医療の活動の中から誕生した言葉で

すが、海外でも同様の概念「Community-Based Integrated Care」があります。

　私はこの「Community-Based」には三つの意味があると考えています。一つは、地域のニーズに根差すということです。二つ目は地域の資源を使って構築するということです。そして、三つ目には、地域の方々の手によってつくり出されるものという意味です。

　地域に何が必要かは、その地域によって全く違いますし、地域の資源によっても全く異なります。また、地域の方々が主体的にこれらの課題に取り組む方法も地域によって違います。したがって、地域包括ケアの形は地域によって全く異なるのは、しごく当然ということになります。

　もう一つの「Integrated Care」というのは統合型のケアという意味です。初期の「地域包括ケア研究会」の中で、今後日本はケアが必要な方たちが爆発的に増加する社会（需要爆発）が訪れることを指摘しています。一方で、わが国の生産労働人口が減少する中、それを迎え撃つ医療、介護の専門職の数が圧倒的に足りない状況（労働力危機）が生まれることも確実な状況です。われわれには、今のように医療やケアの分断を許しているような余裕は全くなくなります。医療と介護、病院と地域、人と人、システム、理念、すべてを統合していかなければ、21世紀の社会を支えていくことは困難になるのです。

　統合については、地域の中の多職種間の連携（水平統合）と、治療やリハビリテーション（リハビリ）、急性期と慢性期などの異なるフェーズ間での連携（垂直統合）に分けて考えています。それに加えて、これら専門職が同じ目的に向かって、患者・家族のため、あるいは地域のために協働するという「規範的統合」が非常に大切になります。

5　地域包括ケア時代の在宅医療

　医療には医療の歴史と特有の世界があります。リハビリにはリハビリ、看護には看護、そして介護には介護のそれぞれの世界で発展してきたものがあり、それぞれが他の専門領域からは容易には理解しがたいものでした。

　「地域包括ケア」の考え方そのものは、おそらく以前からあった考え方を集めたものにすぎないのかもしれません。しかし、「地域包括ケア」という政策概念が登場したことで、多職種や政策技術者が協働して目指していける未来の形が提示されたこと、つまり明確な旗印ができたという点は多いに評価できると思います。新しい時代の在宅医療の役割は、地域包括ケア推進のエンジンとなることだと考えています。

「地域包括ケア時代の在宅医療」とは、一言で表せば「在宅医療のシステム化」であろうと思います。地域のニーズが断片的だった時代は、たまたまその地域にいたスーパー在宅医やスーパー看護師によって、よい実践がされてよい結果が導きされているという単純な話でしたが、需要爆発が起こっている現代においては、このようは断片的な資源の提供では支えることは当然困難で、地域のさまざまな資源を投入し、医療とケアを統合し、システム化を図らなければ問題は解決しなくなっています。その中心は市区町村ですが、そこに医師会などのステークホルダーが必ずコミットしていることがシステム化成功の条件になります。

　地域包括ケア時代の在宅医療のもう一つの特徴は、独居者など家族機能が脆弱な人の存在を前提としていることです。介護保険制度は高齢世帯2人を支えるということをイメージして制度設計されているわけですが、地域包括ケアの中では、独居者でも地域でなるべく長く暮らすということを実現することが目標になります。

　在宅医療の対象となる患者・家族の様相も以前とはかなり異なっています。

　超高齢者が多くなり、完全に治りきることのない老年症候群への対応を求められることが多くなります。超高齢者は、病気になり、軽微な改善と増悪を繰り返す中で、ぐずぐずと症状が進み、慢性化、固定化する、あるいは急に亡くなるという経過をたどります。超高齢者の多くは、疾患や重い障害から解き放たれることはありませんし、安定期を生み出すことさえ困難な方も多いのです。

　また、家族の問題も複雑化しています。独居高齢者の急増はもとより、子ども世代が、仕事で忙しい、あるいは精神疾患や社会的に深刻な問題を抱えているために、キイパーソンや代理意思決定者になり得ないという深刻な事態が当たり前のように存在する社会になってきました。

　このように家族機能が明らかに脆弱化する中で、いわゆる「互助」の役割が見直されています。そして、このような中で、コミュニティの力を再生する地域づくりなどの活動は非常に重要になってきます。

6 梶原診療所での地域包括ケアに向けた取り組み

　地域包括ケア時代において、私たち（東京ふれあい医療生活協同組合）がどのようなチャレンジをしているかについて、最後にご説明いたします。

　当法人は、現在北区・荒川区・足立区に、母体になります有床の梶原診療所を中心とした四つの診療所群と多くの在宅系事業所を抱えております。

　設立40周年を迎えた2010年に、これからの地域や地域の医療のあり方を考える

ために、地域住民の方々とワークショップを行いました。地域の方々が何を望んでいるのか、どういうことを不安に思って過ごしているのかということについてディスカッションし、最終的に地域の方々が私たちに何を期待しているのかについて投票しました。一番多かった意見は、ケアが必要になっても住み続けられる「住まい」の問題でした。次に、無床診療所だった梶原診療所を有床化し、医療的不安に対応してほしいという声が多く出され、在宅医療については相談機能やリハビリ機能の充実、近隣の無医地区への診療所建設、サロンやたまり場など交流の場、助け合いの関係づくりなど、さまざまな意見や要望が出されました。

私たちは、住民の方々からのこれら意見をもとに、病棟を持つ有床診療所の新設、無医地区への診療所新設、ソーシャルワーク部門やリハビリ部門の新設、サロンの開設、ボランティアの育成、住まいを検討するプロジェクトの創設など、この5年間で、いわゆる地域に不足する資源やネットワークをつくり出すことに腐心してきました。

① 在宅部門の取り組み

梶原診療所には、「在宅総合ケアセンター」という在宅部門があり、多職種多機関が日常的に協働しています。訪問診療では200名を超える在宅患者のもとを24時間体制で訪問しています。訪問看護ステーション、ヘルパーステーション、居宅介護支援事業所、PT、OT、STが所属しているリハビリテーション部門などの事業部門があり、他の専門職としてはソーシャルワーカーが2名、管理栄養士、臨床心理士等がいます。事務や運転手も含め、七十数名の職員が地域の在宅ケアを支えています。

② 後方支援としての病棟の新しい機能

梶原診療所は2013年9月に19床の有床診療所としてリニューアルオープンしました。これは、前述したように地域の方々からの強い要望があったことがきっかけでした。しかし、後に地域の状況をよく調べてみると、わが国のベッド数は人口10万人あたり約700床（ベッド）が平均ですが、当医療圏ではこの半分以下のベッド数しかなく、一次医療圏で医療が完結できない状況にあることがわかりました。

有床診療所のメリットというのは、自分の住み慣れた地域で医療・ケアを受けられ、家族や友人とも頻回に合うことができ、患者さんとご家族をよく知っている主治医が、病気だけではなく、家族の問題や社会的背景も含めて総合的にみることができることだと思います。

最近、国は「なるべく在宅、時々入院」ということをうたっていますが、家族機能が脆弱化する中で、独居の方でも地域で生活し続けるためには、在宅医療の後方支援機能が非常に重要になってきます。

私たちの病棟は、①高齢者の急性期医療、②緩和ケア（がん、非がん）、そして③リハビリテーションという三つの柱を掲げてスタートしました。とりわけ、高齢者の急性期ケアについては、「ACE (Acute Care of the Elderly) プログラム」をわが国で最初に導入しています。

　高齢者は急性疾患をきっかけに、機能が低下し、そのためにもとの状態に復することができなくなり、在宅復帰が困難になることがほとんどであり、急性期に適正な医療や看護、栄養やリハビリなどの、社会的資源を集中させることは極めて重要です。

　ACE というのは、1995年ぐらいからアメリカやオーストラリアで始まった高齢者の急性期支援プログラムで、老年医学的なモデルに基づいた全人的なアセスメントをベースにしています。具体的には、①安全に配慮された環境と予防的介入によって、入院による弊害を最小化すること、②治療と同等以上に身体の機能に着目し、栄養とリハビリによって身体の機能を維持・改善させることを重視していること、③そして、壁のない連携によって、地域への復帰をゴールとすることが柱となっています。

　今後わが国で不足してくるのは、後期高齢者の急性期を支援する病床であると考えられます。これからの在宅医療を考えるときに、後方支援病床の機能を充実させることは非常に重要です。政策的にも地域包括ケア病床が新たにつくられましたが、残念ながら、外形基準だけがつくられ、その中身は全く伝わってきません。ACE は地域包括ケア病床のあるべき姿を示していると考えています。

　ACE の有効性については、患者の入院経過を改善したり、在院日数と再入院率を減らしたり、施設の待機率を減らしたり、さらにはスタッフの満足度を高めたりといった多くのエビデンスが示されています。特に、昨今の病院は在院日数ありきで、1週間たったらまだ完全に機能が回復していないのに退院させるということが日常的に起こっていますが、スタッフ、特に病棟看護師はこのような中で、大変な不全感を持ちながら業務にあたっています。医療とケアの総合力でしっかり治して、機能も回復させ、地域の専門職ときちんと橋渡しをして退院できるということは、患者の満足度はもとより、スタッフのやりがいにもつながります。

③ 地域リハビリテーションの展開

　従来リハビリテーション機能が非常に不足していた当地域のリハビリテーション機能の充実を図るため、スタッフを確保し、PT、OT、ST の三職種が在宅、病棟、外来の垣根なく包括的にリハビリテーションを提供できるシステムを構築してきました。

　訪問リハビリテーションでは、漫然とリハビリをするのではなく、国際生活機能分類（International Classification of Functioning, Disability and Health；ICF）の

実践編3 ● 在宅医療と地域包括ケア　89

考え方に基づき、利用者との話し合いによって機能レベル、生活レベル、参加レベルで目標をたて、目標を達成したらリハビリを卒業するという取り組みをしております。

④ 認知症地域ケアの新展開

私が認知症の診察に取り組み始めたのは、1997年にミシガン大学を訪れたことが契機となりました。私が感銘を受けたのは、多職種で行うミシガン大学老年医学センターの外来の仕組みです。日本の外来では医師が短時間の診察を頻回に行うことで成り立ち、多職種が主体的に外来診療に関わることはほとんどないのですが、ミシガン大学では医師と看護師とソーシャルワーカーの3職種が、それぞれの専門性を活かしたアセスメントを行い、初診に2時間かけてチームで患者さんと家族を診察します。

その後、2年間の準備を経て、1999年に高齢者ケア外来を開設しました。現在のメンバーは、医師3名、看護師、ソーシャルワーカー2名、臨床心理士です。高齢者ケアでは「初診のアセスメントの質が診療の質の8割を決定する」といわれているため、初診には1時間半の時間をかけていました（現在は患者数が増えたため、初診1時間にしています）。

私たちが認知症ケアに取り組み始めて18年になりますが、この間私たちは、診断を受けてから、地域で暮らす限り、主治医機能とケースマネジメント機能が継続的に患者と家族に寄り添い、支援する「認知症ステージアプローチモデル」（梶原モデル）を構築してきました。

この梶原モデルを発展させたのが、昨年開設した認知症専門クリニック「オレンジほっとクリニック」です（2015年9月に地域連携型認知症疾患医療センターに指定）。

オレンジほっとクリニックの活動には三つの柱があります。一つは梶原モデルから継承した認知症の方とご家族を、発症後継続的に支え続けるという認知症の包括的な医療モデルです。二つ目は、アウトリーチ機能です。地域包括センターから依頼のあった困難事例（受診拒否、虐待等）に対して、アウトリーチチームが地域に赴くことによって問題解決にあたります。もう一つは、早期認知症の通所リハビリテーション「LIFE PACE」です。これは軽度のアルツハイマー型認知症の方を対象に、だいたい2年を想定したプログラムです。LIFE PACEという名前は、私たちが認知症の旅路の早期に大切だと考える八つのサポート、ライフレビュー（life review）、自立/自律（independence）、家族支援（family support）、教育（education）、心理療法（psychotherapy）、アクティビティー（activity）、地域活動（community activities）、運動（exercise）の頭文字からきています。LIFE PACEの目的は三つあり、①認知障害の進行予防（運動と全身管理、個別性に配慮されたプログラム）、②ご本

人とご家族の教育的支援、③認知症という旅の支度をする（将来に備える）ことです。私たちは認知症ケアパスの中でも特に、初期の対応が重要だと考えていますが、LIFE PACEは初期対応の一つのモデルになると考えています。

二つ目に挙げた柱はアウトリーチですが、このきっかけとなったのは、2012年に始まった「北区あんしんセンターサポート医システム」です。このシステムについて詳しくは後述しますが、現在、人口10万の滝野川圏域のあんしんセンターサポート医として、五つの地域包括支援センターと連携しています。制度が発足した3年と少しの間に、60件の困難事例の依頼を受け、アウトリーチしました。その3分の2は認知症で、1割が精神疾患、1割が合併症、1割ががんでした。

認知症については、区や地域全体での動きも活発になってきました。私はもともと、北区医師会の認知症かかりつけ委員会の委員をしておりましたが、2014年から北区在宅介護・医療連携推進会議内に設置された認知症部会の副委員長として、現在認知症ケアパスづくりの論議をしています。また、2015年9月からはオレンジほっとクリニックが認知症疾患医療センターの指定を受け、北区全体の認知症ケアシステムについて、行政などと協力しつつ、連携体制の構築を推進していくことになりました。

⑤ 梶原診療所の地域づくりの取り組み

次に、当診療所のソーシャルワーカーが中心に担っている地域づくりについてお話します。

地域づくりの活動のきっかけは住まいの問題でした。前述した地域の方々とのワークショップで、地域の方はケアが必要になったときどこに住めばいいのかという強い不安を持っていることがわかり、2010年に地域の方々と共に、住まいのことを考えるプロジェクトチームをつくりました。

同じ北区でも公設住宅が多い赤羽・王子地域と公設住宅がほとんどない当診療所がある滝野川地域では、すまいの問題のアプローチが全く異なると考えました。北区は23区で2番目に空き家が多い地域であり、まず私たちは、宮崎の「ホームホスピスかあさんの家」のような空き家を利用した家らしい住まいモデルができないか、検討を開始しました。

「かあさんの家」は空き家を利用し、人生の最期の時間を生きる方々を支える「ホームホスピス」で、1軒月150万円ぐらいで運営しており、5人の高齢者が集住しています。カギをにぎるのはケアの質と家らしい空間の力です。

人件費と土地代が高い都会では、このような住まいの実現は容易ではありません。そのような中で、まずは人と人とをつながりをつくれるようなサロンをつくろうとい

実践編3 ● 在宅医療と地域包括ケア　91

うことになりました。たまたま、私が認知症のお母さんを看取った息子さんご夫婦から、離れが空いているからということで廉価で貸していただき、2012年1月から「かあさんの茶の間」というサロンを開設しました。高齢者はもとより、近くに駄菓子屋があるため、子どもがきてそこで勉強していったり、この地域に引っ越してきたばかりの精神障害の方がふらっとこられたりしています。

また、地域で活動してもらう方たちを増やしていくためにボランティア講座を開催して、ボランティア講座を修了した人たちが、ボランティアカフェに月1回集まって、地域で何をするかを話し合い、送迎などのボランティア活動を行ってくれています。

医療機関のソーシャルワーカーは入退院係というイメージがあると思いますが、当診療所では地域づくりを中心に担っているのがソーシャルワーカーです。ソーシャルワーカーは普段、暮らし相談室に常駐し、地域から直接の相談を受けたり、診療所外来、在宅、病棟、認知症専門クリニックであるオレンジほっとクリニックなど所内からさまざまな相談を受けたりしています。また、あんしんセンターサポート医やアウトリーチの相談窓口の役割を果たしています。

最近では、専門職連携の推進のために、北区、荒川区の意識のある人たちを集めて地域包括ケアを研究するという会の運営も開始するなど、当診療所のソーシャルワーカーは、地域をつくり、動かす仕事を積極的に行っています。

⑥ 行政・医師会等との地域での協働

ここまでは、主に梶原診療所という一つの医療機関を中心とした取り組みについて述べてきましたが、地域包括ケアシステム構築のためには、区単位（メゾレベル）で規範的統合を進めながら、システムを統合していく活動が重要になります。

連携推進の大きなきっかけになったのは、前述した「北区あんしんセンターサポート医システム」です。人口34万人の北区を赤羽、王子、滝野川という三つの圏域に分け、包括支援センターで困りごとがあったときに、医師会が推薦し、行政が任命したあんしんセンターサポート医に相談でき、必要に応じてアウトリーチをして問題解決を図ります（図3）。

制度発足1年目は毎月、地域包括支援センターのスタッフとの会議を持ち、顔のみえる関係をつくりました。困難事例の訪問を依頼されると、私は北区区役所の職員の名刺を持って、「区役所の人間です」といって入っていきます。受診拒否をしていても、「検診の時期だからちょっと伺いました」という感じで、進行した認知症の方のお宅にもお邪魔して、アセスメントと介入を始めます。

アウトリーチ例の多くは認知症で、生活背景としては独居者、シングル介護などが多く、本人よりも介護者の問題が大きいケースも少なくありません。介護保険が未申

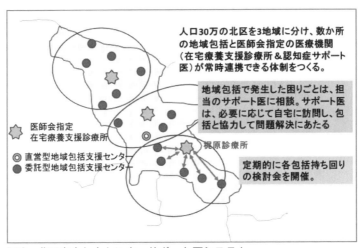

図3　北区あんしんセンターサポート医システム

請の方も多く存在します。もともと申請主義を前提とした介護保険制度は、家族機能がない認知症事例などでは、うまく働きません。

次に、北区在宅ケアネットが主催している「多職種連携研修」についてお話します。

もともと多職種連携研修は、2012年の国の政策「在宅医療・介護あんしん2012」にうたわれたものでしたが、北区ではこのような多職種連携研修会はトップダウンではなくボトムアップで始まりました。

私がこの多職種連携研修のモデルになった千葉県柏市における「柏在宅医療研修プログラム」のプログラム開発を行っていた関係で、早い段階から北区でもこれを実施したいと思っていました。

柏在宅医療研修プログラムは、東京大学高齢社会総合研究機構の辻哲夫先生が提唱された、在宅医療を担う医師を地域で育成しなくては21世紀前半の日本の医療は成り立たないという強い問題意識から、始まったものです。当時、私も同じ考えを持っていたので、依頼を受け、プログラムの骨格づくりをさせていただきました。

この研修の当初の狙いは、多職種が入る中で医師が鍛えられ、在宅医療を積極的に実践してもらえればということでした。結果としては、医師の在宅医療参入はもちろん、このような研修会を繰り返すことが、柏地域の多職種チームの成熟につながり、もともと在宅医療が未発展の地であった柏が見る見る発信力を持つ在宅医療の先進地へとダイナミックに変わっていきました。その様子をみていて、私自身の地元でこのような研修を行いたいと考え、2013年に杉浦地域医療振興財団の助成をいただき、研修会を行う計画をたてました。最初に私は、北区在宅ケアネットという任意団体を

つくりました。北区在宅ケアネットは、医師会も含めた北区内の多職種の団体の代表と行政の代表からなる計16人の世話人で運営する仕組みとしました。研修会そのものの前に、このような「オール北区」ともいえる枠組みをつくることが非常に大切ですが、幸い北区ではこれが短期間でうまくできました。

WHOが2010年に出した"Framework for action on Inter-professional Education and Collaborative practice"には、地域の専門職あるいは未来の専門職を対象にIPE（Inter-professional Education：専門職連携教育）を繰り返すことによって、多職種協働が可能となり、これによって適正なヘルスサービスが提供でき、医療システムが強化され、そしてその結果、地域の健康のアウトカムが改善するということが示されています。すなわち、地域単位でIPEを繰り返すことによって、本当のヘルスシステムが構築されていくということだと思います。

多職種連携研修は、柏在宅医療研修プログラムで私たちが開発した六つのモジュールを利用し、半年をかけて5回の研修を行いました。自発的に始めた研修会の実績が認められ、2014年度からは、北区からの委託を受け、区の事業として多職種連携研修会を行っています。

7 地域包括ケアの課題

地域包括ケアシステムの構築は、現在の地域医療や介護にとって、最大の命題です。そして、医療やケアの分断を減らし、あらゆる統合を推し進めるという地域包括ケアシステム構築のファーストステージは、ここにきて一定の成果を挙げつつありま

す。

　これからは、コミュニティをどうつくるか、住民主体の活動をどうつくっていくか
という次のステージに入っていくでしょう。

●**参考文献**

Thomas M. Gill., Evelyne A. Gahbauer, Ling Han, et al Trajectories of Disability in the Last Year of
　Life N Engl J Med 2010；362：1173-1180
World report on disability World Health Organization 2011
Framework for action on interprofessional education and collaborative practice Number of pages：64
　Publication date：2010

コメント

地域包括ケアシステム形成に向けた
地域福祉の視点

（神奈川県社会福祉協議会地域福祉推進部主幹）**松永文和**

　2016年に開催された日本地域福祉学会第30回記念大会では、セッションⅠにて本章のテーマである「地域包括ケアシステム形成に向けた地域福祉の視点と役割—2025年までに何ができるか？—」のコーディネーターとして関わった。

　地域包括ケアシステム創設の背景には、少子高齢化の進展、核家族化や高齢世帯の増加、高齢化に伴う認知症等医療度の高い疾患の増加など、2025年問題の深刻化がある。2025年問題にどう向かっていくか、これからの地域福祉活動の真価が問われている。本章の実践編コメントとして、特に地域福祉の視点から課題整理していきたいと思う。

1 地域包括ケアシステム展開の課題

　生産労働人口を含む全人口の減少化、家族機能、地域機能の低下が進む中で、日常生活上の多様かつ複雑化する保健医療福祉の課題は、2025年に向けてではなく、喫緊の課題の一つとされている。また、当たり前のように地域の中での福祉や介護の問題は地域住民すべての課題といわれ、支え合い、つながりの再構築が指摘されて久しいが、地域包括ケアシステムの構築における費用負担等公私の役割では、地方分権の推進、緊縮財政等と絡ませながら、「自助」「互助」の必要性が強調され、「共助」が新たに提案されることに対して、「公助」（福祉行政）の後退につながらないかとの懸念の声も変わらずある。なお、「互助」においても、財源が明確でない等、不安定な状況である。生活の多様化、価値観のゆらぎ、社会的孤立・孤独のまん延、顔と顔を突き合わせてつながることの難しさを感じる現代において、行政と民間福祉の役割、社会福祉協議会（以下、社協）の組織化活動、地域住民への意識醸成に向けたアプローチ等、地域包括ケアシステム構築に向けた各所それぞれの模索が続く。

2 住民参加と主体形成のプロセス

　鶴ヶ島第二小学校区地域支え合い協議会（以下、鶴二支え合い協議会）は、活動初

めのテーマとして「地域防災」を挙げていた。複数の自治会が連携し、避難所運営委員会（鶴二支え合い協議会の母体）を設置して、住民参加、公私協働による合同防災訓練等を継続して実施し、今ではNPO法人格を取得し、多様な事業を展開している。

鶴二支え合い協議会の活動から、地域福祉の計画化においていわれる“三つのゴール”に合わせてみていくと、①共通の活動目標（タスク・ゴール）、②ネットワーク構築（リレーションシップ・ゴール）、③住民主体の形成過程（プロセス・ゴール）の3点が示される。

①共通の活動目標では、最初から一部の地域住民しか参加できない狭いテーマにしない、できるだけ地域住民同士が共感できる緊急性の高いテーマから始めることが重要である。②ネットワーク構築では、（個人もしくは団体が）単独では取り組みが困難であることを認識し、テーマでつながる可能性、必要性への「気づき」が大切である。鶴二支え合い協議会は、小学校を中心としたコミュニティを目指し、行政、市社協が適時、オブザーバー等で運営に関わっているところも特筆すべきである。③住民主体の形成過程では、「まず、自分たちのために、自分たちが動く」といった主体の形成、特にこれからは団塊世代が中心となって75歳以上になる前の“今”というタイミングでどう動くか、また、地域の未来に向けてどう後継していくかが重要となる。

③ 重層的な圏域設定（日常生活圏域のとらえ方）

社協が地域福祉や在宅ケアにおいて重視するのは、日常生活圏域[注1]という圏域設定の考えである。具体的には、住民参加による地域福祉活動（地域福祉の主体形成と参加）を進めるにあたり、基礎単位として地区社協、校区社協等を設置するように、日常生活圏域を意識することは地域福祉の展開において必須条件の一つとなっている。宝塚市のコミュニティは、阪神・淡路大震災（1995年）で崩壊したことから、復興の過程で地区割りのあり方が検討された。現在では、市内七つの地区に再編され、地区ごとに宝塚市社協（以下、市社協）の地区担当ワーカーが配置されている。また、小学校区ごと、地域福祉活動を支援する役割で20のまちづくり協議会が設置されている。市社協地区担当ワーカーの機能・役割については、課題の可視化、解決に向け住民主体を重視するプログラムの開発、PDCA（Plan-Do-Check-Act）サイクルに沿った計画づくりにおいて、地域住民と専門職がテーマでつながるよう、企画調整能力が試されている。4層構造となっている話し合いの場で丁寧に進められてきた成果

注1　日常生活圏域は中学校区域といわれることもあるが、本来は市町村から小地域までの範囲の圏域を指し、さまざまな条件を総合的に勘案して、活動やテーマに合わせ、都度設定していく。

コメント ● 地域包括ケアシステム形成に向けた地域福祉の視点

は、今日の地域包括ケアシステムにおける生活支援コーディネーター（地域支え合い推進員）と協議体の設置、具体の運営等においても、地域福祉計画の策定や進行管理においても、活かされていくものと思われる。

④ 地域で支える医療への転換

梶原診療所は、在宅医療を進める過程で医療サイドからこれからの地域について、地域住民と検討を積み上げ、病院から在宅への復帰を柱に後方支援病床の機能充実を図っている。地域包括ケアシステムにおける医療は、病院中心の医療から地域で支える医療へと転換し、住まいや介護等との関係性がこれまで以上に密になることを目標としている。地域包括ケアシステムの構成要素の一つである「住まい」について、実際は、施設福祉サービスと在宅福祉サービスに二分され、両方が有機的に関わることは容易ではない課題であった。また、医療サービスにおいても、社会的入院や入院基本料の逓減制にあるように、在宅の受け入れ準備が整わなくとも、転院や施設入所等が行われており、悩ましい日常的課題である。最後に、認知症対策については、梶原診療所の認知症専門クリニック「オレンジほっとクリニック」での活動を紹介している。オレンジほっとクリニックでは、チーム制アウトリーチを実践し、認知症患者とその家族を支援してきた。2012年の認知症高齢者は推定462万人に上るといわれ、増加傾向にある[1]。また、2016年度の認知症行方不明者は1万5,432人、4年連続で過去最多が更新された[2]。行方不明者の捜索にあたっては、時間が勝負のため、早期発見が課題となっている。地域で支える医療への転換、そこには、在宅福祉サービス等との連動だけでなく、これまで地域福祉の社会資源とはみなされていなかった機関・団体等も新たに加わり、地域全体で支える、協働の域をさらに広げる時代ともいえる。

⑤ 地域の中でのマイノリティ─差別、いじめに対して─

東日本大震災（2011年）でコミュニティが崩壊した人々が全国各地に避難している。その中に、避難先の地域、学校、職場等での心ない言動、差別やいじめにあい、避難先に居づらい、生きづらいと感じる人が一定数いることが、今問題になっている[3]。地域福祉では、誰もが住みよいまちを目指す一方で、このような「避難者いじめ」が相次ぐのは何故なのか、単に無知、認識不足として片づけてはならない重要課題である。今、書籍、インターネット、SNS（Social Networking Service）等で知識情報はあふれているが、地域の中でのマイノリティは「存在」を知るだけでは、共

感や理解は進むわけではない。なぜなら、知識情報はその場の空気や温度、音や時間等、人間の五感で感じる点が欠けているからである。やはり、人と人が直接出会い、心に寄り添うこと、つまり、「行為」を通じた、さまざまな気づきの中でこそ人間同士の共感は生まれ、理解は深まる、そして、互いを大事に思う気持ちが養われる。

●引用・参考文献

1) 内閣府「平成29年版高齢社会白書」
   http://www8.cao.go.jp/kourei/whitepaper/w-2017/zenbun/pdf/1s2s_03.pdf（21頁参照）
2) 警察庁生活安全局生活安全企画課「平成28年における行方不明者の状況」平成29年6月
   https://www.npa.go.jp/safetylife/seianki/fumei/H28yukuehumeisya.pdf（3頁参照）
3) 朝日新聞「避難所でいじめ6割『あった』」2017年2月26日付朝刊、13（1）
   朝日新聞「心ない言葉　避難者に傷」2017年2月26日付朝刊、13（39）

第 **3** 章

生活困窮者の自立支援と
コミュニティソーシャルワーク

第3章　生活困窮者の自立支援とコミュニティソーシャルワーク

生活困窮者の自立支援に向けたコミュニティソーシャルワークの機能

（東洋大学ライフデザイン学部教授）山本美香

 はじめに

　本稿では、「生活困窮者の自立支援とコミュニティソーシャルワーク」について、日本地域福祉学会第30回記念大会「セッションⅡ」でシンポジストによって報告された内容や、意見交換された内容も含めながら論じていく。
　本セッションでは、四つの論点を挙げて議論を行った。
①生活困窮者とは誰か
②生活困窮者の自立支援は誰が、どのように行うのか
③生活困窮者の自立支援が地域の中で課題として認識されているか
④生活困窮者を生み出さない社会への展望
この論点に沿ってまとめていきたい。
　セッションでは、あえてコミュニティソーシャルワークの主たる担い手である社会福祉協議会（以下、社協）で活動する実践者をシンポジストとしていなかった。これには、社協以外の現場で、どのようにコミュニティソーシャルワークが発揮されるのか、その可能性と課題を見いだしたかったことがある。また、もう一つに、社協がコミュニティソーシャルワークの主たる担い手であるならば、その社協に対して、どのようなことが期待されるかを外から考察してみることが必要ではないかという思いがあったためである。

 1　生活困窮者とは誰か

　「生活困窮者自立支援法」では、「生活困窮者」を第2条で「現に経済的に困窮し、最低限

度の生活を維持することができなくなるおそれのある者をいう」と定義している。この法律では、「生活困窮者」とは、経済的に困窮しているが、生活保護受給者よりも所得としては上位の者を範囲としている。法律の制定に先立って、厚生労働省社会保障審議会「生活困窮者の生活支援の在り方に関する特別部会」では、「生活困窮者」を「経済的困窮」「孤立」「複合的課題」をもつ者としている。だが、法律ではこうしたあいまいな要素は排除されている。

『社会福祉学事典』や『地域福祉事典』をみても、「生活困窮者」については記載されておらず、現時点では学問的には定まった定義がないといってよい。

論文では、特に「生活困窮者」とは誰を指すかを明確にしないで論を進めているものが多い。CiNiiで検索すると（2017年1月検索）、「生活困窮者」に関する論文・記事等は560件ある。用語自体は1950年代から登場しているが、1975年に生活困窮者についてふれた論文が発表されて以降、1990年代後半になるまで見当たらない。そして、2000年以降に多数の論文・記事等が発表されている。

篭山京の論文「生活保護を受けられない生活困窮者」（1975）でも「生活困窮者」について特に定義されていない。論文には「生活保護を受けなくてはならないような生活困窮者が減ってきた」という表現がある[1]。この論文からは、「生活困窮者」とは、生活保護以上の所得階層にいる者であり、それ以上の意味が含有されていない。岩永理恵（2005）の論文では、「生活困窮者」を「生活保護法第4条の『生活に困窮する者』に対応するもの」と記載している[2]。布川日佐史（2007）は「生活保護制度と社会的排除」の中で、生活困窮者の定義づけはしていないものの、「2005年より、日常生活の基盤を失い社会生活に参加ができない社会的排除状態にある生活困窮者に対し、日常生活・社会生活・就労自立のための体系的支援（生活保護における自立支援プログラム）を始めた」と記述している[3]。ここでは生活困窮者は、社会的排除状態にあることが示唆されている。

ホームレス等を支援してきた団体「特定非営利活動法人自立支援センターふるさとの会」が2012年に行った「生活困窮者・生活保護受給者の自立支援のための地域における包括的な支援体制の研究」では、「生活困窮者支援」の説明として「自助・互助を失った方々を支援する」とある[4]。このことからは、社会関係性を示すソーシャル・キャピタルを含んで「生活困窮者」ととらえているといえる。なお、この報告書では、対象として、現在地域で生活を継続している「低所得者」や「ホームレス状態から脱出した人」を含んでいる。

2000年以降では、経済的困窮に家族や友人・知人・職場関係などを喪失した「関係性の困窮」を含んでとらえている研究が多い。これは「社会的排除論」が欧米から輸入されてきたことと関係があると推測される。現在では、特に定義がない場合でも、生活困窮には「社会的排除」の概念をその基盤として考えられているといってよいだろう。

「社会的排除」とは、イギリスのブレア首相が1997年に立ち上げた社会的排除と闘う特

表1　社会的排除と絶対的貧困、相対的貧困との違い

	絶対的貧困	相対的貧困	社会的排除
次元	一次元	多次元	多次元
必要財・サービス	身体的サービス	身体的サービス 物質的サービス	身体的サービス 物質的サービス 社会参加
分配と他人の関係	分配に配慮	分配に配慮	分配に配慮 他人との関係
時間の長さ	一時的	一時的	長期的
対象の人	個人 家計	個人 家計	個人 家計 コミュニティ

〔出典：橘木俊詔・浦川邦夫（2006）『日本の貧困研究』東京大学出版会、283を参考に作成〕

図1　ポーガム（Paugam）の「社会的な資格喪失」の三つのグループ
〔出典：「グローバル化と社会的排除」アジット・S・バラ、フレデリック・ラペール（2005）『グローバル化と社会的排除：貧困と社会問題への新しいアプローチ』福原宏幸・中村健吾監訳、昭和堂、144-151を参考に作成〕

別機関「ソーシャル・エクスクルージョン・ユニット」の定義によると、「たとえば失業、低いスキル、低所得、差別、みすぼらしい住宅、犯罪、不健康、そして家族崩壊などの複合的不利に苦しめられている人々や地域に生じている何かを、手っ取り早く表現した言葉である」とされる。橘木俊詔ら（2006）は、「絶対的貧困」「相対的貧困」と「社会的排除」の違いを、表1を用いて説明する[5]。「社会的排除」が、多次元であり、他者との関係性、コミュニティを包含する概念であることが、低所得者や貧困ではなく、「生活困窮者」の用語に結びついたのではないか。

図1は、ポーガム（Paugum）の「社会的な資格喪失の三つのグループ」を図式化したも

のである。これらは、生活困窮状態の三つのレベルを表しているとも考えられ、生活困窮者とはこの三つのグループすべての人ということができる。ポーガムは、社会的資格として労働市場における存在と社会福祉サービスに対して個人が置かれている状況に基づき三つのグループがあるとしている（**図1参照**）[6]。

　セッションでは、生活困窮状態にある人として、具体的に、次のような特性を持つ人々が挙げられた。すなわち、「ホームレス、ネットカフェ・24時間サウナ利用者、息子からの暴力を受けている人、40歳過ぎた人で就労経験のない人（若者支援に該当しない）、軽度知的障害、発達障害、虐待後の情緒破綻、認知症の人」などであり、いわば「高齢者」「障害者」といった制度的な枠組みにはまらない人々である。むろん、ここでは特に言及されていない母子世帯や子ども、失業者、要介護高齢者とその家族なども含まれよう。経済的困窮を根底的な問題としながら、そのうえにそれぞれの生活問題があり、それゆえに孤立化している場合、生活困窮状態にあるということができる。

　「制度的な枠組みにはまらない」ということは当事者自身の問題ではなく、制度に沿って縦割りで支援している支援者側に実は問題がある。制度や法律の枠を超え、ニーズオリエンティッドな視点に立って、支援態勢をとっていけるか、まさにこの点にコミュニティソーシャルワークが問われている。

　しかし、現場は支援を拒否するセルフネグレクトの人々にも直面する。こうした人々は支援困難事例としてとらえられる。「必要なだけ支援を受けることができる」こと自体にも本人の力が必要とされ、この力は「受援力」とも呼ばれている。自ら助けを求めるには、その人自身が持っている力が必要であり、それが表に出せない場合、ニーズは潜在化する。セルフネグレクトの人々は、ポーガムが指摘するように、社会的劣等感をなくそうとして福祉サービスにアクセスしない人もいるだろう。しかし、多くは、自己の状態について把握ができず、自分の状況を客観的にみることもできていない。そして自分の将来の見通しも立っていない場合が多い。このような「受援力」に乏しい本人に代わって発信する人が必要なのだ。ここに専門職として、アウトリーチを行い、「ノーマティブニード」を把握し提示していくことが求められる。

② 生活困窮者の自立支援は誰が、どのように行うのか

　ここまで、生活困窮者とは、経済的困窮や関係性の困窮という複合的な課題を抱えながらも「制度的な枠組みにはまらない人々」であることをみてきた。制度にあてはまらないゆえに、支援の手が伸びず、社会的に排除される。ということであれば、支援を行うのは、制度や事業を使いながらも自由な立場で柔軟に対応できる民間機関であろう。むろん、民間機関

が対応するということは、公的支援が不要ということを意味するわけではない。むしろ、公的支援が充実しなければ、人の生死に関わる生活困窮者支援は実行できない。

しかしながら、シンポジストが指摘した「『事件』は現場（生活の場）でおきている。平日の9時から5時の間だけ対応できるという支援方法では到底間に合わない」との言葉が示すように、待ったなしの支援態勢が必要なのだ。

以下、生活困窮者支援に取り組む民間支援団体として、社会福祉法人とNPO法人について考察してみたい。

①　社会福祉法人の取り組み

民間支援団体とは、行政とは異なる役割を果たす団体としてとらえられる。福祉多元化の考え方では、公私役割分担論において認識される。日本における生活困窮者支援に関わる民間支援団体とは、大きく分けて二つある。一つは社会福祉法人、もう一つは特定非営利活動法人（以下、NPO法人）である。この二つは同じ民間支援団体の範囲にあるが、その存立基盤や特性は大きく異なっている。

村田文世は、社会福祉法人を、措置制度体系のもとでの「政府主導」の広義のNPO、民間非営利団体は中間組織としての「民主導」のNPOと区分している[7]。

2000年以降は社会福祉基礎構造改革や「社会福祉法」への改正で、措置から契約へと大きくパラダイムシフトしたことで、社会福祉法人の位置づけや機能も大きく変化してきた。社会福祉法人は税制上の優遇措置が図られており、その点はNPO法人など他の民間団体から平等性が求められているところではあるが、それは、社会保障審議会福祉部会報告書がいうところの「他の事業主体では対応できない様々な福祉ニーズを充足することにより、地域社会に貢献していくことにある」からである[8]。しかしながら、昨今では、民間団体としての先駆性、新規性、発展性などの特徴が減退し、硬直化した態様が批判されてきていた。

厚生労働省「社会福祉法人の在り方等に関する検討会」では、課題として次の5点を挙げている。すなわち、①地域ニーズへの不十分な対応、②財務状況の不透明さ、③ガバナンスの欠如、④いわゆる内部留保、⑤他の経営主体との公平性（イコールフッティング）である[9]。

これらの課題を解決しつつ、「地域における公益的な活動の推進」が制度改革の中で論じられ、「社会福祉法」の改正の中でも「社会福祉事業又は公益事業を行うに当たり、日常生活又は社会生活上支援を要する者に対する無料又は低額の料金で福祉サービスを提供することを責務」として規定された。

社会福祉法人は本来、上記のような文言にある対象者に対してサービスを提供してきた経緯を持つのではなかったのだろうか。これが新たに求められるというのは実際には、措置制度体系の中で、地域に発生した新しいニーズに十分対応できてこなかったということであろ

図2　村山苑が行う地域住民に対する生活相談のお知らせ
〔出典：社会福祉法人村山苑ホームページ（https://www.murayamaen.or.jp/）〕

う。

　「社会福祉法人の在り方等に関する検討会」では、地域における公益的な活動としていくつかの活動を示しているが、本稿に関連する事項を挙げてみると、「生活困窮者に対する相談支援、一時的な居住等の支援の実施、就労訓練事業（いわゆる中間的就労）や社会参加活動の実施」、「低所得高齢者等の居住の確保に関する支援」などがある[10]。確かにこれらの支援は、生活保護法に基づく更生施設や授産施設、障害者支援施設、養護老人ホームなどの社会福祉法人において実施され、福祉サービスとして提供されてきた。しかし、そこでの支援は、期限がある、対象者要件がある、問題が複合的であるなどの場合には対応できなかった。また、所管が縦割りである場合には、連続したサービスや支援が提供できないことも多かった。これは、社会福祉法人が行政からの委託として措置制度体系の中で事業を行っている限りでは、本当の意味での地域のニーズに対応していくことは困難であることを意味している。

　このような社会福祉法人の状況を改善する目的で、シンポジストの品川卓正氏が運営する社会福祉法人村山苑は、施設利用者だけではなく、地域住民を対象とした生活相談を開始した。村山苑は救護施設として長く事業を行ってきており、いわば生活困窮者支援のプロである。その方法論を地域住民にも開いていこうとする取り組みであるが（図2）、これは一言でいえるほど容易ではないだろう。多種多様な状況と相談内容となる地域住民への生活相談への対応は、一法人単体での解決はありえない。幅広いネットワークで対応することが必要となる。社会福祉法人（施設）の視点は内ではなく、完全に外を向かなければならないからだ。しかし、このように施設を開く取り組みは今後も一層、期待されている。

② 生活困窮者に対するNPO法人の取り組み──住まいを提供するNPO法人の事例から──

(1)「住まいの確保のために必要なこと」

　従来型の社会福祉法人が対応してこなかった支援に「住まいの確保」がある。ここでは、

住まいを喪失した人々に対してNPO法人が、どのような支援を提供しているのかに焦点をあてて、NPO法人が果たしている役割について分析していきたい。

なお、ここで取り上げる調査結果は、筆者が、首都圏にあるNPO法人等7団体を対象にして、2014〜2015年に実施した調査したものである。調査対象の抽出方法は、注として記載したが[注1]、詳細については他の論文を参照していただきたい。

図3は、住まいを喪失した生活困窮者に対して各NPO法人等が行った援助内容である。

この調査で明らかになったのは、住まいを得るためには、事業主体が、「見守り・安否確認」「トラブル時への対応」「保証人（の確保）」の役割を果たすことが前提条件となることだ。生活困窮者は、こうした社会的保証や側面的生活援助をしてくれる存在自体を失っていることが多い。

注1　本調査を行うにあたって、以下のプロセスで対象を抽出した。
（1）調査対象の抽出
　　①内閣府のNPOポータルサイトに記載されている認証団体の「所轄庁」と「主たる事務所の所在地」を「東京都」に設定した。東京都を対象とした理由は、大都市に多く生活困窮者の問題が発生するとの推測がなされるからである。
　　②2013年10月12日現在での東京都を所轄庁とするNPO法人の全体像は、東京都全体10,160団体、区部7,937団体、市部1,875団体である（町村・島しょ部は除く）。
　　③「定款に記載された目的」欄に、「生活支援」「居住」「住まい」「生活困窮」「低所得」「就労支援」を設定して検索を行った。これらの「目的」に絞った理由は、今回の調査の目的が、NPO法人によって、どのように「住まい」「生活支援」「就労支援」が提供されているのかを検討するためである。
　　④検索結果は、次のとおりであった。「生活支援」226団体、「居住」62団体、「住まい」37団体、「生活困窮」36団体、「低所得」4団体、「就労支援」100団体。
　　⑤それらの団体の「法人入力情報」を確認して、その記述内容を精査した結果、「生活困窮者」に対して、「住まいの確保」「生活支援」「就労支援」を行っていると思われる団体を抽出した。
　　⑥その結果、37団体（区部31団体、市部6団体）のNPO法人を抽出した。
　　⑦上記のNPO法人の中から、活動内容（「施設」の提供ではなく、民間賃貸住宅など個々人の住まいを提供している団体を抽出）、NPO法人格取得後の年数（5年を区分の区切りとし、5年未満と5年以上で類型化）、地域分布（人口規模、都心部か周辺部かの地域性で類型化）を配慮し、全部で4団体（区部から3団体、市部から1団体）を選択した。
　　⑧ヒアリング対象として次の三つの団体も比較対象として選択した。一つは、有限会社である。これは「会社」という組織がNPO法人と比較して、どのような利点があるのか、不利な点があるとすれば、それはどのようなことかを明らかにするためである。また、千葉県、埼玉県から一つずつNPO法人を選択した。これらの団体は、10年以上前から生活困窮者支援に携わり、「住まいの確保・生活支援・就労支援」の提供を行っている。いずれも東京都のNPO法人ではないが、先駆的事例として今回の分析に必要であること、また東京都との地域性の違いから住まいの確保に違いがみられるのかを検証するという目的もある。
（2）調査方法
　　調査方法は、質問紙を用いてある程度の質問を用意するが、対象者の自由な語りも重視する「半構造化面接」によるヒアリング調査を実施した。定量的調査ではなく定性的調査の手法をとった理由は、「住まい・生活支援・就労支援」の具体的な支援方法を明らかにするためには詳細なヒアリングによる調査が適切と判断したからである。ヒアリングは、2014年1月〜4月にかけて実施し、1団体につき1時間半から2時間かけて行った。また、ヒアリングの補足として2015年5月にアンケート調査も行った。
（3）質問項目
　　ヒアリングの質問項目は次のとおりである。
　　1．住宅確保の内容、2．生活支援の内容、3．就労支援の内容、4．社会生活について、5．今後必要と思われる生活支援の内容、6．利用者の緊急時への介入事例について、7．利用者支援で困難なこと、8．地域の他の社会資源との連携・協働関係について、9．今後、連携・協働する必要がある機関について、10．連携・協働が困難な理由、11．生活困窮者が住まいを確保する際に問題になること、12．生活困窮者の地域居住で必要なこと、13．団体を維持していくうえでの課題、14．居住支援協議会への期待。
　　なお、本調査研究の詳細については、山本美香（2016）「生活困窮者に『住まい・生活支援・就労支援』を提供する民間支援団体に関する研究―首都圏の7団体における『住まいの確保』支援の実態」『日本の地域福祉』日本地域福祉学会（第29巻）を参照されたい。

		A	B	C	D	E	F	G
入居前支援	協力的な不動産会社・大家の開拓	○	○	○	○	○	○	○
	不動産会社や大家への居住者に関する説明・調整	○	○	○	○	○	○	○
入居時支援	物件の情報提供	○	○	○	○	○	○	○
	不動産会社の紹介	○	○	○	○	○	○	○
	家賃債務保全会社・保証人代行の紹介	×	○	×	○	○	○	○
	契約手続きの際の立ち会い	○	○	○	○	○	○	○
	緊急時の連絡先の引き受け	○	○	○	○	○	○	○
	入居者の死亡など事故対応のための保険加入	×	×	×	○	○	○	○
入居後支援	死亡時の残存家財の処理を保証	○	○	○	○	○	○	○

〈入居後の生活支援の内容〉

項目	具体的な支援内容	A	B	C	D	E	F	G
支援計画	自立までの個別支援プランの作成	×	×	×	×	×	○	○
申請・手続	生活保護の申請	○	×	×	○	○	○	○
	介護保険申請手続きの手伝い	×	×	×	○	○	○	○
相談	相談相手	○	○	○	○	○	○	○
	電話による相談	○	○	○	○	○	○	○
	話し相手	○	○	×	○	○	○	○
安否確認	定期的な安否確認・見守り	○	○	×	○	×	○	○
日常生活支援	生活用品の提供	○	×	×	○	×	○	○
	簡単な家事	×	×	×	○	×	○	○
	服薬管理	×	×	×	○	×	○	○
	金銭管理	×	×	×	○	×	○	○
	家賃の支払い・管理	○	○	○	○	○	○	○
	病院への付き添い	×	×	×	○	×	○	○
	夜間の対応(自分のところでの対応)	×	×	×	○	×	○	○
	トラブル時への介入	○	○	×	○	○	○	○
	趣味などの生きがいづくりへの手伝い	○	×	×	○	×	○	○
関係づくり	近隣との交流の支援	×	○	×	○	×	×	×
	家族・親族との関係づくり	×	×	×	○	×	○	○
	居場所づくり・外出先の確保	×	×	×	○	×	○	○
	互助組織の形成(利用者同士の仲間づくり)	○	×	×	○	×	○	○
就労支援	就業相談・支援	○	○	×	○	×	○	○

※　A～Gのうち、E以外はすべてNPO法人。

図3 「住まいの確保」のために支援団体が行っている支援内容

NPO法人では、利用者の見守り・安否確認、保証人、トラブルがあったときに即対応することを継続して行い、長年かけて地元の不動産会社の信頼を得てきた。

全国には空き家が増え、以前よりは借りるのが容易になった現実もあるが、賃貸住宅を提供する大家には、生活困窮者等に対する先入観がある場合が少なくないため、現在も住宅取得困難状態が続いている。また、高齢者の場合には、認知症などによる徘徊や、認知症ゆえの近隣とのトラブルなどを懸念し、敬遠する傾向はまだ強く残っている。そうした現状においても、事業主体の個別努力による協力的な不動産会社の開拓によって住宅を提供してきた経緯がある。

住まいを提供するということは、その居住者の生活もともに支援していくということを指す。またそうでなければ、住宅市場から住まいを得ることはできない。一つひとつ時間をかけて不動産会社と信頼関係を構築していく。そのことによって、生活困窮者が住まいを得て、地域の中で継続して居住し続けることを可能にする。

(2) NPO法人と地域の社会資源とのつながり

一方で、NPO法人等が抱える課題は、なかなか地域の自治組織や住民との連携・協働がとりにくいことだ。図4は現在、連携している団体・機関についてまとめたものである。連

		A	B	C	D	E	F	G
福祉関連	行政（高齢者福祉担当）	×	×	×	×	○	○	○
	行政（福祉事務所）	○	○	○	○	○	○	○
	地域包括支援センター	○	×	×	○	○	○	○
	社会福祉協議会	○	×	×	○	○	○	○
	デイケアセンター、デイサービスセンター	○	○	×	×	×	○	○
	ケアマネジャー（介護事業所）	○	×	×	×	×	○	○
医療関連	病院・医院・診療所	○	×	×	×	×	○	○
	保健所	○	×	×	×	×	○	○
住まい関連	不動産会社	○	○	○	○	○	○	○
	保証会社	○	○	○	○	○	×	×
法律	弁護士	○	○	×	×	○	×	○
地域	自治会・町内会	○	×	×	×	○	×	○
	民生委員・児童委員	×	×	×	×	○	×	○
その他	他のNPO	○	×	○	○	×	○	×
	その他						法テラス	保護司

図4　連携している機関・団体

携の度合いが多いのは、「行政（福祉事務所）」「地域包括支援センター」「社会福祉協議会」「病院・医院・診療所」「不動産会社」「保証会社」である。ただし、この「連携している」の中身としては、活動上、関連があるという意味合いが強く、利用者の生活をサポートするために連携しているということではない。どちらかといえば、制度外の対応をNPO等に依頼してきており、それに対応せざるを得ないというのが実情である。

　住まいを喪失し、地域生活の継続ができなくなった人々を地域に戻すためには、社会資源との連携は必須である。しかし、本調査では、NPO等が地縁型の団体・機関（自治会・町内会、民生委員・児童委員）と連携していくことの難しさが強く認識される結果となった。

　そのため、生活困窮者は地域に「根をおろした」社会生活ができていないものが多い。生活困窮者が地域で当該団体以外のところからの支援を受けながら、あるいは利用しながら社会生活を送るためには、どうしたら地縁型の社会資源と関係性ができるかが課題となる。この点、地縁型団体との協働関係が強い社協が、大きな役割を果たせるといえよう。

③ 新しい担い手の発掘

　今後、生活困窮者支援の担い手は、社会福祉法人やNPO法人だけはない。新しい担い手は、むしろ「福祉関係者でない」人々へと拡大していかなければならない。その範囲は大きいが、シンポジストが「これからの地域福祉の担い手」として挙げたものの一つが、「不動産会社」である。不動産会社は地域に関する情報の集積場である。実際彼らは、生活困窮者に住まいを提供し、居住者の生活の見守りも行っている。さらには、家賃滞納の人がいたら、発見して専門職につないでくれる場合もある。制度的な福祉の網の目からこぼれやすい若年や中年層にも目配りができるのだ。ただ、彼らはビジネスとして住まいを提供しているのであり、「生活困窮者を支援する」という社会問題解決の目的だけでは動かない。不動産会社といかにwin-winの関係を支援者がつくっていくことができるかが問われる。そのた

めには、先述したように何か問題があった場合にはすぐに対応するという信頼関係の構築がカギとなる。

もう一つの社会資源は「商店会」である。商店会は、特に生活困窮者の就労支援の大きな応援団となりうる。三浦辰也氏は、自らの事業の利用者に対して、就労の手始めとしての社会体験をしてもらおうとして、半分あきらめの気持ちを持ちながら地元の商店会に打診してみた。そうしたところ、好意的に受け止めてくれ、「何かお役に立てるなら」と、商店街の清掃ボランティア活動の場と機会を提供してくれたと語った。われわれは、はじめから「ここは協力してくれないだろう」と思いこんでいないだろうか。支援者自身が、自分で限界をつくってしまっているとの認識を持つことと、そこを打ち破って新しい社会資源を開拓することの必要性を物語っている。そこにこそ、コミュニティソーシャルワーカーによる社会資源の開発が求められる。

③ 生活困窮者の自立支援が地域の中で課題として認識されているか

生活困窮が「地域の中の課題」として認識されるためには、「彼の問題」も「私の問題」として認識されるか、ということだ。他者の問題を自分自身の問題として問いかけられ、解決に動こうとする社会であれば、その社会はかなり包摂が進んだ社会といえる。しかし、新自由主義的な思想の広まりで過大な自己責任論が席巻しているのが現実である。どんなに困っても、自分で何とかしなくてはならないという意識はまん延している。失業し、住まいを喪失してホームレスになっても、誰にも相談できないという。ジョック・ヤングは「近代から後期近代への移行は、包摂型社会から排除型社会への移行としてある」としたが、この排除型社会の現象は日本においてもみられる[11]。

しかしながら、その反面で、生活困窮に対する社会的不安は増している。藤田孝典氏の著書『下流老人』が一般社会にも反響を呼んだ理由の一つは、自分たちもまた同じになるかもしれないという不安が根底にあるからではないだろうか。自分自身も生活困窮者になる可能性があり、自分の周囲にも生活困窮者が少なくないことを知っている。しかし、その事実を前に、どのように改善していくべきなのかその道筋が示されていないことが不安なのだ。

地域福祉計画策定においても、生活困窮者への対応を地域で考えることが求められている。生活困窮者自立支援制度においても、地域づくりは課題の一つとされている。生活困窮に地域が、住民がどのように直視し、取り組むかは避けて通れない課題となっている。

一方で、われわれは、人材の確保、事業の充実や、質的な向上を求めるが、そのためには財源が必要となる。市民個人のレベルで考えたときに、負担は増えてもその分サービスや活動の充実につなげてほしいと思えるか。そのような社会的コンセンサスがとれるかは、あま

り指摘されないが、今後の社会において大きな論点となるだろう。

おわりに─生活困窮者を生み出さない社会への展望─

　まずは、社会保障制度の充実が最も重要であることは当然である。この当たり前に思えることも、生活困窮者への調査を行うとそうではないことがわかる。建設現場の下請け等で働く労働者は、雇用保険にも入っていないケースが多く、失業が即、住まいの喪失に結びつき、ホームレスへと転落してしまう。現在増加している非正規雇用労働者の場合、社会保険制度にどれだけ加入できているかが将来のリスクを下げることにつながる。

　また、「子どもの貧困対策の推進に関する法律」が示すように、子どもの貧困を予防するために「教育の機会均等」を図り、国、地方自治体、国民が努力しなければならない。

　ロバート・D・パットナムは、著書『われらの子ども』の中で、就学前児童家庭への金銭的援助が特に効果があることを述べている。さらに、フードスタンプ、住宅バウチャー、子育て支援事業、中でも子育て関連のプロによる個別支援が成果を挙げていることも指摘する[12]。アメリカ同様、格差が拡大する日本社会において、将来の生活困窮者を生み出さないためにも待ったなしの対策が求められる。

　このことを前提としたうえで、地域福祉として行えるさまざまな対応策を考えてみたい。

　一つは就労支援である。就労構造の変化によって、就労の多くが第3次産業型に集中しており、高度なコミュニケーション力が必要とされる社会となっている。そのため、コミュニケーション力が不十分な人は、排除されやすい。就労だけが自立ではないが、就労は自己肯定感をもたらすものでもあることから、新しい働き方を提案していくことが必要となる。その「就労先」としては、いわゆる福祉関連団体だけではなく、先述したように社会において新たな開拓が必要となろう。

　また、セッションでは、就労支援におけるグループワークによる支援の必要性が指摘されていた。グループ内の仲間との励まし合い、話し合いによる自己認識によって働く力が湧いてくるのだという。こうした点にももっと注目していくべきであろう。

　二つ目は、「受援力」と社会の側が権利を守るアドボカシーの双方の力を高めることである。そのためにも、子どもたちのみならず、一般成人に対する福祉教育も広く行われなければならない。

　三つ目は、地域の中で家族以外の第三者と出会える機会と場が地域にあることである。子どもや若年層には、地域の中で、自分の将来につながるロールモデルが存在するかが成長を促すポイントとなる。地方都市など、伝統的な祭りやイベントなどが行われる地域を除き、現在ではそうした機会や場は意図的につくり出されなければならない。まさしくコミュニ

写真1　衣服や毛布などを寄付するためのドロップボックス

写真2　ドネーションセンター

ティソーシャルワーカーが行っている地域組織化につながる活動となる。パットナムも、「地域を再生することが機会格差の縮小にあたって重要な貢献をなすことになるだろう」とし、貧しい子どもたちは「真剣な訓練、慎重な品質管理、そしてとりわけ、安定性」のある「成人による真剣な助言」を切望しているとする[13]。

　子どもの貧困問題に対して、住民による子ども食堂や学習支援、フードドライブ活動などが各地で展開され始めている。必要に迫られて各地域で"発火"した市民の主体的な意志である。これは誰から言われたわけでもなく、予算化された事業として行われているわけでもない。排除型社会への挑戦とも呼ぶべき市民による互助活動なのだ。

　セッションにおいては、「家計相談支援事業は、大人の学習支援ではないか」との意見が出された。地域に設置されているサロン活動の中で、生活困窮者の生活力を高めるような活動は、このほかにも考えられる。「我が事・丸ごと」で示されているような「地域共生社会」のための互助は、住民としてできることは何かを模索するところから始まる。

　また、一般の人々が、生活困窮の問題に貢献しやすい機会を意識的につくっていくことも重要であろう。例えば、上記の2枚の写真はカナダのボランティア団体が実施している寄付の仕組みの事例である（いずれも筆者撮影）。

　写真1は、カナダ糖尿病協会が設置している衣服や毛布などを寄付するための「ドロップボックス」である。**写真2**は、市内中心部にあるビッグブラザーズ・ビッグシスターズが運営する街角の「ドネーションセンター」である。こちらも洋服等の寄付を市民から受け付けている。特別な場所にいかなくても、助け合いの気持ちで気軽に提供できるというシステムをもっと厚くしていく必要がある。

　生活困窮者を生み出さない社会をつくり出すことは容易ではない。しかし、こうした取り組みを複層的に行っていくことがこれからの社会では必須なのだ。

●引用文献

1) 篭山　京（1975）「生活保護を受けられない生活困窮者」『社会福祉研究』16、40-45

2) 岩永理恵（2005）「生活保護の対象を選別する要否判定のしくみ：雑誌『生活と福祉』による検討」『社会福祉学』46（1）、29-39

3) 布川日佐史（2007）「生活保護制度と社会的排除」『家族社会学研究』18（2）、37-46

4) 特定非営利活動法人自立支援センターふるさとの会（2013）「生活困窮者・生活保護受給者の自立支援のための地域における包括的な支援体制の研究　報告書」平成24年度厚生労働省セーフティネット支援対策等事業費補助金社会福祉推進事業

5) 橘木俊詔・浦川邦夫（2006）『日本の貧困研究』東京大学出版会

6) アジット・S・バラ、フレデリック・ラペール（2005）『グローバル化と社会的排除：貧困と社会問題への新しいアプローチ』福原宏幸・中村健吾監訳、昭和堂、144-151

7) 村田文世（2014）「NPO」『社会福祉学事典』丸善出版、162

8) 社会保障審議会福祉部会（2015）「社会保障審議会福祉部会報告書：社会福祉法人制度改革について」平成27年2月12日、3

9) 社会福祉法人の在り方等に関する検討会（2014）「社会福祉法人制度の在り方について」平成26年7月4日、13-15

10) 前掲書9）、20

11) ジョック・ヤング（2007）『排除型社会：後期近代における犯罪・雇用・差異』洛北出版、30

12) ロバート・D・パットナム（2017）『われらの子ども：米国における機会格差の拡大』柴内康文訳、創元社、275

13) 前掲書12）、288

第3章　生活困窮者の自立支援とコミュニティソーシャルワーク

大都市近郊の実践にみる生活困窮者の自立支援とコミュニティソーシャルワーク

（中核地域生活支援センターがじゅまるセンター長）朝比奈ミカ

中核地域生活支援センター事業の概要

　中核地域生活支援センター事業（以下「中核センター」）は、2004年度に設置された千葉県独自の総合相談事業で、県内13カ所の圏域ごとに委託を受けた民間法人が事業の運営にあたっています（図1）。対象者や問題内容を問わない総合相談が最大の特長で、年齢や障害の有無、問題の内容で分けずに障害者支援のノウハウを活かし、「相談」よりも「支援」にウエイトを置いています。また、相談者のニーズに応えられるよう、24時間・365日をモットーにしています。

　窓口のカウンターを挟んで助言・アドバイスを得るという相談は、既存の法体制の中で整備されてきています。そこで助言や指導、あるいは情報をもらっても、自分だけでは解決が難しい方々に対して、支援をしながら問題解決のプロセスのお手伝いをするというのが、中核センターの仕事です。また、さまざまな理由で自分らしさを奪われている方にアプローチする権利擁護の活動や、地域の人たちと協働して解決することができる地域づくりの活動にも取り組んでいます。このように、「対象で分けない総合相談、相談よりも支援にウエイトを置く、24時間365日体制の支援」という三つで、これまでどこにも行き場のなかったニーズを一定程度、受け止めてきたという経過があったのではないかと思っています。

「がじゅまる」の概要

　「がじゅまる」の担当圏域は、千葉県の市川市（人口48万人）と浦安市（人口16

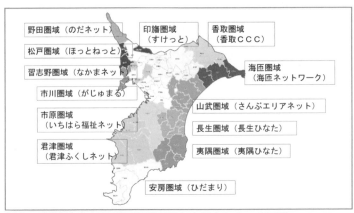

図1　千葉県における健康福祉圏域と中核センターの配置

万人）で、職員は常勤2名、非常勤（含・常勤兼務）5名程度の体制で、社会福祉士や精神保健福祉士、介護職等でチームを構成しています。なかでも、重度の障害者の支援にあたってきた経験のあるスタッフが相談援助の現場に参加しているということが非常に大きかったと思っています。

　障害福祉を専門とする「社会福祉法人一路会」が、毎年度、他の障害福祉やホームレス支援、若者支援の法人と協力しながら事業を受託してきました。市川市においては、「生活困窮者自立支援法」における自立相談支援を受託し、ホームレス支援団体と連携して支援を行っています。開設以降、毎月15〜20件程度の新規相談を受理していますが、社会資源が一定程度そろっていたということもあって、関係機関がスクリーニングをし、「がじゅまる」による対応が必要だと思われる相談事例をつないでくれるということで、少しずつ地域に定着をしてきたと考えています。

3　法体制の隙間

　「生活困窮者自立支援法」以前は、社会福祉八法の体制の中で、18歳未満が児童、65歳以上が高齢者という枠組みで各種の法律が整備され、それに基づいて児童相談所や家庭児童相談室、地域包括支援センター、さらには別途、障害者支援などが整備されてきています。

　1990年代以降、バブルが崩壊し社会構造は急激な変化を遂げ、さまざまな社会問題が取り上げられ、各種対策法が整備されてきました。例えば、2001年「配偶者からの暴力の防止及び被害者の保護等に関する法律」が制定されました。しかし、以前、息子から暴力を受けている母親から夜中に電話があり、翌朝、DVのセンターに

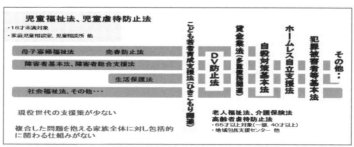

図2　暮らしに関わる相談の法体系（イメージ）

対応をお願いしたことがあったのですが、「息子からの暴力は対象になっていない」と返答され戸惑ったことがあります。また、2002年には「ホームレスの自立の支援等に関する特別措置法」が制定されました。ホームレス対策の予算が2008年度までの30億円程度から2009年度には68億円へと増額され、ホームレス数は2003年の25,296人から2015年には6,541人と、4分の1に減少しました。しかし、実際はネットカフェや24時間営業のサウナなどに潜在化しているといわれています[1,2,3]。

さらに、2009年には「子ども・若者育成支援推進法」が整備されたものの、本法の対象は15～39歳のため、40歳以降は支援の対象になりませんでした。このように、暮らしに関わる法律は制定されましたが、「現役世代の支援が少ない」、「複合化した問題を抱える家族全員に対し包括的に関わる仕組みがない」という問題点がありました（図2）。

「包括的」「総合的」の意味

こうした中で「包括的・総合的」の意味を考えてみました。

役割分担論では死角が生まれてしまうので、「対象で分けない」ことが必要となります。さらに地域での暮らしは24時間365日連続しているため、「時間で区切らない」ことも重要です。さらに、主として親族が担ってきた「説明・代弁」・「手続き」・「付き添う」・「見守る」・「迎えにいく」役割を果たす存在が必要です。また、医療の同意や、入院する、家を借りる、就職する場合の保証人が求められています。このように「包括的」「総合的」な支援のためには、現在のところ、まだまだ隙間が存在しています。

無縁社会といわれる中でその人のそばにいて、生活や心身の変化をキャッチする人がいない。その人のことを説明する・説明できる人がいない。何かあったらその人と

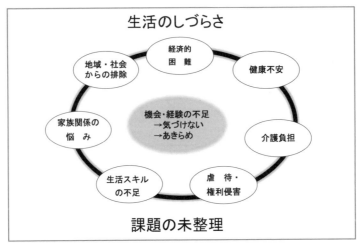

図3　中核センターがとらえた相談ニーズの構造
〔出典：千葉県中核地域活動支援センター連絡協議会（2012）「中核地域生活支援センター活動白書2011」〕

関わる用意のある人がいない。こうした状況が生じています。

　中核センターがとらえた相談ニーズの特徴として三つが挙げられます。第一に、生活のしづらさを抱え、混乱しているため、生活課題が複合化している。第二に、機会や経験の乏しさから、生活困難に気づくことができず解決をあきらめている。第三に、地域社会から孤立している。また、こうした状況が重複していることも多く（図3）、関係機関の側からみるとご本人の話を聞くだけでは課題が整理されず、ご本人は何となく生活のしづらさはあってもどうしたらよいかわからないという状態です。

相談支援現場から

　地域の相談支援現場で感じる点をいくつか挙げたいと思います。

　一つ目として、制度と接点を持ってこなかった障害を持つ方、特に認知機能に障害を持つ方、知的障害、発達障害、情緒障害、認知症といわれる方々が排除されるリスクが高まっています。現在は、産業構造の変化により、第3次産業（サービス産業）に雇用が集中しているため、接客などのコミュニケーション能力が求められています。また、湯浅誠氏が述べた「地縁・血縁・社縁」の関わりが薄くなりつながりが切れてきていて、また匿名性の高い社会の中で、個別的な配慮が必要な人たちの生活リスクが非常に高まっています。こうした方への支援は障害の程度と生活困難の関わりを本人と一緒に理解していくプロセスが重要です。

二つ目として、どこの相談機関でも、相談内容は生活困窮、多重債務、健康不安、触法、引きこもり、暴力、ホームレス、アルコールや薬物への依存、自死遺族、犯罪被害など、複雑な生活課題を抱えたものが増加しています。支援者は関係機関と「協働する力」が必要であり、さらに、確実な「連携」には同行支援が有効です。こうした中で中心的には現役世代を支えることが期待される「生活困窮者自立支援法」がまた一つ新たな縦割りの仕組みになるのか、それともこれらを横につないでいく仕組みになるのか、そこが問われているのではないかと思います。

　三つ目として、現在の社会は価値観や生活スタイルが多様化する一方、自律（自立）する力は低下しています。そのために子どもたち・若者たちには多様なロールモデルが必要です。さらに、「働く」ことの意味を再検討することは、就労支援や学習支援の可能性を拡大させます。

　四つ目として、相談支援のニーズを掘り起こしは今後も進んでいき、一対一の支援関係をライフステージ全般にわたって継続して保障することは難しいのではないかと考えます。そのために相談支援のあり方は個々の問題への対処法を助言するようなアプローチではなく、他者とのつながりの中で問題を解決することができるよう、つながる力を高める支援であるとともに、「On The Life Training」の伴走型支援、つまり、地域の暮らしの中で失敗や経験に寄り添って、それをその方の力にしていく、エンパワメント支援というアプローチが重要ではないかと考えます。さらには個別支援に加えてグループでの支援、場の支援が求められています。

⑥ 生活困窮者への支援と今後の課題

　都市化の進行による地縁組織の弱体化、家族形態の多様化、労働環境の流動化など、社会構造の変化がみられる中で、これまでの社会保障制度の限界が生活保護世帯を増加させました。"All or Nothing" ではない個別の状況に応じた柔軟な支援を提供する仕組みが要請されています。2015年4月から始まった「生活困窮者自立支援法」は、今まで支援の対象とされなかった方を支援する点において重要な意味を持つと考えます。ただし、困窮状態や深刻な孤立に対応する、いわば「急性期」の支援のため、その後、地域における暮らしの支援を「いつ、誰に、どのようにバトンタッチしていくか」が今後の大きなテーマになるでしょう。

　千葉県市川市においては、「社会福祉法人一路会」が中核地域生活支援センター「がじゅまる」の実績を活かし事業を受託、認定NPO法人生活困窮・ホームレス自立支援ガンバの会と協力して「市川市生活サポートセンターそら（so-ra）」の運営にあ

図4 「市川市生活サポートセンターそら（so-ra）」の概要

内　容	件数
相談受付件数	437
プラン作成件数	85
住居確保給付金	27
一時生活支援事業	3
家計相談支援事業	16
就労準備支援事業	3
一般就労開始	46

図5 「そら（so-ra）」の相談実績（2015年4月〜2016年3月）

たっています（図4、5）。その中で感じることは、まず「相談しようと行動するタイミングが遅すぎる」ため問題は深刻化、複雑化しています。別の捉え方をすれば、困っている状態に気づかなかったり見過ごしている周囲の存在や、相談に結びついたその人のSOSを適切にキャッチできず、継続した支援に至らなかった相談機関の側の問題もあるでしょう。また「解決したと思って支援から離れるタイミングが早すぎる」ため学習や経験が蓄積されないという状況が生じています。別の捉え方をすれば相談者の信頼を獲得することができず、相談支援のプロセスを気づきの機会にすることができなかった私たち援助者側のアプローチの問題でもあるといえるでしょう。

　いずれにせよ「自己理解の不十分さ、ソーシャルスキルの不足、社会的孤立」が共通する課題となっています。

　相談支援に携わる立場として、「私たちとつながれていない、私たちの視野から外れてしまっている」人々が、必ず存在するだろうという問題意識を持たなければいけないと考えます。また、多様性を理解しつつ、問題の背景や構造を理解する力が求められます。さらに、各分野における実践の言語化と発信、多様な価値のぶつかり合いとすり合わせ、人材の確保と育成が重要となります。

　最後に、社会構造の変化を背景に複雑で困難な生活課題が広がっていく中で、地域組織を基盤としたニーズ・キャッチの仕組み、そして地域の中で声を挙げにくいニー

ズをキャッチする仕組みが常に両方あって、両方がかみ合わされた仕組みが必要では
ないかと考えます。

●引用文献
1) 厚生労働省「ホームレス対策について」(「ホームレスの実態に関する全国調査検討会」2012年3月
  23日、参考資料2)
2) 厚生労働省「ホームレスの実態に関する全国調査（概数調査)」
  http://www.mhlw.go.jp/toukei/list/63-15.html
3) NPO法人ホームレス支援全国ネットワーク政策検討作業チーム編（2016)「なぜこれからもホーム
  レス自立支援法が必要か：ホームレス自立支援法の政策効果を持続させるために」
  http://www.homeless-net.org/docs/20160325_leaflet_web.pdf#search=%27%E3%83%9B%E3%83%
  BC%E3%83%A0%E3%83%AC%E3%82%B9%E8%87%AA%E7%AB%8B%E6%94%AF%E6%8F%B4
  %E6%B3%95%27)

第3章 生活困窮者の自立支援とコミュニティソーシャルワーク

実践編 2

生活保護から困窮者支援を考える

（社会福祉士）大山典宏

1 生活保護を受けていない困窮者世帯の子どもへの気づき

　私は埼玉県庁の福祉職として約20年勤務、その間、生活保護のケースワーカー、児童相談所の児童福祉司、事業の企画立案など多方面の業務に従事し、現在は、こども安全課で、児童養護施設の子どもたちの退所後のアフターケア体制に取り組んでいます。

　生活保護のケースワーカーは、高齢者世帯を担当することが多くなっています。そのため、ひとり親世帯の場合にも、親御さんに子どもの進路などについて尋ねる程度で、直接、子どもと接触することはほとんどありません。そのため、自分が生活保護のケースワーカーをしていたときを振り返っても、あまり子どもへの視点は持っていなかったといえます。しかし、児童相談所で働くようになってから、生活保護を受けていない困窮者世帯の実情、特に子どもたちの現状を初めてみることになったのです。

2 世帯別生活保護利用者数の推移

　生活保護率は1980年まで減少し続け、バブル崩壊後の1998年から急激な上昇に転じています。「この減少し続けた期間に何があったのか」、生活困窮者支援に取り組む弁護士や民間団体の支援者は「水際作戦」という言葉を使い、役所のほうで生活保護利用者数の絞り込みをしたと批判しています。

　役所では生活保護の受給について、母子家庭の母親が窓口に相談にきた場合、職員は「求職活動はしていますか」「ご実家に戻られることはできませんか」「お子さんの父親から養育費をもらえませんか」など家庭の状況について質問します。その際、

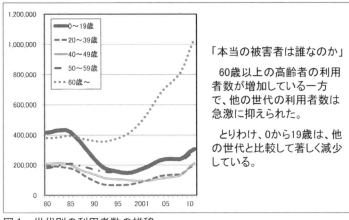
図1　世代別の利用者数の推移

　10代後半あるいは20代前半で妊娠、結婚、出産を経験した母親の中には、こうしたさまざまな質問を行政の厳しい対応と感じて「もう生活保護はいりません」といい窓口を去っていく人も多くなっています。その結果、生活保護世帯数は60歳以上の世代が増加している一方で、他の世代の利用者数は急激に抑えられました。とりわけ、0～19歳は著しく減少しています。これらの世代は生活保護から排除されてきたと考えられます（図1）。

3　経済的困難が子どもたちに与える影響

　東京都福祉保健局がまとめた「児童虐待の実態Ⅱ」によると児童虐待が行われた家庭の状況は、「ひとり親家庭」が（460件）で最も多く、次いで「経済的困難」（446件）、「孤立」（341件）、「夫婦間不和」（295件）、「育児疲れ」（261件）の順に続いています。家庭の状況が「経済的困難」を除いて、あわせてみられる状況の上位三つのいずれも、「経済的困難」が第1位となっています[1]（図2）。つまり、ひとり親家庭、孤立などの問題に経済的困難が組み合わさった状況下で児童虐待が起こるケースの多いことが示唆されました。母親にすれば、経済的に困難な日常生活が長引く中で、「子どもが泣く・騒ぐ」などが繰り返され、イライラが生じ、自分より弱い立場の子どもにストレスをぶつけてしまい、「子どもに手を出す・強い口調になってしまう・世話をしない」など身体的な虐待、また精神的な虐待やネグレクトなどにつながったことが推測されます。このほかにも経済的困難は、高校進学率にも影響を与えています。

	家庭の状況		あわせて見られる他の状況上位3つ		
1	ひとり親家庭	460件(31.8%)	①経済的困難	②孤立	③就労の不安定
2	経済的困難	446件(30.8%)	①ひとり親家庭	②孤立	③就労の不安定
3	孤立	341件(23.6%)	①経済的困難	②ひとり親家庭	③就労の不安定
4	夫婦間不和	295件(20.4%)	①経済的困難	②孤立	③育児疲れ
5	育児疲れ	261件(18.0%)	①経済的困難	②ひとり親家庭	③孤立

図2　虐待を受けた子どもたちの家庭状況
〔出典：東京都福祉保健局（2005）「児童虐待の実態Ⅱ：輝かせよう子どもの未来、育てよう地域のネットワーク」〕

 ## 貧困はどのように表れてくるのか―高校卒業者の進学率―

　貧困が表れてくる一例として高校卒業者の進学率があります。2016年度の内閣府の発表によると[2]「高等学校卒業者の進学率」は、全体で73.2%（大学・短大52.1%、専門学校21.2%）です。一方、生活保護世帯に属する子どもは33.1%（大学・短大等19.0%、専門学校等14.1%）、児童養護施設の子どもは24.0%（大学・短大等12.4%、専門学校等11.6%）とかなり低くなっています。子どもたちが高校に進学をしないことを自己決定することはもちろんあります。しかし、生活困窮者世帯や児童養護施設の子どもたちにとっては、経済的な理由によって進学をあきらめざるを得ないのが実情です（図3）。

　また、生活保護世帯の子どもたちの高校進学率をみると、93.3%となっています。10人に1人は高校にいっていないことになります。学歴は職業の幅の広がりや選択肢に差を生じさせます。「何とか改善をしていかなければならない」と考えたことが、県として、生活保護世帯の子どもたちに対する教育支援事業を創設するきっかけとなりました。学校の元教員、児童相談所の元職員などの経歴を持つ支援員、教員や福祉関係の仕事を目指す学生ボランティアが集まり、特別養護老人ホームに学習教室を開いて、子どもたちに対して勉強を教えるという取り組みを始めたのです。

```
高等学校卒業者の進学率


全体　73.2%
（大学・短大52.1%　専門学校21.2%）

生活保護世帯に属する子ども　33.1%
（大学・短大19.0%　専門学校14.1%）

児童養護施設の子ども　24.0%
（大学・短大12.4%　専門学校11.6%）
```

※　数値はいずれも2016年度
図3　高等学校卒業者の進学率

〔出典：内閣府「平成28年度子供の貧困の状況と子供の貧困対策の実施状況」〕

⑤ 埼玉県の生活保護世帯に対する総合的な自立支援の取り組み「教育支援」

　県が事業に取り組んだ背景にあるのは貧困の連鎖という問題でした。生活保護世帯の生活歴の調査をしたところ、4人に1人が子ども時代に生活保護を受け、生活保護世帯で育った子どもが、大人になってまた保護を受けている状況でした。「保護世帯で育った子どもが、大人になって再び保護を受ける」という貧困が、親から子へ、子から孫へ引き継がれていくこの割合が25.1%という衝撃的な数字で明らかになったのです。この貧困の連鎖を断ち切る最も有効な方法が教育支援といわれています。埼玉県では、2010年から生活保護受給者の自立支援の取り組みを実施しています（図4）。当時は、生活保護世帯の教育支援について、北海道の釧路市で小規模に取り組まれていましたが、全国的にはほとんど例はありませんでした。そのような時期に、埼玉県の市町村すべてを対象として、就労支援、住宅支援、そして教育支援という3本柱で事業を開始したことは画期的なことでもありました。その中で、今回は教育支援に限定してご説明します。

　この学習教室の開始によって、学習教室に参加した子どもたちの進学率「2014（平成26）年度実績」は「中学校3年生の参加者数」303人、そのうち296人が進学（高校進学率97.7%）と2009（平成21）年度の生活保護世帯進学率86.9%から11ポイント上昇しました（図5）。直近のデータでは、教室に通う子どもたちの高校進学率は99.7%と県平均に並ぶくらいの進学率を達成しています。現在、生活保護世帯の中学3年生のうち、約4割が学習教室に通っています。

実践編2● 生活保護から困窮者支援を考える　125

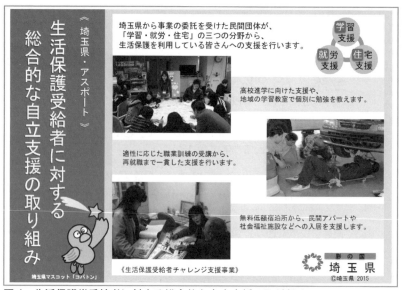

図4　生活保護世受給者に対する総合的な自立支援の取り組み

〔出典：埼玉県「生活保護受給者チャレンジ支援事業」説明資料〕

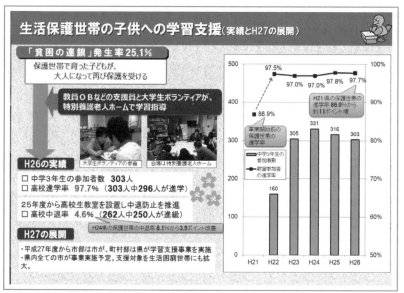

図5　生活保護世帯の子どもへの学習支援

〔出典：埼玉県「生活保護受給者チャレンジ支援事業」説明資料〕

　この事業は、当初、生活保護世帯の子どもを対象に開始しました。学習教室の開設数は、初年度は5カ所、2年目が10カ所、3年目が24カ所、さいたま市を含めると31カ所と急増しています（図6）。生活困窮者自立支援制度が施行され、27年度からは、市部は市が、町村部は県が学習支援事業を実施することとなり、県内すべての市

図6　学習教室の設置状況

が事業を実施しています。支援対象についても生活困窮者世帯まで拡大するところも出てきています。このように学習教室数の増加、進学率の上昇から一定の成果を果たしたと考えられます。しかし、事業の本質はそこにはなく、「勉強を教える」ということ以上に大事にしているものがあります。

6 ドイツの哲学者アクセル・ホネットの「承認の必要性」

　アクセル・ホネットは「近代は構造的に承認が剥奪されていく社会である」と論じています。現代社会は機能だけが評価され、私たち一人ひとりの個性が尊重されることはない社会に向かっているというのです。そして、それらを意図的に戦略的に変えていく必要性を論じています（図7）。ホネットの言葉を借りれば、生活保護世帯の子どもたちの進学率の向上という機能的評価にとどまらず、子どもたちが認められ・自分らしく生きることができる場を提供していく必要があるのです。

　学習教室では、「あなたはわからないことをわからないって言っていいんだよ。あなたには言う権利があるんだよ」と伝えることを大切にしています。ここにくる子どもたちは「勉強がわからなくても学校の先生に聞くことはしない」と学習教室の先生は語っています。親から常日頃「迷惑をかけてはいけない」といわれているからで

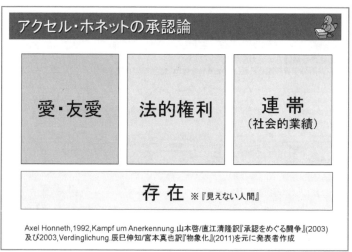

図7　アクセル・ホネットの承認論

す。だから、子どもたちはその場の空気を読み、「わからなくても」教室の隅っこで静かに座って授業を受けています。もちろん、成績はすごく悪い。こうした「勉強ができない、社会性がない、学校では孤立している」といわれる子どもたちが学習教室にやってきます。

しかし、子どもたちは学習教室で、教師役の学生ボランティアやかけがえのない友人と出会います。さらに、一時間、二時間自分だけをみてくれる大学生ボランティアと出会うことで勉強の楽しさを知ることになります。こうした出会いから「自分は学ぶ権利があるんだ」と自己の学ぶ権利に気づき、「自分は（の場所に）いてもいいんだ」と自分の居場所を確認します。このように学習教室は、自分のことを思ってくれる大人、仲間、同級生との出会いをつくる場、学びの楽しさを知る場となっています。

特別養護老人ホームでの入居者との交流

学習教室は、特別養護老人ホーム内で開催しています。その理由は、学ぶだけではなく、入居者であるお年寄りや職員との交流の機会をつくっていきたいと考えたからです。特別養護老人ホームでは、毎月のイベント以外に、七夕、夏祭り、お月見、クリスマス会、お正月など季節の節目にさまざまな行事が開催されています。そこでは子どもたちはボランティアとして参加します。子どもたちは、お年寄りたちから「よくやってくれる」「助かる」とお礼の言葉や称賛を受けるのです。

ある施設のことですが、入居者さんであるお年寄りが受験前に「励ます会」を開き、子どもたちに手づくりの「お守り」を渡してくださいました。子どもたちは真心のこもったお守りを持って受験会場にいきます。そして無事「合格」したら、今度は子どもたちが「お礼の会」を開き、「施設の皆さんに応援していただいたおかげで、無事合格することができました」と報告します。入居者や職員との交流を行っていくうちに、子どもたちの中には、「将来、私もこの施設で働きたい」という人も出てきました。

認められる体験

　このように「認められる体験の機会を意図的につくる」ことを、事業を運営する中でとても大切にしています。ホネットは「存在」について「見えない人間」という言葉を使っています。生活保護世帯の子どもたちは、学習教室の事業が始まる前までは、生活保護のケースワーカーにとって、「見えない人間」でした。「いるのだけどその存在に気づかない」それはケースワーカーの意識が母親にだけ向けられていたからです。しかし、この事業が開始されたことによって、子どもたちに目を向けるようになり、同時に母親への支援方法も変わってきたと、あるケースワーカーは述べています。以前は、母親と話すとき、仕事の話が多かった。しかし、子どもたちが学習教室に通うようになり変化したと感じています。例えば、「勉強頑張っていますよね。家ではどうですか」と母親に尋ねると、母親もいきいきと子どもの話をする。このように、生活保護ケースワーカーにとって「支援がとてもやりやすくなった」という声を聞くようになりました。学習教室で、私たちは「承認の機会をつくる支援」を行う。そして、子どもたちに「認められる体験」をしてもらう。こうした支援体制が今、求められているのではないかと考えています。

● 引用文献
1) 東京都福祉保健局（2005）「児童虐待の実態Ⅱ：輝かせよう子どもの未来、育てよう地域のネットワーク」平成17年12月
　　http://www.fukushihoken.metro.tokyo.jp/jicen/gyakutai/index.files/hakusho2.pdf
2) 内閣府「平成28年度子供の貧困の状況と子供の貧困対策の実施状況」
　　http://www8.cao.go.jp/kodomonohinkon/taikou/pdf/h28_joukyo.pdf

第3章　生活困窮者の自立支援とコミュニティソーシャルワーク

実践編 3

社会福祉法人による生活困窮者の自立支援
――救護施設の機能を利用して「むらやまえん生活相談所：開設準備から今日まで」――

（社会福祉法人村山苑理事長）品川卓正

1　社会福祉法人村山苑の概要

　社会福祉法人村山苑（以下、村山苑）は東京都東村山市富士見町にあります。1946年末、前身である財団法人明照会が戦災者や引き揚げ者を対象に宿泊施設を開設し、その後、社会福祉法人村山昭和寮として分離独立、事業を継続しました。1960年12月、村山苑に改称し現在に至っています。東村山市内に保育3施設、高齢3施設、障害1施設、救護2施設、国分寺市に保育1施設の運営をしています（図1）。

2　むらやまえん生活相談所開設のきっかけ

(1) 措置制度から契約制度へ

　1997年、「児童福祉法」の改正により保育所の入所制度が措置制度から契約制度になりました。1998年、旧厚生省の審議会において「社会福祉基礎構造改革」の報告がなされ、2000年には「介護保険法」が成立、高齢者福祉領域の大半が契約制度になりました。さらに、2004年からは障害者を対象に支援費制度が導入され、障害者は支援費を使って、利用者と指定事業者間で直接サービスを締結する契約方式に変わりました。このように、措置制度から契約制度への転換により、事業の供給主体（事業主体）は社会福祉法人だけではなく、NPO法人や株式会社など多様化していきま

図1　村山苑の概略

図2　社会福祉法人の現状

す。その中で競争条件の均一化として、イコールフッティング論が浮上し、社会福祉法人に対する優遇税制、補助金や特養施設への参入規制等の不公平が議論されています。

また、2011年7月、キヤノングローバル戦略研究所主幹の松山幸弘氏が、日経新聞に「社会福祉法人は、2億円を超える多額の資金を貯め込んでいる、こうした資金を東日本大震災の復興資金に充てたらどうか」という記事を投稿し、大きな反響を呼びました。これらの「イコールフッティング論」「多額の累積金の留保」が大きな引き金となって、「社会福祉法等の一部を改正する法律」（平成28年3月31日成立）につながったと思われます（図2）。

```
┌─────────────────────────────────────────────────────┐
│ なぜこの事業を取り組んだのか                        │
│     ・社会的側面（社会福祉法人の環境の変化）        │
│             介護保険制度の開始                      │
│                   ↓                                 │
│           株式会社・NPO法人の参入                   │
│                   ↓                                 │
│       イコールフィティング、多額の資金留保問題     │
│                   ↓                                 │
│    日本再興戦略 規制改革実施計画 社会保障制度改革国民会議 │
│                   ↓                                 │
│         社会福祉法人の在り方等に関する検討会        │
│                   ↓                                 │
│    社会福祉法人の存在意義が問われ、社会福祉法の改正に繋がる │
│                   ↓                                 │
│    非課税扱いとされるにふさわしい、国や地域への貢献が求められる │
│                   ↓                                 │
│  多様化するニーズへの取組や市場原理に則しない、制度の隙間のニーズへの対応等 │
└─────────────────────────────────────────────────────┘
```

図3　何故この事業に取り組んだのか

② 社会福祉法人と地域貢献

　このような経緯から「日本再興戦略」あるいは「規制改革実施計画」、「社会保障制度改革国民会議」を設置、議論が交わされました。また、「社会福祉法人の在り方等に関する検討会」で課題が検討され報告書にまとめられています。このような一連の議論の中で、私は社会福祉法人が受けている税制優遇を継続していくためには、社会福祉法人のあり方やその存在についての意義を明確にし、具体化することが必要ではなかろうかと考えたのです。「社会福祉法人が制度にしたがって、補助金だけを頼って事業をしているだけでは社会の要請に応えることにはならない。社会福祉法人が制度の枠を一歩越えたところで、制度の延長線上にありながらも制度が対応できていない福祉ニーズ、多様化するニーズへの取り組みや市場原理に即しない制度の狭間の事業に向き合うことこそが、社会から求められているのではないか」、そして、それは決して難しいことではないと気づくことになりました（図3）。

③ むらやまえん生活相談所の開設

　村山苑は、東村山市で60年以上、事業を展開してきました。2004年、救護施設通所訪問事業を開始以降、さまざまな問題を抱えている地域住民の存在をあらためて認識するに至ります。その中で「支援が必要であっても（自分で）叫ぶこと（支援を求めること）ができない人」が地域には多く存在する一方で、その方たちへの支援は、

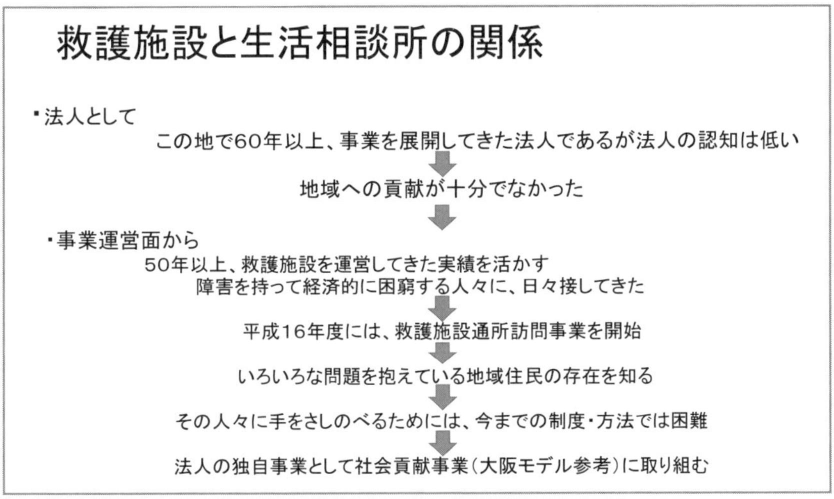

救護施設と生活相談所の関係

・法人として
　　　　この地で60年以上、事業を展開してきた法人であるが法人の認知は低い

　　　　　　　　地域への貢献が十分でなかった

・事業運営面から
　　　　50年以上、救護施設を運営してきた実績を活かす
　　　　　障害を持って経済的に困窮する人々に、日々接してきた

　　　　　平成16年度には、救護施設通所訪問事業を開始

　　　　　いろいろな問題を抱えている地域住民の存在を知る

　　　　その人々に手をさしのべるためには、今までの制度・方法では困難

　　　　法人の独自事業として社会貢献事業（大阪モデル参考）に取り組む

図4　救援施設と生活相談所の関係

従来の制度や方法では困難でした。そのため、法人独自事業として、大阪の事業をモデルとして取り組んできた経緯があります（図4）。

　しかし、地域における法人としての認知度は低いように思われます。その理由には施設運営面や利用者のことだけを考えた活動が主であったこと、また、施設における地域への貢献が十分ではなかったことなどが考えられます。こうしたことを鑑み、「50年以上救護施設を運営してきた実績を活かすべきではないか、その実績とは、経済的に困窮する障害を持つ人々に手を差し伸べてきた支援ではないか」と。そして何より村山苑ではこれまでに、保育や介護、そして障害、救護施設等を運営してきた歴史があります。「それらの事業の中で培ってきた技術や人材等の資源を活用することによって、福祉ニーズに対応できるのではないか」と考えたことが「むらやまえん生活相談所」の開設へとつながっています。

　このように社会福祉法人が非課税扱いとされるにふさわしい地域への貢献について、「一社会福祉法人が応えるためには何ができるのだろうか」と考え、2013年12月「むらやまえん生活相談所」を開設することとなります。そこでは、対象者を限定せず、地域生活の困りごとに何でも応じています。制度の枠からこぼれ落ちるニーズを把握するためにも、また、相談所のことを知ってもらうためにも、行政、市社会福祉協議会（以下、市社協）、地域の自治会等への積極的な働きかけを行ってきました。制度内の事業の経営はもちろんのこと、さらに「地域に対して、法人として何ができるか」を常に模索して活動を展開しています。事業に関わる職員は責任者1名を専従とし、2名は通所・訪問・一時入所を兼務する精神保健福祉士と、救護施設で勤務してきた職員の3名体制で運営しています（図5）。

実践編3●社会福祉法人による生活困窮者の自立支援　133

村山苑が取り組んでいる事業のあらまし

1. 事業の内容

村山苑は、これまでに高齢者施設をはじめ、様々な施設を経営してきました。その中で、支援が必要でも、助けを求めるすべがわからない人が地域に多くいることに気付いた。一方で、法人の取り組みが社会的に評価されていないという実感もあり、社会や地域住民に社会福祉法人の取り組みを知ってもらう場が必要だと感じるようになってきた。

平成25年12月から、生活相談事業「むらやまえん生活相談所」を開設し、対象者を限定せず、地域生活での困りごとに何でも応じている。

制度の枠からこぼれ落ちているニーズを把握するため、相談所のことを知ってもらうことも重要であることから、行政、市社協、地域自治会等への積極的な働きかけを行う。制度内の事業を経営するだけでなく（制度内事業を適切に運営することは当然のこと）、その上で、地域に対してできることを常に模索しつつ、活動を展開している。

2. 事業にかかわる職員

相談所事業は、責任者1名を専従とし、2名は通所・訪問・一次入所を兼務する精神保健福祉士と、救護施設で働いてきた職員の3名体制で運営している。

図5　村山苑が取り組んでいる事業のあらまし

> 生活相談所の実践からみえる
> 地域の生活困窮者等の姿、および抱える課題は
>
> 1. 地域の生活困窮者等の姿
>   家族がいない・家族との関係が絶たれている
>   転居して来て近隣に知り合いがいない
>   多重の問題を抱えている
>   自己把握が苦手（状況・見通し）
>
> 2. 困窮者等が抱える課題等
>   自ら発信する力が弱い
>   情報を収集する力がない
>   人的資源を持たない（総合的・継続的支援者）

図6　地域の生活困窮者等の姿および抱える課題

生活困窮者等の状況と抱える課題

　生活困窮者の状況は「家族がいない」、「家族との関係性が断たれている」、「転居してきて近隣に知り合いがいない」、「多重の問題を抱えている」、「自分の置かれている状況を理解できない」、「高齢の方や障害を持っている方で自分の状況を客観視することができない」などで、自己を把握することが苦手な方です。そのため生活の見通しを立てることができません。例えば、経済的問題から住み慣れた地域から転居した人が、新たな地域住民との関係性を構築することができず、引きこもってしまう場合などがあります。

　一方、生活困窮者が抱える課題は、「自ら困窮状態に陥っていることを発信する力が脆弱である」、「周囲に本人に代わって発信する家族や知人がいない」、「障害等、何らかの理由によって発信ができない、また発信の方法がわからない」などです。これらの課題に対して継続的に支援する人的資源を持っていない、つまり、これらの課題を持つ人には、家族のように横断的・経済的に寄り添ってくれる人や支援の情報を持ち、情報を提供してくれる人が身近にいないという共通点があります（図6）。

生活困窮者等への支援の実際

　例えば、子どもは精神障害を持つために就労せず、引きこもっている、一方、両親

実施状況

- ・相談件数の経緯
  平成25年12月1　平成26年1月1　2月2　3月1　4月5　5月5　6月2　7月2　8月3　9月2　10月5
  平成27年1月1　2月5　3月2　4月3　5月5　6月2　7月6　8月2　9月2　10月2　11月2　12月3
  平成28年1月3　2月2　3月3　　　　　　　　　　　　　　　　　計72件
- ・相談層
  年齢は16〜88歳　男性34名　女性31名　世帯5　地域1　その他1
- ・相談内容分類
  経済的困窮23(31.9%)　障害・経済的困窮9(12.5%)　障害8(11.1%)　家族関係5(6.9%)
  高齢5(6.9%)　ひきこもり3(4.2%)　障害・就労3(4.2%)　近隣トラブル3(4.2%)
  高齢・経済的困窮3(4.2%)　障害・ひきこもり2(2.7%)　地域2(2.7%)　母子・経済的困窮2(2.7%)
  ひきこもり・経済的困窮1(1.4%)　ひきこもり・DV1(1.2%)　障害・家族関係1(1.2%)
  高齢・障害・経済的困窮1(1.2%)
  ※経済関係39件(54.1%)　障害関係24件(33.3%)　高齢関係9件(12.5%)　ひきこもり関係7件(9.7%)
  家族関係7件(9.7%)　近隣トラブル3件(4.2%)
  ※重複ケース23件(うち3種類が1件)　31.9%

- ・相談経緯
  市役所(生活福祉課17　高齢介護課3　子ども総務課1)21名(29.2%)　本人又は家族19名(26.4%)
  包括支援センター15名(20.8%)　社協6名(8.3%)　市内他施設4名(5.6%)
  障害者就労支援室3名(4.2%)　近隣住民2名(2.7%)　民生委員2名(2.7%)
- ・給付による支援
  ・平成26年度　支援者数　6名　支援額　61,854円　(うち　2名返還　23,087円)
  ・平成27年度　支援者数　10名　支援額　137,178円　(うち　7名返還　66,994円)
- ・その他の支援
  家具什器の支援4件・非常食の支援5件・住居提供3件
- ・地域
  東村山市68件　東大和市1件　小平市1件　宮崎県1件　世田谷区1件
- ・終結状況
  終結が62件　継続中10件
- ・支援経過
  支援期間　35.4日(終了ケースの平均)
  支援回数　6.5回(ケース終了までに関わった回数、関係機関への同行、訪問等)

図7　生活困窮者等への支援の実施状況

は高齢になり介護が必要で、かつ親の年金だけでは生活に困窮する家族への支援の場合は、行政の窓口1カ所では成り立ちません。障害者就労支援課、高齢介護課、生活福祉課などの連携体制が求められます。

　生活困窮者等への支援の実際は、まず相談内容から現状を把握して課題を分析します。その後、適切なサービスを検討し支援計画を作成します。また、行政サービスや就労等に関する手続きの際、行政やハローワークに同行し立ち会うこともあります（図7）。

　生活保護申請では、まず「①生活保護担当者と連絡・調整をとる」、そして「②必要書類の準備」、「③申請の同行」、「④調査の立ち合い」、「⑤支給までの給付（つなぎの支援）」、「⑥支給の開始」の順となります（図8）。生活保護の受給申請をした場合、すぐに認められることはなく、実際には3〜4週間程度の期間を要すため、その間の

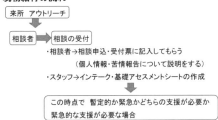

図8　地域で生活する生活困窮者等への支援方法とその実際

つなぎ支援も行っています。

今後の展開と課題

　法人を取り巻く地域が求めていることは何か。それは地域との関係を深め、地域の潜在化したニーズを掘り起こすことではないかと考えます。しかし、ニーズに対して適切な地域資源・サービスが存在するとは限りません。例えば、支援者からみれば明らかに障害が認められるが、本人や家族が認めなければ、障害者手帳を所持することはできず、就職を希望しても障害者としての支援は受けることができません。こうした場合、むらやまえん生活相談所では、新たなサービス（中間的就労等）を創設・創

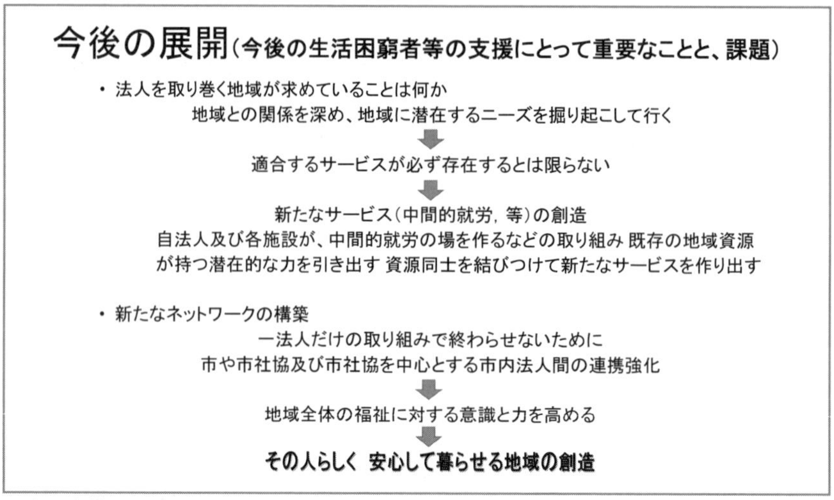

```
今後の展開（今後の生活困窮者等の支援にとって重要なことと、課題）

・法人を取り巻く地域が求めていることは何か
　　　　地域との関係を深め、地域に潜在するニーズを掘り起こして行く
　　　　　　　　　　　　　↓
　　　適合するサービスが必ず存在するとは限らない
　　　　　　　　　　　　　↓
　　　新たなサービス（中間的就労，等）の創造
　　　自法人及び各施設が、中間的就労の場を作るなどの取り組み 既存の地域資源
　　　が持つ潜在的な力を引き出す 資源同士を結びつけて新たなサービスを作り出す

・新たなネットワークの構築
　　　　一法人だけの取り組みで終わらせないために
　　　市や市社協及び市社協を中心とする市内法人間の連携強化
　　　　　　　　　　　　　↓
　　　地域全体の福祉に対する意識と力を高める
　　　　　　　　　　　　　↓
　　　その人らしく 安心して暮らせる地域の創造
```

図9　今後の展開

造するようにしています。具体的には、法人および各施設が中間的就労の場をつくるなど、既存の地域資源の潜在的な力を引き出し、資源同士を結びつけて新たなサービスをつくり出しています。

　また、新たなネットワークの構築として一法人だけの取り組みで終わらせないために、市や市社協、また市社協を中心とする市内法人間の連携を強化し、地域全体の福祉に対する意識と力を高めていく努力をしています。東村山市富士見町には、富士見町施設連絡会があり、現在26の施設が加盟しています。これらの加盟施設が持つ資源を調査し、それらをまとめた資源資料集を各施設で保有しています。今後、地域の生活困窮者の相談窓口を市社協が担い、資源資料集の活用、各法人の協力によって、人的・物的資源を有効活用してネットワークで総合的に対応する組織を目指しています。

　2015年7月には東村山市社協を中心とした、市内27の社会福祉法人が集まり、「東村山市内社会福祉法人連絡会」を結成しました。こうした地域のネットワークに参加し、実践活動を行うことで地域全体の福祉に関する意識が高揚していきます。地域には、福祉に関心を持つ方が存在し、ボランティアを担う住民が潜在化しています。社会福祉法人などの福祉団体が、地域に目を向けて働きかけを行うことによって、地域住民の福祉への関心は広がりをみせ意識が一層高まっていきます。社会福祉法人とボランティアの方々との協働が、これからの地域福祉の発展につながり、「その人がその人らしく安心して暮らせる地域社会の創造」を実現させると考えます（図9）。

第3章　生活困窮者の自立支援とコミュニティソーシャルワーク

生活困窮者の自立支援に向けて
―コミュニティソーシャルワークは何ができるか―

（NPO法人インクルージョンセンター東京オレンヂ副理事長）三浦辰也

　NPO法人インクルージョンセンター東京オレンヂでは、2016年度、西多摩郡、豊島区、国立市、府中市、渋谷区などから「生活困窮者自立支援法」に基づく自立相談支援機関、就労支援、就労準備支援（生活保護世帯を含む）、家計相談、学習支援、一時生活支援、ならびにその他の支援を受託しています。本稿ではそれらの活動から、「生活困窮者の自立支援とコミュニティソーシャルワーク」の実践について報告します。

1　生活困窮者の実態

　厚生労働省の「国民生活基礎調査」（2014年）によると、等価可処分所得の中央値の半分の額にあたる「貧困線」に満たない世帯の割合を示す「相対的貧困率」は16.1％で、日本人の6人に1人が相対的な貧困層に分類されることが示されました。また、これらの世帯で暮らす18歳未満の子どもを対象とした「子どもの貧困率」も16.3％と、記録を更新しました。こうした生活が困窮している方は、「自ら支援を求めない、貧困であることの自覚が薄い、相談窓口に出向くことができない、地域から孤立している」など、潜在化していることが多く、早期把握や発見が困難な場合が少なくありません。

　こうした中で、「生活困窮者自立支援法」が2013年に成立し、2015年4月から生活困窮者自立支援制度が始まりました。自立相談支援事業では、生活困窮者からの相談に早期かつ包括的に応ずる相談窓口が中心となり、生活困窮者の課題をアセスメントし、「自立支援計画」を作成するなど支援を行います。相談受付件数は、約22.6万件で人口10万人あたり14.7人となっています。そのうち、継続的な支援のためプランを作成した件数は約5.6万件で、支援を要しつつも生活困窮者自立支援制度による

支援にまだつながっていない人がいることが推察されます。

2 生活困窮者の自立支援

(1) 支援の主体

　厚生労働省によると生活困窮者自立支援制度においては、全国の福祉事務所設置自治体が実施主体となって、官民協働による地域の支援体制を構築し包括的な事業を実施するとされています。このように相談機関の担い手として、自治体、社会福祉協議会、NPO、株式会社（人材派遣会社）など多様な機関が参入しています。しかし、これらの主体が中心にはなるものの、一つの機関で支援の効果を出すことは困難なことではないでしょうか。やはり、「餅は餅屋」のように支援機関の得意分野と不得意分野があります。例えば、福祉サービスにつなげる場合であれば、行政の自治体職員の得意分野です。一方、求人開拓なら人材派遣会社が、就労準備ならNPOが、寄付や地域の既存のネットワークの活用なら社会福祉協議会がというように支援を担う機関によって、異なります。得意なジャンルごとに受託先を切り分けている東京都豊島区のような体制がとれればベストではありますが、そこまで多様な担い手が自治体内で活動している地域はあまりないため、一つの主体が支援を提供することになります。その場合、苦手な分野をどのように克服していけるかが、成否を左右することになります。そこで必要となるのが、コミュニティソーシャルワークの手法です。

(2) コミュニティソーシャルワーク

　大橋は、コミュニティソーシャルワークについて「地域に顕在的に、あるいは潜在的に存在する生活上のニーズを把握（キャッチ）し、それらを生活上の課題を抱えている人や家族との間にラポール（信頼関係）を築き、契約に基づき対面式（フェイス・ツー・フェイス）によるカウンセリング的対応も行いつつ、その人や家族の悩み、苦しみ、人生の見通し、希望等の個人的因子とそれらの人々が抱える生活環境、社会環境のどこに問題があるのかという環境因子に関して分析、評価（アセスメント）し、それらの問題解決に関する方針と解決に必要な支援方策（ケアプラン）を本人の求めと専門職の必要性の判断とをふまえて、両者の合意で策定し、そのうえで制度化されたフォーマルケアを創意工夫して活用する等、必要なサービスを総合的に提供するケアマネジメントを手段として援助する個別援助課程を重視しつつ、その支援方策遂行に必要なインフォーマルケア・ソーシャルサポートネットワークの開発とコー

ディネート、ならびに"ともに生きる"精神的環境醸成、福祉コミュニティづくり、生活環境の改善等を同時並行的に推進していく活動及び機能」と定義しています。

　また、コミュニティソーシャルワークの目的は「地域を基盤とする活動やサービスを整備して支援を必要とする人に結びつけることや、新たなサービスの開発や公的制度との関係をその他の関係機関等と連携して調整を行ったりすること」とされています。

③ 具体的な支援方法

　コミュニティソーシャルワークの目的は、「地域を基盤とする活動やサービスを調整して支援を必要とする人に結びつけることや新たなサービスの開発や公的制度との関係をその他の関係機関等と連携して調整を行ったりすること」となっています。

　「生活困窮者自立支援法」では、①包括的、②個別的、③早期的、④継続的、⑤分権的・創造的な支援を目指しています。これらの支援は一つの相談機関で実現するものではなく、分野を超えた連携と協働の支援が必要となります。では、具体的にどのように支援すればよいのでしょうか。

　まず、「入口支援」と「出口支援」に分けて考えることにしましょう。相談機関はこの入口・出口の双方をどこまで広げられるか、つまりどれだけ資源を拡大するかによって、支援の成果が変わってくると思われます。前述した支援の主体となる機関とネットワークを構築し連携、かつ協働したチームアプローチが重要になります。

④ 入口支援の担い手による生活困窮者の早期把握

　自己責任の風潮の中、生活困窮者は、自分から「助けてください」と申し出る人ばかりではありません。そのため早期に発見するためにアウトリーチが必要となります。しかし「生活が困窮していませんか」と一軒一軒訪問することは人手的にも不可能です。そのため、関係機関からの情報が得られるようネットワークを構築すること、また、支援はチームアプローチで進めることが必要です。

　このように生活困窮者支援では、早期把握・発見のために入口支援の協力者（担い手）が必要になります。例えば、公的な貸し付けなら社会福祉協議会、長期離職ならハローワーク、家賃滞納であれば不動産屋、治療費なら医療機関、介護費用なら介護事業者などです。これらの事業所が、生活困窮の状況を早期に把握しても、その後、具体的な支援の展開に進めることはできません。そのため、これらの機関から相談機関へと、相談者の情報をつなげる必要があります。そのため、支援の開始までの入口支援では福祉分野のみならず多様な機関からの情報提供が必要となります。

5）入口支援と出口支援

【事例1】民生児童委員は、引きこもりの成人男性がいる家庭を、いつも気にかけていた。そのような中で「生活困窮者自立支援法」が創設され、就労準備支援事業の開始とともに、その家庭にパンフレットを届けにいき、成人男性や家族へのアセスメントが開始された（入口支援）。その後、成人男性は、就労準備セミナーやボランティア活動に参加するようになる。支援機関は、個別求人先を開拓し、成人男性は地元の企業で面接を受けた結果、採用が内定した（出口支援）。

【事例2】家賃滞納に苦慮していた不動産業者が相談機関へ相談にいくように滞納者に促し（入口支援）、就労や借金の整理が進み、家賃滞納が解消した（出口支援）。

　このようなケースが生まれれば、また入口支援に関わった機関が別のケースに声をかけていくことになり、入口支援の協力者が増加していくことになります。ここで気を付けておくことは、地域社会全域に対して協力要請をしても効果は期待できないことです。例えば、不動産業界の協会に協力要請してもまず効果はありません。不動産の協会と会員の関係は希薄であり、会長が協力するといっても会員は協力していることすら知らないことが想定されるからです。やはり個別のケースで家賃回収に効果があったという個別・具体的な成功事例の積み上げがあれば、相談機関に対して信頼関係ができ新たなケースをつないでいく好循環が生まれてきます。信頼関係が構築されることによって良好かつ、スムーズな支援が展開されていき、入口支援の協力者の拡大にもつながっていきます。

　また、図1にように、入口支援と出口支援の担い手は重なっていることが多く、確実な個別支援が展開されることによって、入口支援と出口支援の両方の機能を持つようになり、より良好な関係性が構築され信頼関係も拡大していきます。

3　地域課題としての生活困窮者問題

　「すべての地域住民が生活困窮者問題を地域課題として認識することはありえるか」について考えてみると、地域住民が当事者として、例えば、家賃の滞納、あるいは介護費用の未納など利害関係がある場合に限り、生活困窮者問題を地域課題として認識するのではないかと筆者は考えていました。しかし、個別支援を展開する中で、地域住民や民間の事業者が生活困窮の問題解決について非常に協力的であったことを実感

入口支援の担い手（把握）	出口支援の担い手（効果）
・社会福祉協議会（貸付希望） ・ハローワーク ・税、保険等の滞納部署 ・地域包括支援センター ・ライフライン ・不動産、賃貸保証会社 ・民生児童委員 ・関連機関（福祉事務所等） ・メンタルニック ・障害者生活・就労支援センター　　　　　など	・社会福祉協議会（貸付） ・ハローワーク（ナビゲーター） ・社会保険（減免申請） ・地域包括支援センター ・一般求人、職業訓練、ボランティアの受入先 ・地元の団体（伝統民芸の保存会等） ・福祉事務所 ・緊急支援（フードバンク） ・法テラス　　　　　　　　　　　　　　など

図1　入口支援と出口支援の担い手

しています。当団体では2012年と2013年に、板橋区の就労意欲喚起等支援事業において、延べ100人の就労体験を実施しました。その後も、西多摩郡、豊島区、国立市においても就労体験の協力依頼を行っていますが、依頼を断られたケースは今まで1件もありませんでした。

特に、商店主からは、「明日はわが身」であるとか、「商店主として社会貢献ができないかテーマを探していた」などの意見をいただきました。以前、サンシャイン水族館に「体験就労ができないか」お願いしたところ、「昨年から、特別支援学校の実習も引き受けている。引きこもりの脱却のきっかけになるなら、いつでもどうぞ」と好意的な返答をいただきました。このように、ビジネス社会にいる民間事業者についても就労体験に理解を示し、社会貢献になるのであれば協力してくれることを確認しました。

4　今後の展望

現在、当団体は生活困窮者自立支援制度における就労支援、就労準備支援（生活保護世帯を含む）、家計相談、学習支援、一時生活支援、ならびにその他の支援を受託しています。これらすべての支援はコミュニティソーシャルワークと関連を持っています。

今後、生活困窮者が皆無になることは不可能ですが、相談支援機関が中心となって、確実な「入口支援」と「出口支援」が展開されることによって、生活困窮者の早期把握と早期の生活再建は可能であると認識しています。例えば、西多摩郡では有効求人倍率が0.68倍（事務職0.18倍）となっていますが、ハローワーク青梅や地域の

事業者の協力が得られた結果、現在までに15名の就労が決まりました。

　また、個別の求人開拓事業者の協力も多く、相談支援機関が地域と一体となってコミュニティソーシャルワーク実践を展開することによって生活困窮者の地域生活における自立支援が促進されることを確信しています。

就労準備支援─体験就労の事例─

【事例：商店街のガム跡除去作業】

　商店街のガムの跡を、ガムクリーン・カンパニー株式会社の協力で特殊な機材で溶かして除去した。商店街は路面で食べ物を売る商店が多く、黒ずんだ汚いガム跡を除去でき感謝された。

　効果として、商店街事務局・店主・お客さまから感謝され大きな自信につながった。作業中に通行人の誘導することに楽しさを感じ、警備業の採用面接を始めた。

【事例：高齢者デイサービスセンターでの介護職員体験】

　利用者と一緒に食材を買い出しにいき調理して昼食を提供。室内の清掃、話し相手、散歩の同行など介護職員体験を行った。

　効果として、数年間、アルコール問題で苦しんでいた利用者がデイサービスでの高齢者の支援にふれ、たくさんの感謝を受けた。職員からも高い評価を受け一念発起し、介護の資格を取得した。現在は、介護職に就労となった。

●参考文献

大橋謙策（2005）「コミュニティソーシャルワークの機能と必要性」『地域福祉研究』（33）、4-15
大橋謙策（2006）「新しい社会サービスのシステムとしての地域福祉」『新版地域福祉論』中央法規出版、29
大橋謙策（2008）「コミュニティソーシャルワークの今日的機能」『コミュニティソーシャルワーク』1、18-24

生活困窮者支援における「地域社会」
―対象・方法・主体・役割をめぐって―

（武蔵野大学人間科学部教授）熊田博喜

　貧困問題の構造的課題について、岩田正美は「"物的"な位相における貧困が、社会文化的位相における貧困と分かちがたく結びつきながら、回転している」[1)]と指摘するように、貧困という問題が「経済的困窮」のみならず「社会的孤立」といった社会的排除側面を有する点が今日、あらためて重視されてきている。そして、そのような「貧困」が有する制度・空間・地域などさまざまな「つながり」からの排除的側面を、「地域福祉」においてどのように認識し、誰がどのように支援を展開するのか、特に「地域」をどのように位置づけるのかということが生活困窮者支援において重要な論点となってきているのである。

　ここでは、本章の論点を①地域の生活困窮者はどのような人々なのか、②生活困窮者をどのように支援するのか、③支援を行う主体は誰か、④「地域」は生活困窮者に何ができるのか、の4点に集約してコメントを行っていくことにしたい。

1 地域の生活困窮者はどのような人々なのか

　まず、①地域の生活困窮者はどのような人々なのかについて、品川報告（実践編3）では、「支援が必要であっても自分で支援を求めることができない人」、具体的には自ら生活困窮に陥っていることを発信する力が弱い、周囲に本人に代わって発信する家族・知人がいない、障害等の何らかの理由によって発信できない・発信の方法がわからないといった人物像が示されている。このような人物像は他の報告においても共通するものであり、「生活のしづらさを抱え、混乱しているため、課題が複合化したり、機会・経験の乏しさから生活困窮に気づけず、解決をあきらめたりする傾向がある」（朝比奈報告：実践編1）、「自ら支援を求めない。貧困であることの自覚が弱い。相談窓口に出向くことができず、地域から孤立している」（三浦報告：実践編4）といった人物像にも通ずるものである。つまり経済的困窮により何からの生活課題を抱えているにもかかわらず、障害等によって本人自身その課題に対して未自覚であり、また、課題を本人自身よって発信することもできず、さらに、家族・知人の不在によって本人に代わって発信する資源を有していないという状況に置かれた者であるといえ

るのである。

2 生活困窮者をどのように支援するのか

　次に②生活困窮者をどのように支援するのかについて、障害の程度と生活困難の関わりを本人と一緒に理解していくプロセス、問題の複雑性に呼応してさまざまな人々と「協働する力」、多数の多様なロールモデルの提示、そしてグループでの支援・場の支援が重要（朝比奈報告：実践編1）であるとする。また「入口支援と出口支援の重要性」、すなわち入口支援として早期に発見するためのアウトリーチ、関係機関から情報が得られるネットワーク形成、支援の開始までの入口支援においては福祉分野のみならず多様な機関からの情報提供が必要であるとし、出口支援においては入口支援で形成したネットワークが継続的にサポートを行うことの重要性（三浦報告：実践編4）も指摘されている。

　このような指摘を前項で述べた対象特性と照合して考えるならば、生活困窮状態に気づけず、またその解決を行うことが困難な者に対して、「本人と共に一緒に理解して解決するアプローチ」という個々人の状況に応じた「個別支援」が重要であるとともに、支援が必要であるにもかかわらず自ら支援を求めることができないというパワーレスな状態にある者の代わりとなっての発信、そしてそれを行う各種主体の連携的支援が肝要となる。これは地域内の支援に関わる団体・個人の支援ネットワークの形成といった「地域支援」に関わるものであり、個人－地域支援の双方を射程に入れたコミュニティ・ソーシャルワークが求められる根拠となるといえるであろう。ただ、地域支援を展開する場合、地域社会全域に対して協力要請をしても効果が期待できず、個別支援を展開する中で、地域住民や民間事業者の協力を引き出すことができるという三浦報告の指摘は、生活に困窮する個人そのものの支援を核としながら地域支援を展開する重要性を示唆している。

3 地域支援を行う主体は誰か

　そして③地域支援を行う主体は誰かをめぐって、生活困窮者支援は一つの機関で支援の効果を発揮することはできず、それぞれの機関の得意分野・苦手分野を認識しつつ、苦手分野を克服することが重要である（三浦報告：実践編4）としている。このような指摘は貧困家庭の児童支援の例（大山報告：実践編2）にも通ずるものである。埼玉県の貧困家庭の児童を対象とした学習支援は特別養護老人ホームで実施されているが、これは教員OBや大学生ボランティアのみならず、地域の社会福祉法人による

学習の場の供与やそこで生活する入居者との関係性によって成立している。つまり、関係する主体が持つ特徴や得意分野を最大限に活かした支援が生活困窮者支援においては重要であり、これは総合相談窓口を開設して生活困窮者支援を行う社会福祉法人（品川報告：実践編3）のあり方と並んで、主体としての社会福祉法人の可能性も提示している。

4 「地域」は生活困窮者に何ができるのか

　最後に④「地域」は生活困窮者に何ができるのかについては、3点の「場」であることを指摘することができよう。一つ目が「発信し支える場」である。朝比奈報告（実践編1）・三浦報告（実践編4）では、パワーレスな状態にある生活困窮者に代わって発信し、支える存在が必要であるとの指摘がなされているが、これは生活困窮者が生活する「地域」という関係性の空間でしかなしえない。二つ目が「サービス開発の場」である。「既存の地域資源の潜在力を引き出し、資源同志を結びつけて新たなサービスを生み出す」ことによって「むらやま苑」における中間就労の場の開発は成功した（品川報告：実践編3）としている。そのような意味で生活困窮者を支える新たなサービス開発は地域社会という場での諸主体の連携・協力によって初めて実現するのである。三つ目が「関係の場」である。大山報告（実践編2）の「学習教室」は単に勉強を学ぶ場として位置づけられているだけではなく、「自分のことを思ってくれる大人・仲間との出会いを創る場」として機能しているとする。すなわち「認められる体験の機会を意図的につくる場」としての地域社会の可能性を示唆しているのである。

　このように生活困窮者の支援において地域社会は重要な存在であり、生活困窮者の力そのものを引き出すとともに地域社会の力を引き出し、それを接続することが肝要である。今後、さらに生活困窮者支援の実践が蓄積され、生活困窮者—地域双方の力を引き出す方途の整理と理論化が急務であるといえるであろう。

●引用文献
1）岩田正美（2008）「貧困研究に今何が求められているか」『貧困研究』(1)、16

社会福祉法人改革と社会開発
―地域福祉推進における社会福祉法人の
過去・現在・未来をみつめる―

第4章　社会福祉法人改革と社会開発―地域福祉推進における社会福祉法人の過去・現在・未来をみつめる―

社会福祉法人改革と地域福祉のイノベーション
―社会福祉法人の地域化と地域との協働をめざして―

（文京学院大学人間学部准教授）中島　修

 はじめに

　地域福祉のイノベーションとは、何を意味しているのであろうか。筆者は、「地域福祉のイノベーションとは、コミュニティの持続可能性の危機に対して、人口減少・超少子高齢社会などによる地域の変化ならびに地域住民や地域福祉の支援を必要とする人々のニーズの変化やその複合化・多様性に対応していく地域福祉の新たな方向性」ととらえて論じていきたいと考えている。つまり、地域福祉のイノベーションは、新たなものを地域福祉に取り入れ、地域住民や利用者と地域そのものを中心に置きつつ、その変化に対応していく地域福祉が目指す新たな方向性について論証していくことである。

　地域福祉は、制度のみで成立しない。住民の主体的な参加があって初めて成立する概念である。「住民主体」や「住民参加」、あるいは「地域トータルケアシステム」など日本地域福祉学会で取り上げてきた用語は、「地域包括ケアシステム」として政策化され、介護保険において「住民参加」の重要性が制度当初から指摘され、近年の「生活支援体制整備事業」では「住民主体」が介護予防・生活支援サービスのなかに位置づけられている。地域福祉の制度化が進むなかで、地域福祉のイノベーションとは「地域住民のニーズが中心である」ことを軸に論じていくこととしたい。

　地域福祉のイノベーションを考えるときに、これまで施設を経営してきた社会福祉法人が、社会福祉協議会や民生委員、地域住民等と連携・協働して、新たな地域ニーズへ対応していく地域福祉実践を創造していくこと抜きに考えることはできないと筆者は考えている。新たな地域福祉実践の創造は、社会福祉協議会も含めた社会福祉法人のあり様にかかってい

るのではないかということである。それは、利用者支援を行ってきた社会福祉法人が、自らの法人施設の枠を超えて、地域包括ケアシステムや地域自立生活支援の観点から、利用者の生活を総合的、包括的にとらえ支援することができるかが問われているということである。

2016（平成28）年3月の「社会福祉法」一部改正による社会福祉法人改革について、「地域公益活動をしなければ、社会福祉法人の存在意義が問われるといった強迫的なニュアンスを伴う議論は、どこか根本的なところで認識を誤っているといえる」との声がある[1]。これは、ある意味では正論であるが、このような考え方の裏側には、ややもすると「社会福祉法人の本業は社会福祉事業であるため、従来通り制度内の対象者のみを支援していることで十分である」という誤った考え方が存在しかねないのではないかと筆者は危惧している。社会福祉施設が存在している市区町村は、たまたまその場所に施設が建っているだけで、その地域が抱えている深刻なニーズについては、別の法人や団体に任せていいのではないかという認識である。この認識が誤っていることは、介護保険の通所介護（デイサービス）や「障害者総合支援法」の就労継続支援、保育所に通う子どもとその親のことなどを見つめれば、明らかにその地域に住む地域住民が利用者であることに気づかされるであろう。つまり、地域住民が抱えているニーズやその地域が抱えている地域ニーズの変化に柔軟に対応できなければ、社会福祉法人のサービスは硬直化し、時代や利用者のニーズに合わないものになりかねないのである。これは、すでに、地域の社会貢献に取り組んできた社会福祉法人は、皆気づいていることである。なぜならば、社会福祉施設を創設してきた社会福祉法人は、制度が不十分な時代において、制度を超えた生活者の視点に立ちその地域のニーズを発見し、その問題を解決するために施設をつくり、新たな社会資源やサービスを開発してきた歴史があるからである。制度である社会福祉事業を行うだけの社会福祉法人になっていたとすれば、それこそ社会福祉法人の原点に立ち返り、そのあり様を見直さなければ、地域で生活している人々のニーズの変化や新たな課題に対応できなくなることは明白であろう。

一方で、地域福祉は、地域包括ケアシステムの構築や生活困窮者問題などを背景に、複合的な課題や制度の狭間の問題など、制度だけでは対応できない課題の顕在化により、「地域共生社会の実現」という政策的な方向性のなかで大きな期待が寄せられている。それは、狭義の社会福祉の枠組みを超えて、福祉がその利用者や家族の生活のしづらさに基づいて、多様な分野・領域とつながっていくことが求められていることを示している。しかし、それらは「コミュニティデザイン」といわれる「まちづくりや地域活性化」の新たな研究領域との違いを問われることにもなり、地域福祉の固有性を示していくことが必要となってきている。また、地域福祉の担い手も、地域住民を主体とした社会福祉協議会が重要な存在であることは変わらないが、行政やNPOをはじめ多様な主体が地域福祉の担い手となってきている。さらに、多くの制度が「地域づくり」をテーマに、住民相互の支え合い活動に関心が高まり、それを制度のなかに組み入れようとしている。介護保険の生活支援体制整備事業や生

活困窮者自立支援法制度における自立相談支援機関に求められている地域づくりなどがその典型例であろう。

　本稿では、このような社会福祉法人が歴史的に担ってきた役割を理論的に概観することによって今日的な社会福祉法人の地域公益的な取り組みが地域福祉のイノベーションにつながることを明らかにしたい。そのうえで、社会福祉法人が新たな地域ニーズを発見し、それらの取り組みを社会福祉協議会が結びつけながら、その課題解決のために地元企業や商店街、NPO、民生委員・児童委員、協同組合、行政などがプラットフォームを形成し、これらの主体が行う協働の実践こそが地域福祉のイノベーションであることを考察することとしたい。

① 社会福祉法人創設の趣旨と公益法人としての位置づけ

　2014（平成26）年7月の厚生労働省「社会福祉法人の在り方等に関する検討会報告書」では、「社会福祉法人は、①社会福祉事業を行うことを目的とし（公益性）、②法人設立時の寄附者の持分は認められず、残余財産は社会福祉法人その他社会福祉事業を行う者又は国庫に帰属し（非営利性）、③所轄庁による設立認可により設立されるという、旧民法第34条に基づく公益法人としての性格を有している。」[2]と整理している。社会福祉法人は、公益性の高い非営利の法人であるという認識にあらためて立つ必要がある。社会福祉基礎構造改革以降、介護保険制度の導入などにより社会福祉法人に経営の視点が求められるようになったが、それは社会福祉法人を一部の者が私有化してよいものではない。この視点から始めなければ、地域福祉のイノベーションとして社会福祉法人を取り上げる意味はない（図1）。

　社会福祉法人の創設は、1951（昭和26）年の「社会福祉事業法」（現、社会福祉法）の成立にさかのぼる。2006（平成18）年の「一般社団法人および一般財団法人に関する法律及び公益社団法人及び公益財団法人の認定等に関する法律の施行に伴う関係法律の整備等に関する法律」による改正前の旧民法第34条に基づく公益法人から発展した特別法人であり、「公益性」と「非営利性」の両面の性格を備えている法人である。旧民法第34条（公益法人の設立）は、「学術、技芸、慈善、祭祀、宗教その他の公益に関する社団又は財団であって、営利を目的としないものは、主務官庁の許可を得て、法人とすることができる。」と規定していた。つまり、社会福祉法人は、公益性の高い非営利の法人であることをあらためて認識することができ、現在の一般社団法人ではなく公益社団法人と同様の公益性の高い位置づけが求められることを認識しなければならない。また、日本国憲法第89条で規定された「公の支配に属しない慈善または博愛の事業に対する公金支出禁止規定」により、民間社会事業を行ってきた団体に公金を支払うことができなくなったため、これを回避するために制度化されたのが社会福祉法人制度であり、この点からみれば国が果たすべき社会福祉事業の役割

社会福祉法改正（平成27年4月3日提出　第189回国会（常会）提出法律案。平成28年3月31日可決成立）

社会福祉法等の一部を改正する法律案

福祉サービスの供給体制の整備及び充実を図るため、
・社会福祉法人制度について経営組織のガバナンスの強化、事業運営の透明性の向上等の改革を進めるとともに、
・介護人材の確保を推進するための措置、社会福祉施設職員等退職手当共済制度の見直しの措置を講ずる。

1. 社会福祉法人制度の改革

（1）経営組織のガバナンスの強化
　○議決機関としての評議員会を必置（小規模法人について評議員定数の経過措置）、一定規模以上の法人への会計監査人の導入 等

（2）事業運営の透明性の向上
　○財務諸表・現況報告書・役員報酬基準等の公表に係る規定の整備 等

（3）財務規律の強化（適正かつ公正な支出管理・いわゆる内部留保の明確化・社会福祉事業等への計画的な再投資）
　○役員報酬基準の作成と公表、役員等関係者への特別の利益供与の禁止 等
　○「社会福祉充実残額（再投下財産額）」（純資産の額から事業の継続に必要な財産額（※）を控除等した額）の明確化
　　※①事業に活用する土地、建物等　②建物の建替、修繕に要する資金　③必要な運転資金　④基本金及び国庫補助等特別積立金
　○「社会福祉充実残額」を保有する法人に対して、社会福祉事業又は公益事業の新規実施・拡充に係る計画の作成を義務付け 等

（4）地域における公益的な取組を実施する責務
　○社会福祉事業及び公益事業を行うに当たって、無料又は低額な料金で福祉サービスを提供することを責務として規定

（5）行政の関与の在り方
　○所轄庁による指導監督の機能強化、国・都道府県・市の連携 等

→ 社会福祉充実残額の有無に関わらず、すべての社会福祉法人が対象

2. 福祉人材の確保の促進

（1）介護人材確保に向けた取組の拡大
　○福祉人材の確保等に関する基本的な指針の対象者の範囲を拡大（社会福祉事業と密接に関連する介護サービス従事者を追加）

（2）福祉人材センターの機能強化
　○離職した介護福祉士の届出制度の創設、就業の促進、ハローワークとの連携強化 等

（3）介護福祉士の国家資格取得方法の見直しによる資質の向上等
　○平成29年度から養成施設卒業者に受験資格を付与し、5年間をかけて国家試験の義務付けを漸進的に導入 等

（4）社会福祉施設職員等退職手当共済制度の見直し
　○退職手当金の支給乗率を長期加入者に配慮したものに見直し
　○被共済職員が退職し、再び被共済職員となった場合に共済加入期間の合算が認められる期間を2年以内から3年以内に延長
　○障害者支援施設等に係る公費助成を介護保険施設等と同様の取扱いに見直し

【施行期日】平成29年4月1日（1の（2）と（3）の一部、（4）、（5）の一部、2の（1）、（4）は平成28年4月1日、2の（3）は公布の日）

図1　社会福祉法一部改正の概要

〔出典：厚生労働省資料（一部、筆者が加筆）〕

を社会福祉法人が担ってきたと自負してよい側面を有しているといえよう。

　周知のように、社会福祉法人は、「社会福祉法」第22条（定義）において、「この法律において『社会福祉法人』とは、社会福祉事業を行うことを目的として、この法律の定めるところにより設立された法人をいう。」と定義されている。さらに、第26条（公益事業及び収益事業）では、「社会福祉法人は、その経営する社会福祉事業に支障がない限り、公益を目的とする事業（以下「公益事業」という。）又はその収益を社会福祉事業若しくは公益事業（第二条第四項第四号に掲げる事業その他の政令で定めるものに限る。第五十七条第二号に

理論編●社会福祉法人改革と地域福祉のイノベーション　153

おいて同じ。）の経営に充てることを目的とする事業（以下「収益事業」という。）を行うことができる。」として社会福祉法人が「社会福祉事業」「公益事業」「収益事業」に取り組むことができることを今回の社会福祉法人改革以前から規定してきたのである。繰り返しになるが、「社会福祉法人は社会福祉事業のみを行う法人」とは書かれていないのである。

つまり、社会福祉法人は「民法における公益法人としての存在」であり、「公益社団法人と同様の位置づけ」であり、「営利法人とは異なる社会福祉事業と公益事業を担う役割を有している法人」との認識に立つことが重要であり、本稿が述べる地域福祉のイノベーションの前提となるのである。

② 社会福祉法人が創設される以前の社会的背景と状況認識

小笠原祐次は、「施設は歴史的にみても、その時々の時代背景のもとで変化する福祉ニーズを充足し、問題を解決するために創設され、発展させられてきたのである。その意味では施設の機能、体系も福祉ニーズの変化によって、変更されることは必要なことである。しかし法制度と財政的援助に伴う行政的管理のもとで固定化させてしまっている。」[3]と施設が固定化していることを危惧しつつ、施設の本来の姿は福祉ニーズの変化に対応して施設も変化することを指摘している。今日の社会福祉法人の地域公益的な取り組みに関する研修会で多く聞かれることは、「地域ニーズを把握する方法がわからない」という言葉である。それは、社会福祉法人があらためて施設創設当初の理念に立ち返らなければならないことを示している。なぜなら、小笠原が指摘するように、施設が「時代背景のもとで変化する福祉ニーズを充足し、問題を解決するために創設され」たのであれば、地域ニーズを把握しないで施設を経営しているということは、本来ありえないことだからである。

社会福祉法人の創設をみるためには、戦前の大正期までさかのぼるとその社会福祉施設が求められた背景が見えてくる。明治期における救済政策であった「恤救規則」は、殖産興業と富国強兵の国策のなかでは不十分なものであった。1908（明治41）年中央慈善協会設立（初代会長：渋沢栄一）や1911（明治44）年の工場法公布〔1916（大正5）年施行〕など産業革命からの労働者の生活の歪みへの対応がようやく始まる。大正期に入ると、1913（大正3）年の第一次世界大戦が勃発するなかで、1916（大正5）年の工場法施行により児童労働が制限され、1917（大正6）年には岡山県で済世顧問制度の創設、翌1918（大正7）年には大阪府で方面委員制度が創設され、現在の民生委員・児童委員制度につながる仕組みが生まれている。同年に、1道3府38県に波及した米騒動は、「救貧」から「防貧」を行政に意識させる大きな要因となった。同年は、第一次世界大戦が終結した年でもある。1920（大正9）年には、戦後恐慌が始まり、日本初のメーデーが行われた。全国社会事業大会（第5

回大会）が全国社会事業大会の名称としては初めて開かれ、参加者は初めて1,000名を超えた。以後、毎年全国社会事業大会（現在の全国社会福祉大会）として開催されることとなる。「日本社会事業名鑑」も発行されている。このような背景のなかで、社会事業施設も1920年代から急激に増加していく。ここで重要なことは、1920年代に「福祉の対象が労働能力のない貧民から、低所得層一般へと大きく変化したこと」である。これは、「工場法」施行などのように、支援の必要性が労働能力のない貧民から労働者や児童労働に目が向けられていることがわかる。これが社会事業として、全国に支援が大きく広がっていく要因となったのである。それは、1929（昭和4年）の「救護法」成立や1937（昭和12）年の「母子保護法」の成立などを経て、1938（昭和13）年の「社会事業法」が成立することによって、「届出主義」による社会事業施設の拡大へとつながる。「救護法」や「母子保護法」は、「認可主義」による社会事業施設の取り組みであったが、「社会事業法」は「届出主義」であったため、社会事業施設が量産されていくこととなる。この状況のメリットとして、北場勉は、「①自由設立であるため絶えず新興の社会事業が生ずること、②民間社会事業を委縮させないこと、③一定の型にはめないため、既設の社会事業の擁護だけにならないこと」[4]が特徴であるとしている。しかし、短所として「①民間社会事業の充分な統制が行いがたいこと、②監督の万全を図りがたいこと、③時々やや不良な社会事業を生ずるおそれがあること、④乱立のおそれがあること、⑤助成や免税などの恩典を十分に得難いこと、⑥合理的助成を徹底することが期待できないこと」[4]などが挙げられている。これは、今日の特定非営利活動法人（NPO法人）のあり様にもつながる側面があるようにも感じる。

　このように「届出主義」による社会事業施設の拡充は、「絶えず新興の社会事業が生ずる」というなかにあった。つまり、今日における複合的な課題や制度の狭間の問題のように制度のみでは対応が難しい課題に、当時の社会福祉法人の前身である社会事業施設は取り組んでいたのである。

　しかし、戦後、1951（昭和26）年の「社会福祉事業法」成立によって創設された社会福祉法人は、この「届出主義」の短所に配慮し、「救護法」や「母子保護法」で採られていた「認可主義」に基づく法人として位置づけられることとなる。1950（昭和25）年10月、社会保障制度審議会は、「社会保障制度に関する勧告」のなかで、「民間社会事業に対して」は、「特別法人制度の確立等によりその組織的な発展を図り、公共性を高めること」が必要であると述べている。これを受けて、「社会福祉事業法」は、民法上の公益法人とは区別された特別法人として社会福祉法人を創設したのである。また、「生活保護法」は、民間保護施設の運営を社会福祉法人に限定し、「児童福祉法」と「身体障害者福祉法」も社会福祉法人・公益法人・私人に関わらず都道府県の認可を得ることを必要とした。これらが社会福祉事業を自由に起業することを制限することとなる。これらは、他法においても踏襲されていくこととなった。このような「認可主義」に基づく社会福祉法人の運営は、その大正期に社

会事業施設が「認可主義」になる場合の短所として指摘された、「①新しい社会事業の勃興を阻害し、新陳代謝を図れないこと、②既存の社会事業の徒を擁護することになるおそれがあること、③一定の型に陥ること、④独立自営の気風を失うこと」[4]などの状況を、現在の一部の社会福祉法人が抱えてしまい社会福祉法人改革の必要性を抱える社会的背景となったのである。

③ 社会福祉法人の地域公益活動と地域福祉のイノベーション

　前節で述べたように、社会福祉法人の前身である社会事業施設は、「届出主義」の施設として、「絶えず新興の社会事業が生ずる」ことに対応した施設であった。この精神は、今日の社会福祉法人の理念に根づいているものと筆者は考えている。しかし、今日の社会福祉法人のなかには、「認可主義」に基づく法人であるがゆえに、「制度という一定の型に陥る実践」や「独立自営の気風」を抱きにくくなっていた側面は否定できないかもしれない。

　「届出主義」の社会事業施設のような柔軟で今日的に地域で暮らすさまざまな人々が抱えているニーズに取り組むのではなく、「認可主義」として仮に既存の社会福祉事業の型に陥った実践となっている法人が存在しているとすれば、それは公益性、非営利性、公共性を有する社会福祉法人としての存在意義を失いつつあると指摘せざるを得ないであろう。また、社会福祉法人である社会福祉協議会は、このような施設法人である社会福祉法人が、地域公益活動のような地域ニーズを把握して取り組む実践をその責務として拡充しようとしているときに、大いに支援をしていくことが地域福祉を推進する団体としての責務であるといえる。地域に存在している個別ニーズの把握や地域そのものが抱えている地域ニーズを把握する主体が多様化することは、そのニーズ発見機能が高まることとなり地域福祉が新たなステージへと発展していく大きなイノベーションとなる。このコーディネートを社会福祉協議会が施設の社会福祉法人や行政機関と連携し実践することが重要であり、戦後、社会福祉協議会が民間社会福祉事業を推進する団体として創設された背景として、まさに地域の社会福祉関係者が参加する社会福祉協議会としての真価が問われているのである。

　社会福祉法人が地域公益活動の必要性を認識することは、今日のように障害者の高齢化や貧困の連鎖や稼働年齢層の生活困窮をはじめ、制度枠組みを超えた複合的な課題や制度の狭間の問題を早期に発見し、早期対応していく実践力を高めていくことになると筆者は考えている。社会福祉法人が地域で求められているニーズには対応せず、従来通り制度内の対象者のみに支援を行っていくことで、公益性・非営利性・公共性に基づく社会福祉法人として将来的に存在し続けていくことが可能なのであろうか。社会福祉基礎構造改革により、社会福祉の対象はすべての国民となった。しかし、社会福祉関係者のなかには、依然として、介護

の必要な高齢者、障害者、支援の必要な子ども・家庭、低所得者が対象であるという認識が強い。このような価値観で、一般家庭が生活に困難を抱える状況に変化していくことを早期に発見し、早期対応することができるのであろうか。見過ごしているケースはないのであろうか。企業も CSR (Corporate Social Responsibility：企業の社会的責任) として、さまざまな地域への社会貢献を行う時代である。また、超少子高齢社会や人口減少社会のなかで、地域そのものが課題を抱える時代となっている。住み慣れた地域で暮らし続けていくために、地域福祉実践を担う主体が多様化していくことは不可欠なテーマであると考える。

4 施設の社会化・地域化と社会福祉法人改革による地域福祉のイノベーション

　地域福祉推進において社会福祉法人は、歴史的にも「施設の社会化」論にあるように、施設機能の社会化・地域化を推進し、在宅福祉サービス（ホームヘルプ、デイサービス、ショートステイ）の開拓的提供、地域住民・ボランティア・実習生の受け入れをはじめとした福祉教育・人材育成の推進など、社会福祉サービスが未整備の時代から社会事業家として地域づくりに取り組んできた。社会福祉基礎構造改革の理念の一つである「地域福祉の推進」にも全国社会福祉法人経営者協議会（以下、「全国経営協」とする）において「1法人1実践運動」を展開してきた実績を有している。

　一方、社会福祉基礎構造改革によって営利法人など多様な主体が福祉分野に参入し、社会福祉法人の役割が問われることとなった。また、「制度の狭間」の問題が指摘されるなかで、従来の社会福祉事業だけでは解決できない問題が顕在化し、2013（平成25）年8月「社会保障制度改革国民会議報告書」での社会福祉法人の非課税扱いにふさわしい地域貢献についての言及、2014（平成26）年7月の厚生労働省「社会福祉法人の在り方等に関する検討会報告書」での地域における公益的な活動の推進、法人組織の体制強化、法人運営の透明性の確保等の指摘、2015（平成27）年2月「社会保障審議会福祉部会報告書～社会福祉法人制度改革について～」などによる検討に基づき、2016（平成28）年3月に社会福祉法一部改正が行われた。この法改正には、新たな社会福祉法人への期待と責務が盛り込まれている。その改正趣旨は、福祉サービスの供給体制の整備及び充実を図るため、「社会福祉法人改革」として、①社会福祉法人の経営組織のガバナンスの強化、②事業運営の透明性の向上、③財務規律の強化（適切かつ公正な支出管理・いわゆる内部留保の明確化・社会福祉事業等への計画的な再投資）、④地域における公益的な取組を実施する責務、⑤行政関与のあり方が盛り込まれ、社会福祉充実残額の再投下として地域住民の意見を反映させた社会福祉充実計画を策定することも規定された。また、「福祉人材確保の促進」の観点から、①介護人材確保に向けた取組の拡大、②福祉人材センターの機能強化、③介護福祉士の国家資格取得方法の

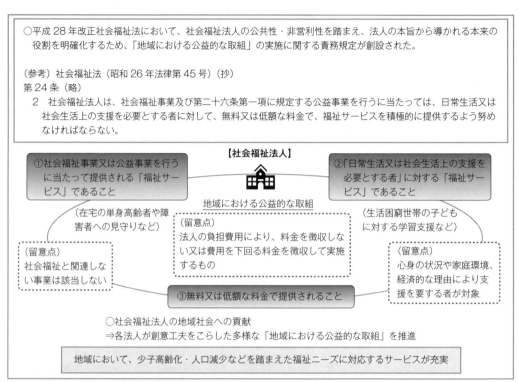

図2 「地域における公益的な取組」について

〔出典：厚生労働省資料（一部、筆者加筆）〕

見直しによる資質の向上等、④社会福祉施設職員等職員手当共済制度の見直しについても盛り込まれた。

　2016（平成28）年社会福祉法一部改正において、社会福祉法人の公益性・非営利性をふまえ、法人の本旨から導かれる本来の役割を明確化するため、「地域における公益的な取組」の実施に関する責務規定が創設された。新たに社会福祉法第24条2を創設し、「社会福祉法人は、社会福祉事業及び第二十六条第一項に規定する公益事業を行うに当たっては、日常生活又は社会生活上の支援を必要とする者に対して、無料又は低額な料金で、福祉サービスを積極的に提供するよう努めなければならない。」とされたのである。その内容は、厚生労働省社会・援護局福祉基盤課長通知「社会福祉法人の『地域における公益的な取組』について」（社援基発0601第1号／平成28年6月1日）として公表された（図2）。

　「地域における公益的な取組」は、以下の要件のすべてを満たす必要があるとし、
　①社会福祉事業又は公益事業を行うに当たって提供される福祉サービスであること
　②日常生活又は社会生活上の支援を必要とする者に対する福祉サービスであること
　③無料又は低額な料金で提供されること

　以上の三つの要件が示されたのである。この三つの要件を満たす取り組みが現在の社会福祉法人に取り組めるのか、あるいは既存の社会福祉法人の取り組みのなかにあるのかで社会

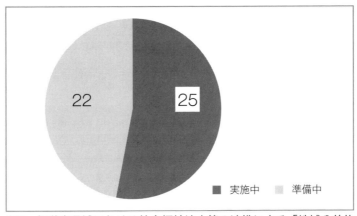

図3　都道府県域における社会福祉法人等の連携による「地域公益的な取組」の状況

〔出典：全国社会福祉法人経営者協議会調べ〕

福祉法人は一喜一憂しているのが現状である。

　2016（平成28）年4月の法施行により、社会福祉法人の「地域公益的な取組」は具体的な実践が始まっている。全国経営協（全国社会福祉法人経営者協議会）によれば、2017（平成29）年3月31日現在、都道府県すべてにおいて、すでに何らかの実践が展開されるか、あるいは準備中の実践が行われるようになっている（図3）。

　都道府県レベルなど広域的に複数の社会福祉法人が共同出資をして生活に困難を抱える人々を支援していく取り組みや市区町村ごとに分野を超えた社会福祉法人がネットワーク化していく取り組み、単独の社会福祉法人による先進的な取り組みなど、さまざまな実践が動き始めている。

　2016（平成28）年6月、日本地域福祉学会第30回記念大会（会場：日本社会事業大学）セッションⅢ「社会福祉法人改革と社会開発」のなかで、厚生労働省「社会保障審議会福祉部会報告書〜社会福祉法人制度改革について〜」を公表した社会保障審議会福祉部会委員の一人は、大会会場で質問に立って、「今回の社会福祉法人制度改革は、地域福祉が取り上げてきた『施設の社会化・地域化』とは異なるものである」との考えを示された。それは、筆者が「施設の社会化論」を今日的な社会福祉法人改革と結びつけて報告をした後のことであった。しかし、筆者は、今回の社会福祉法人改革が社会福祉事業の中身を問われているのではなく、社会福祉法人そのものが問われたこと、そして、すべての社会福祉法人に責務化された「地域公益的な取組」や社会福祉充実残額を有する社会福祉法人に対する「社会福祉充実計画」の創設は、社会福祉法人がいかに地域住民の声をきき、地域ニーズを把握し、地域の福祉ニーズに対応しているかが問われているものと痛感している。まさに社会福祉法人のあり方そのものが問われているのである（図4）。この議論が社会福祉施設の機能や役割を議論することなしに進めてられていくとすれば、「社会福祉法人がすでに行っている活動

社会福祉法人制度の改革

○公益性・非営利性を確保する観点から制度を見直し、国民に対する説明責任を果たし、地域社会に貢献する法人の在り方を徹底する。

1. 経営組織のガバナンスの強化
□理事・理事長に対する牽制機能の発揮
□財務会計に係るチェック体制の整備

○議決機関としての評議員会を必置 ※理事等の選任・解任や役員報酬の決定など重要事項を決議
（注）小規模法人について評議員定数に係る経過措置を設ける。
○役員・理事会・評議員会の権限・責任に係る規定の整備
○親族等特殊関係者の理事等への選任の制限に係る規定の整備
○一定規模以上の法人への会計監査人の導入 等

2. 事業運営の透明性の向上
□財務諸表の公表等について法律上明記

○閲覧対象書類の拡大と閲覧請求者の国民一般への拡大
○財務諸表、現況報告書（役員報酬総額、役員等関係者との取引内容を含む。）、役員報酬基準の公表に係る規定の整備 等

3. 財務規律の強化
①適正かつ公正な支出管理の確保
②いわゆる内部留保の明確化
③社会福祉事業等への計画的な再投資

①役員報酬基準の作成と公表、役員等関係者への特別の利益供与を禁止 等
②純資産から事業継続に必要な財産（※）の額を控除し、福祉サービスに再投下可能な財産額（「社会福祉充実残額」）を明確化
※①事業に活用する土地、建物等②建物の建替、修繕に必要な資金 ③必要な運転資金④基本金、国庫補助等特別積立金
③再投下可能な財産額がある社会福祉法人に対して、社会福祉事業又は公益事業の新規実施・拡充に係る計画の作成を義務づけ
（①社会福祉事業、②地域公益事業、③その他公益事業の順に検討）等

4. 地域における公益的な取組を実施する責務
□社会福祉法人の本旨に従い他の主体では困難な福祉ニーズへの対応を求める

○社会福祉事業又は公益事業を行うに当たり、日常生活又は社会生活上支援を要する者に対する無料又は低額の料金で福祉サービスを提供することを責務として規定
※利用者負担の軽減、無料又は低額による高齢者の生活支援 等

5. 行政の関与の在り方
□所轄庁による指導監督の機能強化
□国・都道府県・市の連携を推進

○都道府県の役割として、市による指導監督の支援を位置づけ
○経営改善や法令遵守について、柔軟に指導監督する仕組み（勧告等）に関する規定を整備
○都道府県による財務諸表等の収集・分析・活用、国による全国的なデータベースの整備 等

社会福祉充実残額の有無に関わらず、すべての社会福祉法人が対象

図4　社会福祉法人制度改革の概要

〔出典：厚生労働省資料（一部、筆者加筆）〕

が地域公益活動に該当するのか、しないのか」に関心が集まり、社会福祉法人が何のために地域公益活動を行うのかが霞んでしまいかねないと筆者は危惧している。実際に、社会福祉法人の研修会では、「何の活動が地域公益活動に該当するのか」が、最大の関心事となっているという悲しい現実がある。しかし、あらためて、「なぜ社会福祉法人は、地域公益活動を責務として行うのか」が明確でなければ、法改正されたからだけでは実現性は低いと言わざるを得ない。ましてや「責務で義務ではないから地域公益活動はやらなくてもいいのではないか」と考えている社会福祉法人も残念ながら存在する。そこで、あらためて、「施設の社会化・地域化」に関する研究を振り返ることによって、社会福祉施設を経営する社会福祉法人の機能や役割を論ずる必要がある。そのうえで、社会福祉法人が地域公益活動を行う意

義や取り組み内容について述べていくこととしたい。

　大橋謙策は、施設の社会化論は、①コミュニティ構想の一環としてだされている社会福祉政策の流れと②地域住民の生活構造の変容からの課題、という二つの背景があると指摘している[5]。前者は、国民生活審議会コミュニティ問題小委員会報告「コミュニティ：生活の場における人間性の回復」（1969年）が出されて以来、コミュニティ形成にかかわる多くの政策が出されてきたこと。そのなかで、中央社会福祉審議会答申「コミュニティ形成と社会福祉」（1971年）は、厚生大臣からの諮問「社会福祉向上の総合方策」を受けて出されたものであり、「国民が真に健康で文化的な生活を営むことのできるコミュニティの存在が国民の生活福祉の向上に欠くべからざるもの」との認識にあったからであると指摘する。この答申は、「社会福祉におけるコミュニティ活動の面で、今後とくに重視しなければならないのは、コミュニティ・ケアである」とし、コミュニティ・ケアとは、「社会福祉の対象を収容施設において保護するだけでなく、地域社会すなわち居宅において保護を行い、その対象者の能力のいっそうの維持発展をはかろうとするもの」ととらえている。大橋は、「その考え方は、収容施設における保護が、対象者を地域社会から切り離し、施設そのものが隔離、閉鎖的となる傾向があり、利用者の社会的適応、社会復帰を妨げたり、自主性、自立性を損なうことの反省からだされた。そして、<u>社会福祉行政の将来の方向の1つは、従来の収容施設中心のあり方から、コミュニティ・ケアの発想にもとづく地域の施設、サービスに重点を移していく必要がある</u>」と指摘している[5]（下線筆者）。

　また、東京都社会福祉審議会答申「東京都におけるコミュニティ・ケアの進展について」（1969年）が、コミュニティ・ケアとはコミュニティにおいて「在宅の対象者に対し、そのコミュニティにおける社会福祉機関・施設により、社会福祉に関心をもつ地域住民の参加をえて行なわれる社会福祉の方法」と位置づけていること、さらに、厚生省「社会福祉施設緊急整備5カ年計画」（1971年）に基づき社会福祉施設の三重の整備（①地域的配置整備、②施設空間的整備、③運営、経営的整備）をしようとしたとき中央社会福祉審議会答申「コミュニティ形成と社会福祉」（1971年）が出されたことの考察として、大橋は三つの問題があると指摘している。「第1は、従来の施設収容主義（インスティテューショナル・ケア）は、理念的に間違っているとの意味で、その対置概念としてコミュニティ・ケアを考えるのか。第2には、従来の施設収容主義の福祉観を温存し、その補完物としてコミュニティ・ケアをとらえるのか、つまり、そこには70年代の合理化の意図があるのか。社会福祉施設の整備近代化をはかってきたが、その財政的負担に耐えられず、だされてきているのか。第3には、社会福祉施設の整備、近代化をすすめ、その施設を治療、訓練施設として位置づけ、その施設の意義と限界を明確にしつつ、コミュニティとの有機的連携をはかるという機能分担論としてコミュニティ・ケアを位置づけるかの3つであろう」[5]としている。

　筆者は、大橋はこのうちの第3の問題を特に取り上げて、その方向性を示したかったので

はないかと考えている。それは、大橋が「施設の社会化」論のもう一つの課題として指摘している「地域住民の生活構造の変容からの課題」からみえてくる。この課題の指摘のなかで、①家庭機能の社会化・地域化、②共同消費財（学校・病院・公園・住宅、上下水道、清掃工場等）の欠落、③社会福祉施設機能のとらえ直しから「施設の社会化」論へ、と3点が述べられている[5]。ここでは、高度経済成長により家庭機能を社会化・地域化せざるを得なかったことを指摘しつつ、地域的に住民参加のもとで地域的に新しい文化と生活を創造する努力が必要であると指摘する。それは、共同消費財（学校・病院・公園・住宅、上下水道、清掃工場等）の欠落があるからで、これらの未整備が国民の誰もが被生活保護世帯、障害者になる可能性のある不安定さと社会福祉行政サービスの対象となるときの「自助の原則」と劣等処遇観を払しょくしきれていないことを指摘している。そして、「地域住民の生活の不安定さと切り離して社会福祉施設が存在するのではなく、その不安定さを補強する役割をもって、社会福祉施設をとらえ直し、つまり『施設の社会化』論が問題になる。（下線筆者）」と指摘しているのである。そして、「そこには処遇問題の向上も含めて、施設の配置整備計画や措置のあり方等、社会福祉行政の再編問題を内在させている」ことを指摘している。これは、都民である障害者が地方の社会福祉施設に入所するという都外施設問題という当時から現在にもつながる問題を内在化させていると筆者は考える。

　ここで、あらためて、「施設の社会化」の定義についてみてみたい。秋山智久は、施設の社会化について次のように定義している。

　「社会福祉施設の社会化とは、社会福祉制度の一環としての社会福祉施設が、施設利用者の人権保障、生活構造の擁護という公共性の視点に立って、その施設における処遇内容を向上させると共に、その置かれたる地域社会の福祉ニードを充足・発展させるために、その施設の所有する場所・設備・機能・人的資源などを地域社会に開放・提供し、また、地域社会の側からの利用・学習・参加などの働きかけ（活動）に応ずるという、社会福祉施設と地域社会との相互作用の過程をいう。」[6]

　秋山は、社会福祉施設の社会化は、地域社会との相互作用の過程と整理しているのである。そのうえで、「①処遇の社会化、②運営の社会化、③問題の社会化、④要養護性の社会化、⑤養護処遇の社会化」の五つに整理し、さらに「①地域社会に“開かれた施設”、②地域社会に機能する施設、③施設機能の地域社会への供与、④施設と地域社会との積極的相互関係」の4点を指摘している[5]。

　さらに、「地域社会と社会的関係についての施設運営上のプロセス」について、「①施設の方針とプログラム決定のための、地域社会に関する最新の情報と基本的な事実の入手、②地域社会の変動によって生ずる社会的ニードを理解するための方法の獲得、③施設と地域における他の組織との間の充分なコミュニケーション経路の維持、④地域社会代表の理事会への参加、⑤新しいボランティアと新任スタッフに対する、地域社会とそこでの計画的参加に関

するオリエンテーション、⑥社会参加とリーダーシップについて、個人の責任をチェックする業務分析、⑦地域社会からの観察と同時に、施設自らに対する観察の努力、⑧地域社会に関する現任訓練プログラム、⑨共通のサービス計画における他施設機関との協同、⑩地域社会の総合的な計画と調整に対する施設の参加」と整理している。

　一方で、大橋は、「施設の社会化」論には、“施設の社会化”と“施設の地域化”と二つの論点があるとし、個々の施設の社会化だけが問題になるのではなく、次のような問題点を指摘している[5]。第一に、タテ割り行政のなかで社会福祉行政が他の関連行政である教育行政、労働行政、保健医療行政などと有機的に結びついていない状況である点、第二に、同じ社会福祉行政のなかでもタテ割志向があり、他の社会福祉施設と結びついてない点である。そのうえで、施設それ自体の地域化の問題があるとする。その問題とは、第一に「入所者の地域化」である。施設入所者が地域住民としての帰属意識をもてるように、入所者の地域化があると指摘する。第二に「施設の地域化」である。施設の物理的、空間的設備それ自体が、地域住民の生活上、必要な物理的・空間的設備であり、それを地域住民が利用できるという意味での、施設の地域化であると指摘する。第三に「職員の地域化」である。施設に働いている専門的力量をもっている職員が、地域住民として生活し、あるいは生活しないまでも、その有している専門的力量が、“社会資源”として地域住民に活用される、あるいは職員自身がボランティアとして活動するという点における施設職員の地域化の問題があると指摘する。そして、第四に「機能の地域化」である。施設がもつ、あるいは目的にしている機能を生かし、地域住民に福祉サービスの提供をはかるという意味での機能の地域化問題があると指摘している[5]。さらに、「入所者の生活圏拡大としての地域化、自立化」があると指摘する。生活圏の自立化とは、現在の入所施設の処遇のあり方を再検討し、構造化し、個別化することを指摘している。また、入所者の生活の地域化として、地域とつながりあって入所してくる利用者と地域と隔絶された段階の利用者と、いずれも利用者が地域に帰属することが重要であるとし、利用者が「非管理集団化」するのではなく、地域の一員として存在することを重視しているのである。

　ここまで、施設の社会化・地域化について述べてきた。地域福祉におけるこれまでの研究・実践では、社会福祉施設の機能や利用者をいかに社会化・地域化していくかが問われてきた。社会福祉基礎構造改革においても、「地域福祉の推進」が社会福祉法に位置づけられるなかで、社会福祉法人は「1法人1実践運動」を展開してきたのである。このような、施設の社会化・地域化をふまえて、今日の社会福祉法人改革をとらえ、現在の社会福祉法人が地域への社会貢献として問われたことを見据える必要がある。「社会保障審議会福祉部会報告書～社会福祉制度改革について～」では、「おわりに」において、「<u>特に、社会福祉法人は、その本旨を踏まえ、地域のニーズにきめ細かく対応し、事業を積極的に地域に展開することにより、喫緊の課題となっている地域包括ケアシステムの構築において中心的な役割を</u>

果たすことが求められる。（下線筆者）」と述べられている。さらに、「今後の福祉ニーズの多様化・複雑化を見据えた場合、公的セクターや市場における福祉サービスの供給だけでは、こうしたニーズに十分に対応することは困難である。公益性と非営利性を備えた民間法人である社会福祉法人が、地域のニーズにきめ細かく対応し、それらを充足していくことが重要であるが、効率的・効果的に福祉サービスを供給していく観点から、適切な法人の在り方について、今後議論を深めていくことが重要である。（下線筆者）」と報告書は締めくくられている。まさに、施設の社会化・地域化のなかで論じられてきた社会福祉施設の機能を地域化していくことが求められている。それは、施設を経営してきた社会福祉法人の専門性を地域に生かしていくことである。

　厚生労働省は、2016（平成28）年7月に地域共生社会実現本部を立ち上げ、①地域力強化ワーキンググループ、②公的サービス改革ワーキンググループ、③専門人材ワーキンググループ、の三つを組織し、検討会を開催して新たな地域包括支援体制の構築を検討している。社会福祉法人もそのなかで重要な役割を果たすことが期待されている。

　社会福祉基礎構造改革以降、介護保険制度や障害福祉サービス、子ども・子育て新制度などにより、社会福祉法人の経営環境は措置制度の時代とは大きく変化した。また、地域包括ケアシステムの構築、生活困窮者自立支援制度の実施等により、子どもの貧困や貧困の連鎖・固定化、さらには貧困の世代間継承など、稼働年齢層における新たな福祉課題が顕在化している。福祉サービス提供主体が多様化するなかで、社会福祉法人にはこれらの新たな課題に対応した取り組みが求められており、社会福祉協議会がプラットフォームになり社会福祉法人がネットワークを構築し、課題解決のために新たな社会資源の開発等の実践が期待されている。

　2017（平成29）年の改正「社会福祉法」では、第4条第2項が創設され、新たに「地域生活課題」が明記された。そのなかで、地域生活課題を「福祉サービスを必要とする地域住民及びその世帯が抱える福祉、介護、介護予防（要介護状態若しくは要支援状態となることの予防又は要介護状態若しくは要支援状態の軽減若しくは悪化の防止をいう。）、保健医療、住まい、就労及び教育に関する課題、福祉サービスを必要とする地域住民の地域社会からの孤立その他の福祉サービスを必要とする地域住民が日常生活を営み、あらゆる分野の活動に参加する機会が確保される上での各般の課題」と規定している。

　2017（平成29）年9月の地域における住民主体の課題解決力強化・相談支援体制の在り方に関する検討会（地域力強化検討会）「地域力強化検討会最終とりまとめ」では、「地域生活課題の学習や研修機会の提供に当たって、社会福祉事業を実践している社会福祉法人や社会福祉協議会、NPO法人などが積極的にその役割を担うことが期待される。」と、社会福祉法人に地域生活課題の学習や研修機会の提供について期待する旨が記載されている。

　さらに、福祉専門職であるソーシャルワーカーの地域での役割を明記している。これは、

表1 ソーシャルワーカーの地域での役割

○一方、地域から排除されたり、一部の人から強く拒否されている人への支援については、ソーシャルワーカーが専門的な対応をしていく中で、徐々に地域住民と協働していく場合もある。

○ソーシャルワーカーが、当事者の思いや現状をアセスメントし、当事者本人を排除している地域住民に対し、その排除せざるを得ない住民側の気持ちを受け止めつつ、当事者本人の思いや状況を代弁し伝えたり、当事者と地域住民が交流する場を、適切なタイミングで設定する等の働きかけが有効である。すなわち、専門職は、これまで「困った人」として位置づけられていた当事者を、不安や悩みを抱え「困っている人」として理解できるように支援する視点も求められる。当事者を排除したり拒否していた地域住民が、やがて当事者を支えたり見守る役割を担う「支え手」へと変化していく。

○また、保育所などの福祉施設が近所にできるといった、「一つの出来事」が地域での話し合いのきっかけとなることもある。

○このような個別事例の積み重ねを繰り返すことで、地域住民の意識が変化していく。さらに、そうした取組について、当事者のプライバシー等にも配慮した上で広く知ってもらうことで、同じような取組をしている、もしくは、しようとしている住民も喚起されるなどして、地域全体の解決力が底上げされていく。

○その際に、障害を理由とする差別の解消の推進に関する法律などの内容を踏まえて、ソーシャルワーカーは地域住民等への理解を促し、地域へ働きかけていく必要がある。

○地域においては、「支える側」の人が「支えられる側」であることもある。例えば、地域の相談役となっている人が、自分の孫がひきこもりで支援を受ける家族となったり、ソーシャルワーカーが、ダブルケアのために相談支援を受ける立場になることもある。また、支援を通してそれまで「支えられる側」であった人が「支える側」になることもある。地域住民の役割は固定されるものではなく、両方の側面を持って生活を営んでおり、状況や時間の経過とともに役割は入れ替わったり、循環したりする。

〔出典：厚生労働省 地域における住民主体の課題解決力強化・相談支援体制の在り方に関する検討会（2017）「地域力強化検討会最終とりまとめ：地域共生社会の実現に向けた新しいステージへ」〕

社会福祉法人で働いているソーシャルワーカーへの期待でもある。**表1**にあるように、最終とりまとめは、地域における双方向型の支援のあり方に言及し、ソーシャルワーカーにその支援を期待していることは、社会福祉法人における役割とも関係してくる記述である。

また、財源問題のところで、「こうした地域づくりを推進するための財源については、地域づくりに資する事業を一体的に実施するなど各分野の補助金等を柔軟に活用していくことに加え、共同募金によるテーマ型募金や市町村共同募金委員会を活用・推進したり、クラウドファンディングやSIB、ふるさと納税、社会福祉法人による地域における公益的な取組等を取り入れていくことも有効である。」と、社会福祉法人の地域における公益的な取組等を明記し、社会福祉充実残額を有効活用した社会福祉充実計画に基づく取り組みも期待されていることを読み取りことができる。また、「『丸ごと』受け止める場は、地域住民や地区社協、市区町村社協の地区担当、地域包括支援センター、相談支援事業所、地域子育て支援拠点、利用者支援事業、社会福祉法人、NPO法人等が考えられるが、地域の実情に応じて、地域で協議し、適切に設置する。」として、地域における場づくりについても社会福祉法人への期待が言及されている。

また、「市町村における体制整備を進めるに当たっては、分野を超えた課題に対応するため、地域づくりに資する事業を一体的に実施するなど各分野の財源を柔軟に活用していく必要がある。その際、厚生労働省通知（平成29年3月31日付け厚生労働省関係5課長通知

理論編 ● 社会福祉法人改革と地域福祉のイノベーション 165

表2　市町村の役割

○地域住民、福祉関係者、行政などが協働し、公的な体制による支援とあいまって、地域生活課題を把握・解決していく、問題が深刻化する前の早期対応を可能とする包括的な支援体制の整備を市町村の責任のもとに進めていくことが必要である。（再掲）こうした体制整備については、関係者と協議の上、地域福祉計画として合意し、計画的に推進していくことが有効である。

○包括的な支援体制の整備に係る事業を委託により実施する場合であっても、市町村は、委託先の相談機関等と一緒になって地域生活課題や地域の実情を把握していく姿勢が求められる。

○地域住民や関係機関、市町村がお互いに自らの役割を理解できるように、「目指すべきまちの姿」について明らかにすることが必要である。

○「我が事・丸ごと」の地域づくりを推進する圏域について、高齢者や障害者、子ども等の各種計画で定める圏域や福祉以外の分野で定める圏域を意識した上で設定する必要がある。（再掲）中間とりまとめでも述べたとおり、「住民に身近な圏域」は、小学校区域である、合併や廃合で小学校区域が大きくなっている地域では自治会単位である等、地域の実情に応じて異なるが、いずれにしても、地域で協議し、決めていくプロセスが必要である。

○市町村が把握している情報を活用し、地域の状況や活動等について数値化・可視化し、住民の気づきを促すことが必要である。（再掲）例えば、住民に身近な圏域ごとの介護・医療データの開示・比較を通じて、地域でお互いに学び合う土壌をつくっていく取組も有効である。

○住民に身近な圏域で「丸ごと」受け止める場を地域住民に対し周知する。（再掲）

○評価については、短期間での成果が得にくい場合もあるため、定量的な評価のほかに、国が検討する評価指標も参考に「住民の変化」などのプロセスに注目していくことも重要である。

○農業と福祉、産業と福祉など、関係分野の橋渡しを積極的に担うことが必要である。

○市町村における体制整備を進めるに当たっては、分野を超えた課題に対応するため、地域づくりに資する事業を一体的に実施するなど各分野の財源を柔軟に活用していく必要がある。その際、厚生労働省通知（平成29年3月31日付け厚生労働省関係5課長通知「地域づくりに資する事業の一体的な実施について」）を活用していくべきである。（再掲）

○市町村での関係部局の連携を推進していく上では、組織・機構そのものを見直すことも一つの方法として考えられる。

〔出典：厚生労働省　地域における住民主体の課題解決力強化・相談支援体制の在り方に関する検討会（2017）「地域力強化検討会最終とりまとめ：地域共生社会の実現に向けた新しいステージへ」〕

「地域づくりに資する事業の一体的な実施について」）を活用していくことが重要である。」と記載されており、地域づくりを行う地域活動について、分野ごとに対象者を区分せずに一体的に行えるようにした関係課長通知の存在が記載されている。さらに、同日には、厚生労働省通知（平成29年3月31日付け厚生労働省関係8課長通知）「社会福祉施設等の職員が行う地域活動の推進について」が通知され、社会福祉施設等の職員が地域活動を行いやすいように記載した関係課長通知が出されていることも重要である。

　そして、この地域力強化検討会最終とりまとめは、「自治体と国の役割」を明記していることも重要である。「我が事、丸ごと」を地域に任せるのではなく、市町村の役割として表2のように記載している。

　都道府県の役割については、「○単独の市町村では解決が難しい専門的な支援を必要とする医療的ケア児、難病・がん患者や、声を上げると地域では排除の対象になったり、身近な地域では特段の配慮が必要となるDV、刑務所出所者等に対する支援体制を市町村と連携して構築していくことが必要である。○都道府県域で推進していく独自施策の企画・立案　○

表3　国の役割

○「我が事・丸ごと」の地域づくりの取組の評価指標や効果測定について検討が必要である。また、その結果等に基づいて、都道府県や市町村が地域づくりを推進できるような情報提供や研修機会の提供についても検討していく必要がある。
○「我が事・丸ごと」の地域づくりを推進する人材を育成するために、ソーシャルワーカーをはじめとする介護・福祉職の養成カリキュラムの見直しや、職能団体等による資格取得後の現任研修の再構築が必要である。
○各相談支援機関、福祉事業所に従事する者、福祉に関わる者が、「複合課題丸ごと」、「世帯丸ごと」、相談する先が分からない課題でも「とりあえず丸ごと」受け止めることができるよう、それらの資質向上に努める。
○また、モデル事業実施自治体及び自治体が事業を委託している場合の受託事業者に対する研修を通じて、「我が事・丸ごと」の地域づくりを推進する人材の育成に取り組む。
○身近な地域での個人情報の取扱いについては、守秘義務との兼ね合いも含めて今後も検討が必要である。モデル事業の実施を通じて市町村における包括的な支援体制を整備していく上で生じる個人情報の取扱いに関する課題を整理するとともに、現状で可能な対応を整理していくことが必要である。
○「働き方改革」などの取組が進められることは、地域活動などに参加しやすい環境を整備していくという観点からも期待されるものである。
○地域共生社会の実現に向けては、保健福祉等の諸施策を総合的に推進していく必要があるが、その際には、公的支援のあり方を「縦割り」から「丸ごと」にしていく視点、地域を基盤として、住民、保健福祉の関係者、行政などが一体となって施策を展開していく視点を重視しながら、厚生労働省内外の関係者が連携して取り組んでいくことが必要である。

〔出典：厚生労働省　地域における住民主体の課題解決力強化・相談支援体制の在り方に関する検討会（2017）「地域力強化検討会最終とりまとめ：地域共生社会の実現に向けた新しいステージへ」〕

市町村間の情報共有の場づくり、市町村への技術的助言」として、都道府県の役割を記載している。

また、国の役割として、**表3**のように明記している。

このように、最終とりまとめでは、「我が事・丸ごとの地域共生社会」の地域づくりについて、行政の役割も意識的に記載されているといえるだろう。一方で、社会福祉協議会の記載が他の担い手と同列に扱われることで、少しみえにくくなっているようにも筆者には思える内容である。

地域力強化検討会のような国の方向性を示す重要な報告書にあって、社会福祉法人は地域における役割を期待されている。地域包括ケアシステムの構築と地域共生社会の実現は社会福祉法人にとって、今後の大きな目標となるであろう。

おわりに─地域福祉のイノベーションの方向性─

筆者は、これまで社会福祉法人改革を中心に、社会福祉法人の歴史的経緯や今日の国の動向をふまえながら、社会福祉法人が地域化することが地域福祉のイノベーションとなることを論じてきた。それは、地域住民や地域で暮らす利用者のニーズに基づいたものであり、社会の変化に応じて複合化・多様化する地域ニーズを把握し対応しなければ、社会福祉法人そ

のものも厳しい状況に置かれるということを述べてきた。国の報告書も「地域包括ケアシステムの構築」や「地域共生社会の実現」を社会福祉法人に期待しており、子どもから高齢者の施策まであらゆる分野で「地域づくり」が求められており、公的セクターや市場サービスだけでは対応できないことから、社会福祉法人にも大きな期待が寄せられていることも述べた。

　最後に、地域福祉のイノベーションの方向性について、筆者の考えを述べてみたい。

　第一に、社会福祉法人の地域化である。社会福祉法人が地域化を進めることによって、地域包括ケアシステムの構築、地域共生社会の実現において、常に地域におけるさまざまなニーズを発見し、社会的孤立を防ぎ、複合化・多様化した新たな地域生活課題に対応することができることとなる。つまり、「社会福祉法人の地域化による地域生活課題への即応性・柔軟性の拡充」である。

　第二に、社会福祉協議会が軸となりプラットフォームを形成しながら、2万を超える社会福祉法人がネットワークを組むことによって、多様な分野とつながり、地域生活課題をはじめ多くの生活の困難さを解決する大きな力を発揮することができることである。つまり、「多様な主体の協働性・連帯性による地域における課題解決力（地域福祉力）の向上」である。

　第三に、社会福祉法人が有する公益性・非営利性・公共性を「地域における公益的な取組」等を通して、多くの人々に周知し、理解を得ていくことである。社会福祉法人の認知度は、全国経営協の「全国生活者1万人意識調査」によれば、「知っている」22％、「言葉だけ知っている」64％、「知らない」が14％である。「社会福祉法人の公益性・非営利性・公共性の地域住民の理解促進」は、社会福祉法人の認知度を高める意味でも地域福祉のイノベーションを進める意味でも必要である。

　以上のような三つの視点を地域福祉のイノベーションの方向性として示していくことによって、地域福祉が目指すべき目標が明確となる。地域包括ケアシステムの構築を目指すことと地域共生社会の実現を目指すことは、今後の超少子高齢人口減少社会においては、明確な地域福祉の目標である。個人の特定の分野の支援だけではなく、家庭や世帯を丸ごと支援していくことが重要な理念となってきている。そのためには、施設を中心に経営してきた社会福祉法人の地域化が重要であり、その実践には行政をはじめ、NPOや企業、協同組合、商店街など多様な担い手が協働していくことが期待される。

　そして、このコーディネーターの役割を担うのが、社会福祉協議会のコミュニティソーシャルワークを担う人材であると筆者は考えている。地域力強化検討会の最終とりまとめでは、ソーシャルワーカーの役割が数多く言及されている。今後、地域共生社会の実現を目指して「包括的な相談支援体制の構築」と「住民主体の地域課題解決体制」が地域福祉計画の策定と併せて取り組まれていくこととなろう（図5）。「地域に強いソーシャルワーカー」が

```
┌─────────────────────────────────────────────────────────────────────┐
│                 今後、ますます求められるソーシャルワーク機能                 │
│ ○ソーシャルワークには様々な機能があり、地域共生社会の実現に資する「包括的な相談支援体制の構築」や「住民が主体 │
│  的に地域課題を把握して解決を試みる体制づくり」を推進するにあたっては、こうした機能の発揮がますます期待される。 │
└─────────────────────────────────────────────────────────────────────┘

                          地域共生社会の実現
        ╭──────────────────────────────────────────────────╮
       ╱   制度が対象としない生活課題への対応や複合的な課題を抱える世帯への対応等、多様化・複雑化するニーズ   ╲
      (    への対応や、全ての地域住民が地域、暮らし、生きがいを共に創り、高め合うことができる社会             )
        ╲──────────────────────────────────────────────────╱

                         地域共生社会の実現に必要な体制の構築

    ┌──────────────────────┐    ┌──────────────────────┐
    │   包括的な相談支援体制の構築    │    │   住民主体の地域課題解決体制    │
    └──────────────────────┘    └──────────────────────┘

┌─────────────────────────────────────────────────────────────────────┐
│               ソーシャルワークの機能を発揮することによる体制づくりの推進                │
├──────────────────────────────┬──────────────────────────────┤
│● 支援が必要な個人や家族の発見              │● 地域社会の一員であるということの意識化と実践化     │
│● 地域全体の課題の発見                  │● 地域特性、社会資源、地域住民の意識等の把握       │
│● 相談者の社会的・心理的・身体的・経済的・文化的側面 │● 福祉課題に対する関心や問題意識の醸成、理解促進、   │
│  のアセスメント                     │  課題の普遍化                      │
│● 世帯全体、個人を取り巻く集団や地域のアセスメント  │● 地域住民のエンパワメント                │
│● 問題解決やニーズの充足、社会資源につなぐための   │● 住民主体の地域課題の解決体制の構成・運営にかかる   │
│  仲介・調整                       │  助言・支援                        │
│● 新たな社会資源の開発や施策の改善に向けた提案    │● 担い手としての意識の醸成と機会の創出          │
│● 地域アセスメント及び評価               │● 住民主体の地域課題の解決体制を構成する地域住民     │
│● 分野横断的・業種横断的な社会資源との関係形成    │  と団体等との連絡・調整                 │
│● 情報や意識の共有化                   │● 地域住民と社会資源との関係形成             │
│● 団体や組織等の組織化並びに機能や役割等の調整    │● 新たな社会資源を開発するための提案          │
│● 相談者の権利擁護や意思の尊重にかかる支援方法等   │● 包括的な相談支援体制と住民主体の地域課題解決体     │
│  の整備                        │  制との関係性や役割等に関する理解促進          │
│● 人材の育成に向けた意識の醸成             │                              │
└──────────────────────────────┴──────────────────────────────┘
```

図5　地域共生社会で求められるソーシャルワーク機能

〔出典：厚生労働省資料〕

求められていることは、ここまで述べてきた社会福祉法人の地域化においても、その職場で働くソーシャルワーカーに求められることとして不可欠であり、明確な方向性である。都道府県や国は、これらの人材確保に努める役割がある。地域福祉において、体制を十分に整えることの難しい市町村を支える意味からも、あらためて広域の役割、都道府県レベルの役割の再認識も求められているのではないだろうか。地域福祉のイノベーションは、社会福祉法人の地域化によって、市町村レベルの地域福祉力の強化が図られるとともに、市町村域を超えた郡や地方振興局単位のような複数自治体域における支援、あるいは医療との連携も視野に入れれば都道府県域での支援も重要な方向性となると考えている。これまで基礎自治体を軸として進められてきた地域福祉は、広域も含めたより重層的で多領域とのネットワークの構築と連携が重要となってくるのではないだろうか。その重層的なネットワークこそが地域

福祉のイノベーションとなると考える。

●引用文献

1) 松端克文 (2016)「社会福祉法人改革と地域福祉：『地域における公益的な取組』を中心として」『日本の地域福祉』29、21-29
2) 厚生労働省　社会福祉法人の在り方等に関する検討会 (2014)「社会福祉法人制度の在り方について」
3) 小笠原祐次 (1981)「施設機能の再点検と施設の専門性」『社会福祉研究』(19)
4) 北場　勉 (1999)「社会福祉法人制度の成立とその今日的意義：新しい福祉分野の出現とその担い手について」『季刊社会保障研究』35 (3)、236-250
5) 大橋謙策 (1978)「施設の社会化と福祉実践：老人福祉施設を中心に」『社会福祉学』(19)、49-59
6) 秋山智久 (1978)「『施設の社会化』とは何か：その概念、歴史、発展段階」『社会福祉研究』(23)、39-44

●参考文献

大橋謙策 (1989)『地域福祉の展開と福祉教育』全国社会福祉協議会
小笠原祐次 (1985)「社会福祉施設改革への課題と展望」『社会福祉研究』(36)
厚生労働省 (2015)「社会保障審議会福祉部会報告書：社会福祉法人制度改革について」
厚生労働省　地域における住民主体の課題解決力強化・相談支援体制の在り方に関する検討会 (2016)「地域力強化検討会中間とりまとめ：従来の福祉の地平を超えた、次のステージへ」
厚生労働省　地域における住民主体の課題解決力強化・相談支援体制の在り方に関する検討会 (2017)「地域力強化検討会最終とりまとめ：地域共生社会の実現に向けた新しいステージへ」
斎藤邦雄 (1978)「『施設の社会化』を推進する上での問題点：老人福祉施設を中心として」『社会福祉研究』(23)
酒井喜正監 (2016)『21世紀型社会福祉法人の使命と役割　沈む社会への挑戦』波竹の会
滋賀の縁創造実践センター編 (2017)『えにし白書2016　えにし実践報告書：誰もが「おめでとうと」と誕生を祝福され「ありがとう」と看取られる地域づくり』滋賀県社会福祉協議会滋賀の縁創造実践センター
社会福祉法人法令研究会編 (2001)『社会福祉法の解説』中央法規出版
関川芳孝 (2017)「社会福祉法人制度改革と地域福祉」『日本の地域福祉』30、39-47
全国社会福祉法人経営者協議会 (2016)「公益的な取組　実践発表会資料 (平成28年10月26日)」
全国社会福祉法人経営者協議会 (2017)「都道府県域における複数法人連携の取り組み状況 (平成29年3月31日時点)」『平成29年度第2回全国経営協地域共生社会推進委員会資料』
全国社会福祉法人経営者協議会 (2017)「平成29年度都道府県経営協セミナー (前期) 資料 (平成29年7月3日)」
滝口桂子 (1978)「『施設の社会化』の現状と問題点：地域社会に機能する養護施設の実態」『社会福祉研究』(23)
東京都社会福祉協議会編 (2016)『地域のニーズにこたえる：社会福祉法人による地域公益活動の取組み事例集』東京都社会福祉協議会
中島　修 (2015)「地域における公益的な取組と社会福祉法人の責務」全国社会福祉協議会『経営協』6月号
中島　修 (2016)「生活構造の不安定化と社会福祉法人への地域公益活動の責務化：地域福祉の展開と人材確保策の拡充を見据えて」全国社会福祉法人経営者協議会『経営協』8月号
日本地域福祉学会編 (2006)『地域福祉事典』中央法規出版
吉沢英子 (1978)「『施設の社会化』の課題と展望」『社会福祉研究』(23)
鷲田祐一 (2015)『イノベーションの誤解』日本経済新聞出版社

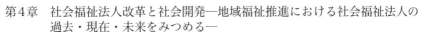

第4章　社会福祉法人改革と社会開発—地域福祉推進における社会福祉法人の過去・現在・未来をみつめる—

社会福祉法人制度改革と社会福祉法人の自己改革

（社会福祉法人中心会理事長）浦野正男

社会福祉法人をめぐる世論の動向

　社会福祉法人をめぐる世論の動向について、2016年3月31日に「社会福祉法」改正が成立しましたが、長い道のりでした。

　少し追いかけてみますと、2011年に、日本経済新聞に「黒字ため込む社会福祉法人」という、社会福祉法人の関係者にとっては非常にショッキングな記事が出されました。この記事が一つの出発点となって、社会福祉法人改革の議論が始まったと考えております。ちょうど東日本大震災の年に出された記事ですが、社会福祉法人には内部留保がたくさんあり、それを吐き出させて震災復興財源にすべきだというような議論がされました。

　こういった議論をきっかけに、政府間のさまざまな審議会等において社会福祉法人をめぐる議論がされてきました。2013年6月、日本再興戦略（成長戦略）の閣議決定では、社会福祉法人の財務諸表の公表を推進して透明性を高めろとか、法人規模拡大の推進によって経営を高度化するための仕組みをつくれ、というようなことがいわれました。同年には、「規制改革実施計画」で、社会福祉法人の経営情報の公開がいわれました（図1）。社会福祉法人の関係者は、今まで所轄庁に全部出しているということが、社会的にはたしてそれで十分なのかどうかという議論がありました。

1　内部留保

　内部留保に関しては、黒字がたまっているかどうかという議論がありました。これについて、計算の方式によって見方が変わりますので、黒字がたまっているかどうかについて議論するときに、まず議論の前提となるデータが一般に公表されておらず、所轄庁のところだけで止まっているようなことから、財務諸表をきちんと公開すべきであると指摘されました。

```
①日本経済新聞「黒字ため込む社会福祉法人」(平成23年7月7日)
②日本再興戦略(成長戦略) 閣議決定(平成25年6月14日)
   ○医療・介護サービスの高度化
     ・社会福祉法人の財務諸表の公表推進により透明性を高める
     ・法人規模拡大の推進等の経営を高度化するための仕組みの構築
③規制改革実施計画 閣議決定(平成25年6月14日)
   ○社会福祉法人の経営情報の公開
     ・すべての社会福祉法人について、平成25年度分以降の財務諸表の公表
```

図1　社会福祉法人をめぐる輿論の動向①

```
④社会保障制度改革国民会議報告書(平成25年8月6日)
   ○医療法人制度・社会福祉法人制度の見直し
     ・非営利性や公益性の堅持を前提としつつ、機能の分化・連携の推進に
       資するよう例えばホールディングカンパニーの枠組のような法人間
       の合併や権利の移転等を速やかに行うことができる道を開く
     ・社会福祉法人は非課税扱いとされているにふさわしい貢献を
⑤規制改革会議「介護・保育事業等における経営管理の強化とイコールフテ
   ィング確立に関する論点整理」(平成25年12月20日)
   ○事業者のガバナンス
     ・財務諸表の情報開示　・補助金等の情報開示　・内部留保の明確化
     ・調達の公正性・妥当性の確保　・経営管理体制の強化
     ・所轄庁による指導・監督の強化
   ○経営主体間のイコールフティング(税制、特養等への参入)
```

図2　社会福祉法人をめぐる輿論の動向②

② 医療・介護サービスの高度化

　社会保障制度改革国民会議では、「社会福祉法人は非課税扱いとされているにふさわしい貢献をしてください」といわれました。一方でイコールフッティングを主張する社会的な立場の人々がいる中、非課税扱いという特別待遇にふさわしい活躍こそを社会福祉法人に期待したいということです。また、2013年12月、規制改革会議においても、「事業者のガバナンス、経営主体側のイコールフッティング、税制の問題、特養への参入、民間企業の参入等について検討すべき」との意見が出されました(図2)。

　さらに、2014年6月には、規制改革実施計画の閣議決定があり、「社会貢献活動を社会福祉法人に義務化すべきだ」との議論が交わされました(図3)。

⑥規制改革実施計画 閣議決定（平成26年6月24日）
　○財務諸表の情報開示
　○補助金等の情報開示
　○役員報酬等の開示
　○内部留保の明確化
　○調達の公正性・妥当性の確保
　○経営管理体制の強化
　○所轄庁による指導・監督の強化（監査人材の育成等）
　○多様な経営主体によるサービスの提供（特養は重度者に重点化、低所得
　　者支援を中心とした公的性格を強化）
　○福祉施設における指定管理者制度等の運用の改善（株式会社等を除外し
　　ない）
　○社会貢献活動の義務化

図3　社会福祉法人をめぐる輿論の動向③

⑦政府税制調査会「法人税の改革について」（平成26年6月27日）
　○公益法人課税等の見直し
　　・特定の事業者が行う場合に非課税とされている事業で、民間と競合し
　　　ているもの（例えば社会福祉法人が行う介護事業）については、その
　　　取扱いについて見直しが必要である。

⑧社会保障審議会福祉部会報告書「社会福祉法人制度改革について」
　　　　　　　　　　　　　　　　　　　　　（平成27年2月12日）
　○公益性・非営利性の徹底
　○運営の透明性の確保
　○適正かつ公正な支出管理　　　　⇒社会福祉法改正
　○地域における公益的な取組の責務
　○内部留保の明確化と福祉サービスへの再投下

図4　社会福祉法人をめぐる輿論の動向④

③ 社会福祉法人の経営情報の公開

　2014年の6月には、政府税制調査会が公益法人課税の見直し、取り扱いの見直しが必要であると指摘しました。そして、2015年の2月社会保障審議会福祉部会の報告書にある、「公益性・非営利性を徹底する、運営の透明性を確保する、適正かつ公正な支出管理する、地域における公益的な取り組みの責務を定める、内部留保の明確化と福祉サービスへの再投下を行う」というような形で、今回の「社会福祉法」改正につながっていきました（図4）。

> 1．社会福祉法人のルーツ・原点
> 　「全国社会福祉協議会の前身である中央慈善協会の発足は（中略）明治維新後、近代国家をめざしたわが国が、日清・日露の戦争を経験した直後のことであった。戦後の不況による厳しい社会情勢のなか、困窮する国民を救うべく、志をもって活動していた人々が集い、この組織を結成したのである」（『全国社会福祉協議会百年史』＝2010＝）
>
> 2．社会福祉事業法が企図した社会福祉法人
> 　　○民間組織として自主的に社会福祉活動を行う。
> 　　○制度に基づく公的福祉の委託を受けて実施する。
>
> 3．社会福祉法人制度の陥穽
> 　　　　　　自主的な社会福祉活動＜公的福祉＝措置の受託
> 　　○政府の事情
> 　　・財源の制約⇒公的福祉を直営で行うことは困難(公言しないまでも)
> 　　・社会福祉法人を、民間資金を吸引するストローとして使える。
> 　　○社会福祉法人の事情
> 　　・安定財源（施設整備費、措置費）
> 　　　⇒社会福祉法人の存在意義＝「措置の受け皿」？
>
> 4．福祉サービスの普遍化・一般化⇒措置から契約への転換
> 　　○社会福祉法人の存在意義の動揺
> 　　○イコールフッティングの主張の強まり

図5　社会福祉法人の過去・現在

② 社会福祉法人の過去から現在へ

① 社会福祉のルーツ・原点

　上述のように、議論がずっと重ねられて「社会福祉法」改正につながってきたわけですが、図5に示したように社会福祉法人のルーツという点から考えてみたいと思います。

　2010年に全国社会福祉協議会（以下、全社協）が、『全国社会福祉協議会百年史』という本を出版しました。その巻頭には、全社協会長の言葉として、「全国社会福祉協議会の前身である中央慈善協会の発足は（中略）明治維新後、近代国家を目指したわが国が、日清・日露の戦争を経験した直後のことであった。戦後の不況による厳しい社会情勢のなか、困窮する国民を救うべく、志をもって活動していた人々が集い、この組織を結成したものである」と書かれています。実は、100年以上前のことを指摘して書かれていますが、今日、われわれが自身を振り返るときに、大いに考えなけ

ればならないところであると思っています。

「厳しい社会情勢のなか、困窮する国民を救うべく、志をもって活動した人々」。私たちのルーツ、祖先はここにあったはずだと思います。制度ビジネスをやるために始めたわけではない。そして、「そういう人々が集い、この組織を結成した」、つまり、中央慈善協会、今日の全国社会福祉協議会という組織は、「社会福祉法」第109条でも、市町村社会福祉協議会は「区域内における社会福祉事業又は更生保護事業を経営する者の過半数が参加するものとする。」というように定められておりますが、まさに、われわれ社会福祉法人は、この、社会福祉協議会の中核的なメンバーとして、そこに結集するということが、100年前も事実として指摘されているといえ、非常に大事なことだと思っています。

②　社会福祉事業法が企図した社会福祉法人

1951年の「社会福祉事業法」が企図した社会福祉法人について検討してみます。

まず、自主的に社会福祉活動を行う民間組織です。これは、まさに明治以来の伝統、民間組織として自主的な福祉活動を展開してきた、その伝統を継承するということです。そして、制度に基づく公的福祉の委託を受けて実施する組織です。この二つを、社会福祉法人の役割と位置づけたと思います。

③　社会福祉法人制度の落とし穴

しかしながら、社会福祉法人制度には、残念ながら落とし穴がありました。自主的な社会福祉活動よりも、公的な福祉、措置の委託が中心になって、われわれの行っている事業のほとんどが、この措置の受託という形になってきました。

政府の側にも事情があったと思います。例えば、財源の制約があって、公的福祉を直営で行うことは困難です。実際に施設整備にかかるコストにしても、運営にかかるコストにしても、行政直営でやるより社会福祉法人のほうが安く済むわけです。あるいは、社会福祉法人を、公的福祉に民間資金を吸引するためのストローとして使えるということだろうと思います。

④　措置から契約への転換

一方、社会福祉法人側の事情としても、施設整備費や措置費という形で安定財源を得られます。そして、いつしか社会福祉法人が、自らの存在意義を措置の受け皿というふうに意識をし始めたということだろうと思います。措置を受ける、つまり、行政の福祉の措置を受託する特別な法人であるというところに、自らのレゾンデートルを求めるというように変わってきてしまったと思います。しかし、1990年に、いわゆ

実践編1 ●社会福祉法人制度改革と社会福祉法人の自己改革　175

る福祉関係八法の改正があって、それ以前から着実に進んできた福祉の普遍化がさらに進む、福祉サービスの対象がどんどん普遍化していくという状況の中で、措置から契約への転換期が、2000年ついに訪れることとなりました。措置の受け皿であるという社会福祉法人の存在意義は大きく動揺しました。一方で、イコールフッティング、市場化、契約制で動く仕組みの中で、社会福祉法人に対してイコールフッティングを求めるという主張が大きくなってきました。

③ 社会福祉法人の現在から未来へ

① 新たな「存在意義」の模索

　社会福祉法人の現在から未来をどう展望するかについて一言でいえば、それは「民間組織としての原点に回帰する」ことです。

　先述の全社協の百年史でも述べられていることですが、原点に帰るということが必要でしょう。それは、福祉課題を覚知し、その課題に取り組むためのさまざまな実践が行われ、その実践の中から制度形成がされてきて、しかし、その制度形成のあとには、また制度の狭間が生まれ、それを覚知し、また実践をしていくという、いわば、らせん階段を上がっていくようなサイクルを回し続けることが、民間組織なのではないかと思います。ここへ帰ることです。残念ながら今日のわれわれは、しばしばこういう発言をします。「いやいや、制度があれば私たちはやるんだ」「制度を行政がつくってちゃんと費用を保障すれば私たちはやりますよ」ということを、よくいってきました。

　しかし、歴史的な事実としては、そうではなくて、先に民間組織の実践があります。民間組織の実践が、一定程度知見が集積されたり普遍性を持ったりしたときに、初めて制度化されてくるということだろうと思います。それが、今、われわれに、社会福祉法人に求められていることだろうと思います。

② 「公益的取組」をめぐって

　今回の「社会福祉法」改正では、第24条第2項に、「地域における公益的な取組」を行う責務がうたわれました。私は、決して木に竹をはぐようなことをする必要はない、つまり、自分たちがやってきたことと何の関係もないようなことを、新たに始めるということは必ずしも必要ではないと考えています。現在保有する資源、ノウハウであったり、物的な基盤であったり、これを活用するようなところにあるではないか

と思っています。例えば、今さまざまな形で就労に困難を持ってらっしゃる人々が大勢います。一方で、公的制度のもとで障害者の就労支援の取り組みをされている社会福祉法人はたくさんあるかと思います。そのときに、その社会福祉法人が、手帳を持っている人だけを相手にするのか、手帳を持ってない人であっても支援が必要な人はいるじゃないかと考えるのか。そういうことだろうと思います。さらに例えるならば、児童養護施設で、入所児童のために大学生のボランティアを組織して、入所児童の学習支援をします。そのとき、入所児童に限定しなくても、施設の周辺の地域社会には、やはりそういった学習支援を必要としている児童はいることでしょう。そういう意味では、法人が現在行っている制度化された事業の周辺領域、あるいはその一歩先に、制度がまだちゃんと対応できていないさまざまな課題があるのではないか。そして、われわれがすでに持っているノウハウやスキルや物的基盤を活用するところにも、われわれが公益的な取り組みをする余地がいくらでもあるのではないか。そういうものの実践の集積が、いずれ、のちの時代に新たな制度を生むかもしれないということだろうと思います。

③ 社会福祉法人の連携・協働の意味

次に、社会福祉法人が、今、公益的な取り組みをするうえで、複数の法人が連携する、協働するということが、大阪府社会福祉協議会の「生活困窮者レスキュー事業」などをはじめとして、また、埼玉県でも実施されていますが、その意義というものを確認したいと思います。

まず、そういう福祉課題がない地域などというものは存在しません。そして、社会福祉法人もまた日本中にあることと思います。次に、制度の狭間は縦割りでは解決できません。一方で、社会福祉法人には、児童の分野に強い法人もあれば、高齢者の仕事について強い法人もある、さらには障害者について強みを持っている法人もある。そういう法人が連携することによって、複雑な福祉課題にチャレンジすることができないかと考えられます。また、一法人の保有資源は限られているとしても、連携し、協働することで、資源を集積する効果があります。そのことによって、社会的訴求効果が大きくなることが考えられます。社会福祉法人の自己宣伝するのではなくて、課題を社会化していくときに、大勢の社会福祉法人が協力して取り組んでいるということが、課題を社会化する、社会に対して訴求をしていくという意味でも大事です。

④ 社協は社会福祉法人の連携・協働の要石

これまで長い間、措置制度万能の時代には、社協は地域福祉を推進することや、その他の社会福祉法人は施設福祉を運営することという、ある意味では不毛な二分論が

実践編1●社会福祉法人制度改革と社会福祉法人の自己改革　177

ありました。これは措置制度を前提にものを考えると、こういう発想になってしまうのも仕方がないかと思います。しかし、措置制度を万能の仕組みとしてきたこと自体が、2000年以降大きく崩れてきました。そういう状況の中で、あらためて、この二分法的理解を超えるチャンスが、今、きているだろうというふうに思います。

⑤「社会貢献」から「地域との協働」へ

審議会などでも、社会貢献という言葉が使われていました。ただ、この社会貢献という言葉は、例えば民間企業でも、「我が社の社会貢献」というような文言でよく使われます。それと、社会福祉法人の地域における取り組みとは何が違うのでしょうか。当面は、われわれも、介護報酬とか障害福祉サービス等報酬、そこから若干の剰余があります。これを活用して社会貢献を行っていくということ、これが出発点にならざるを得ないだろうと思います。

しかし、それはあくまで出発点であって、次のステージに上がっていく必要があると思います。すなわち、地域社会そのものから資源を得ることです。地域社会そのものから資源を得て、その資源を、まさに専門職の力によって、サービスに変換をします。そして、それを地域社会に還元をしていくことです。そういう循環構造をつくっていく必要があると考えます。

実は、それを進めていくためには、今回の「社会福祉法」改正の他の柱についても注目して、活動していく必要があります。そのような地域社会との双方向的な循環をつくっていくということになると、当然、社会福祉法人は公益性・非営利性を徹底しなければいけません。そして、きちんと情報を開示して、経営の透明性を高めるべきです。今回、重要事項の議決機関としての評議員会制度がすべての社会福祉法人に設けられることになりましたが、そういった組織統治を高度化して、そして、財務規律を確立して、仮に、余剰の資金があれば、それを地域社会でどうやって使っていくのか、役立てていくのかという計画を、また地域社会にきちんと示していくことが大切です。こういったことが、この「社会福祉法」改正の他の柱になります。これができないと、地域から支援を得て、地域に還元していくという循環構造をつくっていくのはなかなか難しいでしょう。そういう意味で、今回の法改正は、一つの見方をすれば、この地域との協働を進めていくよう、前提条件を整備するために他の柱が必要になってくると考えられます。

●参考文献
全国社会福祉協議会（2010）『全国社会福祉協議会百年史』全国社会福祉協議会

第4章　社会福祉法人改革と社会開発—地域福祉推進における社会福祉法人の過去・現在・未来をみつめる—

自覚者による実践と協働

（滋賀県社会福祉協議会事務局次長・滋賀の縁創造実践センター所長）谷口郁美

　滋賀の縁創造実践センター（以下、縁センター）の意義と実践をお話するにあたって、いくつか大切な言葉を紹介したいと思います。まずは「ひとりももれなく、人間として生まれてきた生きがいを豊かに感じられるような世の中を作っていかねばならない」、糸賀一雄さんの言葉です。糸賀さんは福祉の人というふうに思われていますが、「社会変革をしよう」、「社会のシステムを変えていかなあかん」と呼びかけ、そして実践している人だということを大事にしたいと思います。

　次に、子どもを真ん中に置いた地域づくりをテーマに地区の住民研修会が開かれたときに、ある農家の方が話してくれた言葉です。「米は、いくら人間が頑張っても、農家が頑張っても、今年はたぶん不作やろう。暑くなるので作柄は大変悪い。でも、人は、人がつくる環境の中で育ち、生きていくんや。人間というのはほんまにいくらでもうまいこと環境がつくっていくんや。だから地域づくりっていうのは、とってもやりがいもあるし、楽しみなことや」と。

　最後は、縁センターの代表理事の言葉です。「地域福祉の主体は法律にも書いてある。しかし、地域福祉のコストは書いていない。縁の取り組みは、地域福祉のコストは誰が負担をするのかっていう、それを考えながら実践をしている、そういう試みでもあるんや」。いずれも縁センターの特徴を端的に示した言葉です。

滋賀の縁創造実践センターの設立

　2013年、無縁社会は深刻な状況になってきていて、生活困窮者自立支援制度創設のためのモデル事業が動き出した頃です。このとき、滋賀県の民間福祉の関係者（そこにはもちろん社会福祉法人として仕事をしている人もいますが、当事者の団体の方もいますし、民生委員児童委員もいます）の中で、従来の福祉のシステム、制度では助けられない人たちがいることに気づいていても、かつてのように制度を越えて関係者が少しずつ手をのばしあい、支援をするということをしなくなっているのではないかという話が滋賀の福祉への危機感として出されていました。しかし、この制度の狭間におかれている人々の問題は、福祉関係者といえども分野が異なるとなかなか共有

滋賀の縁創造実践センターの組織
（平成28年4月1日現在）

糸賀一雄生誕100年の年、平成26年9月に設立。5年間のプロジェクト

1 会員数
 （1）団体会員数　19
 （2）法人会員数　198　※法人会員には、団体の会員法人（民間）をすべて含んでいます。
 （3）個人会員　21人
 （4）賛助会員　7
2 初年度の基金造成額　96, 917, 628円

団体会員一覧

県老人福祉施設協議会	県手をつなぐ育成会	県民生委員児童委員協議会連合会
県保育協議会	県身体障害者福祉協会	県障害者自立支援協議会
県児童福祉入所施設協議会	県視覚障害者福祉協会	県市町社会福祉協議会会長会
県社会福祉士会	県母子福祉のぞみ会	県社会福祉法人経営者協議会
県介護福祉士会	県里親連合会	県介護サービス事業者協議会連合会
県介護支援専門員連絡協議会	県老人クラブ連合会	県民間社会福祉事業職員共済会
医療福祉・在宅看取りの地域創造会議		

図1　滋賀の縁創造実践センターの組織

しにくかったのです。また、この頃はちょうど社会福祉法人のあり方が問われ始めた時期でもありました。

　この年は糸賀一雄生誕100年の年でもありました。「ポスト糸賀」、すなわち糸賀さんの実践の思想を受け継ぎ、「自覚者が責任者」としてひとりのもれなく生きがいをもって暮らせる福祉社会をつくっていくということが滋賀の福祉政策の課題とされ、政策転換の大きな年であるということもいわれていました。その中で、多くの民間福祉の関係者自身が、糸賀の実践の思想に共感し、本当に横につながりながら結集して、誰もがおめでとうと誕生を祝福され、ありがとうと看取られる、誰もが幸せに生きていける、そういう社会のシステムを目指し、そのシステムづくりにチャレンジしていこうと、新しい組織をつくることになりました。

　そして、「これは福祉関係者だけの話ではなくて、広い分野の関係者が集い、新たな滋賀の福祉文化をつくっていくものにしたい。ともにやりましょう」と呼びかけながら、2014年9月に、「滋賀の縁創造実践センター」が立ち上がりました（図1）。

　団体会員には、地域の支援者である民生委員の団体、各分野の施設団体、企業の社会貢献ネットワーク組織と多様な方たちがいます。社会福祉法人も当事者団体も、職能団体も、たくさんの会員の方たちが最初から、設立発起人として名乗りを上げました。資金も一から持ち寄って、5年間と期限を決め、その名のとおり、困っている人・生きづらさを抱える人をまん中においた福祉実践を「創造し、実践する」活動に取り組むことになりました。5年間の事業費として1億円の基金造成を目指し、実際、初年度に会費として集まった金額は9,700万に達しました。こうして、「自覚者が責

（活動状況は、平成28年4月28日現在）

① 縁・共生の場づくり（300か所）
・孤立しがちな人、さびしい思いをしている人が社会との関係を紡ぎなおせる居場所づくり、共生の場づくりという活動を通して、地域連帯感を育み、人を大事に、豊かに支え合える人と地域づくりをすすめます。

- ◆滋賀の縁認証　9か所
- ◆滋賀の縁奨励　2か所
- ◆遊べる学べる淡海子ども食堂モデル事業　16か所で開設

② 課題解決のためのネットワークづくり（15か所）
・県民の暮らしに関わる多職種が必要に応じてチームをつくり、それぞれの役割を発揮したチーム支援ができる関係づくりを促進します。
・滋賀の縁塾や、福祉圏域での会員交流会をしています。

- ◆滋賀の縁塾　7圏域
- ◆圏域交流学習会　5圏域

③ 制度のはざまとなっている課題へのモデル事業（15事業）
・困っている人にとって必要な支援を実現するために、制度の枠にとらわれないモデル事業を企画実施しながら、新たな支援策の提案につなげます。

- ◆フリースペース（福祉施設等を活用した子どもの夜の居場所）
　　→ 6施設で実施（4市）
- ◆要養護児童の自立支援事業（ハローわくわく）→ 72事業所登録、24名が体験
- ◆ひきこもりの人と家族の支援事業（甲賀モデル事業、家族・応援者県域交流事業）
- ◆医療ケアを要する重度障害者入浴モデル事業　→33施設登録、4地域で実施

④ 国や県、市町への施策提案（20の提案）
・縁の活動から明確になった福祉課題について、実践を踏まえた施策提案を行います。

- ◆子どもの笑顔を育むコミュニティづくりを通した豊かな滋賀の創造
　　1）全員参加型公私協働で進める「遊べる学べる淡海子ども食堂」推進事業
　　2）児童養護施設や里親のもとで育つ子ども・若者の社会への架け橋づくり
　　3）制度で対応できないひきこもりの人と家族への支援

⑤ 新たに福祉のボランティア体験をする人（1万人）
・社会福祉施設が福祉ボランティアの体験講座を企画して、社会人や学生を受け入れ、多くの県民が福祉のことにふれる機会を増やし、助け合いの県民性を高めようという取り組みです。

- ◆体験事業の登録　104施設

図2　滋賀の縁創造実践センターの5年間の目標

任者」との志を持った人たちが主体的に実践する会員組織として、縁センターは動き出しました。

2　滋賀の縁創造実践センターが目指すもの

　設立当初、縁センターは5年間の実践目標を立てました（図2）。
　まず一つ目、孤立する人をなくすことです。「縁・共生の場づくり」ということです。これは、地域の中で皆が協力しながらやらないとできません。具体的には、「遊べる・学べる　淡海子ども食堂」という活動を通じた、温かいまなざしと可能性を育む支え合いのある地域づくりを目指しました。小学校数である300カ所を最終目標に

して、2015年の7月から働きかけをスタートし、2016年度の目標は50カ所です。この1年間で26カ所の居場所ができました（2017年8月現在、73カ所）。

　二つ目、支援者同士がつながりながら課題を解決することです。トータルサポートの中で一番大事なのは支援者同士の横のつながりなので、課題解決のためのネットワークづくりを、研修会や交流会を通して行っています。

　そして三つ目、制度の狭間にある人々に支援を届ける仕組みを普遍化するために、モデル事業に取り組み、提案することです。少数の人の課題への対応こそ民間福祉の役割であるという自覚に基づき実践すること、そしてそれが必要な支援であるならば、普遍化し、施策に位置づけられた支援の仕組みにしていくことが大事であると考え、制度外サービスへの取り組みをモデル事業として始めました。そして、それを施策をつくる側である県や市町行政に提案していくということを目標に掲げました。

　最後四つ目は、志を持って福祉従事者が動き出すことはもちろん大切ですが、普段の暮らしの場にいらっしゃる多くの県民の温かいまなざしを何より大切にしたいと考えました。福祉ボランティア体験の機会を多くつくり、体験者を広げることを目標に掲げながら進めてきました。

制度の狭間となっている課題へのモデル事業

　実践目標の三つ目に挙げた、制度の狭間となっている課題を解決していくための実践についてご紹介します。これは、従来のシステムでは解決できない課題に対する新たなサービスの創造であり、普遍化を目指したモデル事業として取り組んでいるものです。

　一つ目はフリースペースという事業です（図3）。これは、老人ホームなどの入所型の社会福祉施設が、週に1回、何らかの支援を要する家庭の子どもに夜の居場所を提供するという事業です。具体的には、お風呂があって、ごはんがあって、子ども一人ひとりに向き合ってくれる大人がいる、必要ならば送迎もするという取り組みです。この事業は、家庭児童相談室の相談員、スクールソーシャルワーカー、学校、そして、生活困窮者自立支援相談等の相談事業を通じて把握している「気になる家庭」、「見守りが必要な家庭」の中で、子どもをフリースペースにつなげたいと思われる家庭を支援調整会議で出し合い、利用に結びつけています。子どもや家庭に関わる相談事業と民間福祉施設による居場所、そして地域住民の力をつないで全体をコーディネートする役割を市町の社会福祉協議会（以下、市町社協）が担う形で事業が推進されています。子どもに寄り添うボランティアの発掘と研修やコーディネートも市町社

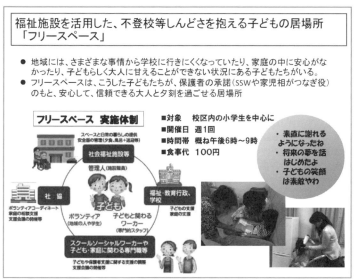
図3 「フリースペース」事業

協が担います。県内で今、6カ所（2017年8月現在、10カ所）がモデル事業として実施されています。当初は、縁モデル事業ということで、実施主体が明確でない中で動き始めましたが、検証、見直しを重ねて、行政と民間、専門職と地域、さらには福祉と教育という多様な協働が具体的に動き出し、新しい支援の場がつくられてきました。各地域なりの体制づくりに苦心されながら、徐々に施策化に向かって進んでいます。

　二つ目のモデル事業は、児童養護施設、里親のもとで育つ子どもたちの自立支援です。

　これは、「児童福祉法」の改正もあるように、長年の課題でした。頑張れる施設は、いくらでも自分たちの施設でアフターケアまでを行うことができますが、目の前の子どものことで職員が疲弊し、辞めていってしまう中で、アフターケアに手が回らない施設もありました。里子の将来を心配しつつ高齢の自身に何ができるだろうかと不安を抱える里親さんたちもいらっしゃいました。さまざまな現実から、皆が一丸となれていなかったのです。縁センターができて、あらためて、社会的養護の子どもたちの自立への支援に分野を越えて皆で取り組むことになり、これまで実践してきた方たちがしっかりと中心となって、県内の関係者が横につながり、共同事業としてやっていこうと決意されたわけです。そして、アフターケアの強化のためには、まず施設入所中の中学生、高校生の子どもたちが社会の中で支えられているという体験を増やしていこうということになり、自立支援のコーディネーターを縁センターに置いて、「ハローわくわく仕事体験」と名付けた事業を始めました（図4）。子どもたちの現実に

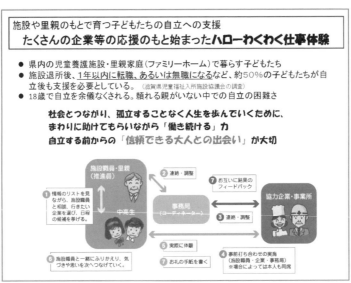

図4 「ハローわくわく仕事体験」事業

図5 「ひきこもりがちな人と家族の支援」事業

　ふれた中小企業の社長さんたちの心が動いて、今では70社（2017年8月現在、110社）を超える企業が、このハローわくわくの協力企業として手を挙げて、実際に子どもを受け入れています。
　三つ目は、ひきこもりがちな人と家族の支援です（図5）。
　ひきこもりがちな生活を長期間されていて相談につながっていない方や制度上の支援に馴染まない方、制度で対応できない方を、地域の中で、皆が気づいていこう、そ

図6 「重度障害児・者の入浴支援」事業

して、居場所をつくり、相談事業をやっていこうという声が上がりました。滋賀県の甲賀（県の保健福祉圏域）という地域で、一つの法人が実施主体となり、地域のひきこもりの人の支援に関係する相談機関と連動する形でアウトリーチと居場所支援を柱とするモデル事業が始まりました。ひきこもり支援甲賀モデルの中核は、甲賀・湖南ひきこもり支援「奏─かなで─」と名付けられた相談所と、ひきこもり支援に焦点をしぼった奏運営会議です。この運営会議はまさに公私協働の有機的な場となっています。

四つ目のモデル事業は、医療的ケアを必要とする重度障害児・者の方への入浴支援です（図6）。

家族介護者にとって、入浴はずっと困難な課題となっていました。その背景には、居宅の浴室で入浴介助をする家族の体力の限界や、ハード面の限界、さらには入浴サービスの利用制限等がありました。その課題が縁センターに持ち込まれ、1週間にせめてもう1日お風呂に入れるようにしようというモデル事業の企画が始まりました。縁センター会員である高齢者施設のお風呂を使わせてもらい、そこに看護師とヘルパーが行って、医療的ケアの必要な障害のある人が家族の負担なく、湯ぶねにまったりつかるという形のモデル事業になりました。現在のところ、全くの制度外ですが、地元の人たちのためにと心よく協力してくださった特別養護老人ホーム等の施設と訪問看護ステーション、居宅介護事業所によるサービス提供が現実のものとなりました。モデル事業のケースには学齢の子どもさんもいます。入浴モデル事業は、縁センター会員の志が分野を越えた協働実践を可能にしたんだということを実感する取り

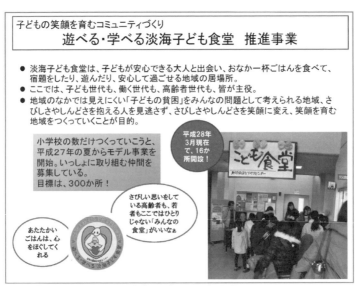

図7 「遊べる・学べる　淡海子ども食堂」事業

組みとなっています。利用者本人や家族にとっても、社会とのつながりが増えました。

　それぞれの専門分野の方たちが、専門分野の役割を活かしながら、縁センターの場で他分野にある少数の方の課題を知り、共有し合い、そしてできる範囲で積極的に協力し合いながら、こうした新しい取り組みが生まれてきています。

❹ 遊べる・学べる　淡海子ども食堂

　縁センターは設立準備段階から、子どもをまん中におこうという方向性をもっていました。そのリーディング事業が、遊べる・学べる淡海子ども食堂という取り組みです（図7）。

　これは専門職、施設等の福祉関係者だけではできない取り組みです。縁センターが目指しているのは、社会を変えていくということなので、子どもをまん中におき、淡海子ども食堂という活動を広げながら、活動を通して人々がつながり、地域の中で寂しい思いをしている人、困窮している人等、地域の中におられる困難を抱えている人々を放っておかない地域づくりに取り組んでいます。地域の活動者の皆さんは、本当にきてほしい子どもがこられるようにと願い、悩み、そしてさまざまな工夫をしながら運営されています。現在、26カ所（2017年8月現在、73カ所）まで子ども食堂は広がりました。社会福祉法人、地域の団体、社協も取り組んでいます。子どもを大

● 協働の土台づくり

「放っておけない」課題を共有することなくして協働はできない

子どもの貧困、児童養護施設の子どもたち、ひきこもりの人と家族、重症心身障害児者の生活支援等、会員が自覚していた福祉課題を持ち寄り、共有し、考える場から縁の活動は始まった。

① 「ひとりの不幸も見逃さない」「自覚者が責任者」という志を同じくする人々が集まる場をつくる。

② 深刻な問題を「孤立」させずに、問題を自覚している人がその問題を持ち込み、困難を抱える人々の姿を共有する。

③ 困難を解決するために何か一つでも取り組んでみるという姿勢で、目標を明確にして地域の関係者にも働きかけ、準備会をつくる。必要を自覚した関係者は呼びかけに応じて参画し、協働のテーブルが動き出す。

● 少額でも柔軟に使える資金があると実践がすすむ。

● こうした動きの連絡調整をしたり、地域や関係者に働きかけたり、提案をまとめる役割を担う事務局（段取り役）が必要

図8　立場と分野を越えた協働実践が動き出すプロセス

事にする地域の食堂なので、名前は子ども食堂ですが、高齢の方や小さい子ども連れのお母さん等も来られ、まさに地域食堂としての取り組みが徐々に広がってきました。「福祉のできごとではなく、地域のできごとに」が大切にしている姿勢です。

⑤ 気づき（自覚）による実践と協働

　以上のような縁センターの実践から、このセンターの組織の形であり、実践の形でもある協働ということの意味をあらためて考えてみました。協働というのは、実行委員会をつくって事業したら協働事業になっていたり、行政がお金を用意して、それを民間が実施したら協働事業になっていたり、このような例は滋賀県の中でもいくつもありました。

　しかし、本当に協働するというのは、共に動くということです。共に動くというのは結構難しいもので、本当に困っている人がいるという状況を目の当たりにし心が動かないと、なかなか共に動くことはできないのではないかと思っています（図8）。これは縁センターの取り組みを進めながら実感していることです。

　そういう中で、心が動いた民間福祉の人たちによる実践は、相談機関にとって、地域にとって、今まで待ち望んでいたことでした。県の行政職員も、縁センターと共に動きながら、自分たちの県の福祉を一つでもよくしていこうと考え、モデル事業の普遍化のために思索し、施策化に取り組んでいます。そのなかで、すでにハローわくわく仕事体験事業や淡海子ども食堂の推進などいくつかは滋賀県の独自施策となり、民

- 一緒にやってみる。すると、できることに気づく、やるべきことが見えてくる。検討（良い話し合い！）ばかりしていても動かないことには協力者も増えないことは、これまでから承知のこと。
- 他分野の協力者と組むことで、それを本業とする人たちの力も少しずつ湧いてくる。
- 小さな実践でよい。まずはやってみることが大切であり、やってみて初めて見直しができる。制度にないことを実践しようとしているのであるから、のびのび柔軟にやってよい。
- 若い人たちは、こういう民間福祉だからこそできる柔軟な取り組みを創造してほしいし、ベテランはその後押し、励ましをしていきたい。そうしていかないと、滋賀の福祉職場も魅力がなくなる。

気づき（自覚）と福祉への思い（志）を共有する人が出会い、人を呼び込み、実践がひろがっていく。
キボウが見えると力が湧いてくる。地域に共動の風土が育ち始める。

図9　人の暮らしに関わるさまざまな職種、支援者の新たな出会い、共動

間の力と行政の力による協働実践として動いています。人の暮らしに関わるさまざまな職種、支援者が出会い、共動することは楽しく、やりがいのあることです（図9）。縁センターの実践は、福祉ということよりも、地域の中で人々が暮らしている環境に関わり、身近で小さな社会システムではありますが、暮らしの環境を変えつつあると感じています。

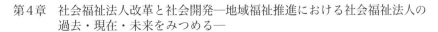

第4章 社会福祉法人改革と社会開発―地域福祉推進における社会福祉法人の過去・現在・未来をみつめる―

実践編 3

「ほっとけやん」から始まった麦の郷の地域福祉推進活動

（社会福祉法人一麦会執行理事）柏木克之

　社会福祉法人一麦会（通称、麦の郷）の地域福祉推進活動は「ほっとけやん」から始まりました。「ほっとけやん」というのは和歌山弁です。和歌山では、放っておけないというのを「ほっとけやん」と言います。現在の、麦の郷の就労支援の状況についていうと、就労支援事業収入が約3億2,000万円になっています。福祉事業収入は8億円に上がりまして、熱心に就労支援を展開している法人です。就労支援で当法人へ働きにきている利用者は258名に達し、人々の平均工賃は4万3,865円です。つきまして、当法人では障害者2級年金6万6,000円と、作業所での給料5万円、合計11万6,000円で経済的自立を目指しています。和歌山では、11万6,000円あれば経済的自立ができます。経済的自立しておられる方は、62名います。また、生活保護を受給しておられる方が9名、そして、まだ若くて、保護者の支援を受けている方など187名がいます。

1 精神障害者福祉工場の開設

　麦の郷は当初、クリーニング工場から始まりました。これが1988年でした。当時、精神障害者に対する就労支援の制度がなかった時代に有限会社を興してクリーニング工場を設立しました。クリーニングの経験を有した支援者や職員の給料も出なかったほど経営が苦しかった時代でしたが、1995年に、精神障害者福祉工場として設立され、今このクリーニング工場は、就労継続支援A型・B型となり、29名の方が就労しています。

　現時点ではクリーニング事業の就労支援収入が1億円、福祉事業収入が三千数百万円の規模になっています。就労支援収入1億円から、障害者・生活困窮者の賃金として使っています。特に、私の印象に残っている従業員として、顔にものすごいあざがあって、あまり外出できず、社会に受け入れられる機会がないという女性がいます。

> 平成12年度より
> 地域資源を活かした
> 6次産業化の推進で
> 新規事業を開拓する
>
> 1次産業＋2次産業＋3次産業＝6次産業
>
> 3種の事業関係者が連携し、事業を開拓すると共に、障害者の雇用機会と経済的自立が可能な利益を獲得することを、めざしてきました

図1　6次産業化の推進による新規事業の開拓

　この方も当工場で働いてから、結婚し、今は子どもを出産して休業中ではいますが、このようにクリーニング工場で事業を本格的に開始し、メンバーの大半は経済的自立を実現しています。

　そのあと、当法人では印刷業を始めました。これもA型・B型で、6,000万円ぐらいの事業収入を生ずるほか、精神障害者を中心に23名を支え、その大半は経済的自立ができています。この二つの事業から起業しましたが、二つの事業が限界になりました。

❷ 6次産業化の推進による新規事業の開拓

　そこで、2000年頃には、地域資源循環型共生事業という6次産業化の事業を始めました。

　一法人で、1次2次3次事業を包括する事業展開は難しいですが、農家の方々と連携しながら、6次産業化事業を始めていきました（図1）。

① 社会福祉法人の優位性を活かす

　2000年頃という時代は、地域の支援学校の卒業生が、地域において福祉的配慮のある就労先を求めている時代でした。このような職場づくりは、企業に比べて社会福祉法人の方が有利だと思いました。社会福祉法人は、法人税や事業税等、収益事業に関わる所得以外は課税されていません。事業を起こす場合、企業に比べて、これは非

連携する農業組合

後継者のいない農家の大根収穫

限界集落でのみかん収穫

耕作放棄地を開拓して大豆栽培

写真1　1次産業―地域の農家や農業団体と連携する―

常に有利です。それから、社会事業収入で職員の人件費や経営活動に伴う経費を賄えます。

　それ以外にも社会福祉法人の優位性は、社会福祉の助成制度（官、民）を活用して、事業に必要な設備・器具等を購入できるところです。例えば、食品事業を起こすときに、その器具、備品、設備を申請して獲得しました。企業がやっても採算が合わなかった事業でも、社会福祉法人ならできることがあり、非常にこれは狙い目だと思いました。ですから、地域社会が必要としていることで、社会的事業としてやるべきことはたくさんあると感じていました。

② 地域の農家団体と連携する1次産業

　まず、1次産業、農業への参入についてですが、直接農業へ参入しても、特に露地栽培はうまくいきません。そこで、農業団体や農業組合と連携しながら、それから少しずつ農業を進めていきました。あくまでも農産加工の食品加工の原材料を確保するということで、農業に参入していきました。

　麦の郷の周辺も、だんだん農業の後継者がなくなってきています。麦の郷の裏に大きな大根畑がありますが、ご婦人が一人で畑の維持を行っています。私たちが収穫を手伝って、切り干し大根の工場に売ることや、ほかにも、限界集落でもみかんをとっ

農産加工場

エアシャワー

加工所内は外部から虫や異物が入らない構造

金属検査機

写真2　衛生・品質管理設備を整備した農産加工場を開設する

てあげてジュースにつくることや、耕作放棄地を開拓して大豆を栽培し、これで納豆をつくることなど、農産加工から中心に考えていきました（**写真1**）。

　ところが、当時、この障害者施設には本格的な農産加工場がありませんでした。そこで、衛生品質管理を整備した農産加工場をつくることにしたのです（**写真2**）。

　作業場の中に入るときにゴミが入らないようにする設備、エアシャワー、それから、商品をすべて金属検査機でチェックするなど、本格的に一般市場に参入していくならば、こういった設備は絶対必要でした。この農産加工製造を拡大することで事業を始めていったわけです。社会福祉法人が農産加工設備と加工技術を蓄積することで、地域農産物を原材料とした日配品、加工品、飲料等、そういう加工製造が地域の原材料を使うことによって、こだわりの商品としてつくられるようになりました。

③ 2次産業―農産加工製造―

　地域で小規模栽培している農産物も、加工製品として付加価値を与えれば事業として成り立ちます。そして、農家さんからの依頼で、農産物の受託加工を小ロットで引き受けました。企業では大ロットでないと引き受けないため、依頼は増加しています。今、地域の柑橘類等、なかなか生食で売れないものは、麦の郷に持ち込み、加工

写真3　2次産業―農産加工製造―

場でジュースにしたり、ゼリーにしたりしてから、それを売るわけで、麦の郷では加工賃だけいただくような受託加工が主流になっています（**写真3**）。

　事業に携わっているのは、だいたい知的障害の方々が中心です。つくっている商品は、納豆、豆腐、ジュース、パン、ジャム、生菓子、焼き菓子、粉茶、乾燥品などです。これらの商品を市場に出しています。東京まできているものはないと思いますが、こういうものを本格的につくることが、利用者さんが誇りをもって仕事を続けることへとつながります。

④ 3次事業―農産物直売所の設立とその役割―

　3次産業として、今から4年半前、空き家を改築し小さな農産直売所をつくりました。その農産直売所をつくるには、さまざまな理由がありましたが、麦の郷は、作業所の中でどんどん仕事をつくり、利用者を増やしてきましたが、地域社会との日常的

空き家を改築する

地域の農産物の販売

独居高齢者への配達と安否確認

高齢者に寄り添って配達

写真4　3次産業―農産物直売所を設立する（小規模多機能型拠点）―

なつながりがなかったことが大きな理由です。

　そこで、この農産直売所をつくり、地域の住民、特に高齢者の方々の農産物を集めて売り、作業所の商品を売り、そして、ここに障害者の方々が従業員として働き、また、商品を配達します。小規模ですが、ここに地域とのつながりができました。さらに、この農産直売所の役割としては、障害者、引きこもり者等が、日常的に地域住民と接し、緩やかな就労の中で社会に適応できる力を育成することです。地元小売店が閉店に追い込まれる中で、生活必需品の購入ができる店舗がない、すなわち買い物弱者の支援として、この直売所が地域貢献をしています。そして、独居高齢者さんへの配達および、これが安否確認になり、地域のコミュニティ、寄り合い所としての機能を発揮しています（**写真4**）。地域の高齢小規模農家の農産物の販売先として支援することで、地域農業を護っています。

⑤ 築100年の古民家がカフェレストランへ変身

　地元では、100年前に建てられた340坪ぐらいの古民家があります。これを取り壊すにも莫大な費用がかかります。そこで、麦の郷が借り、これを改築して農家レストランにしました。ここには今、引きこもりのメンバーが8名働いています（**写真5**）。

　これは社会的企業です。メンバーの時給は500円ぐらいで、木、金、土、週三日で

引きこもり・ニートのメンバーを対象に、就労時間・出勤日数・働き方等、比較的柔軟に対応した福祉的配慮のある職場（現状8名が就労中、接客・調理等を行う）

写真5　築100年の古民家を改築してカフェレストランをオープン

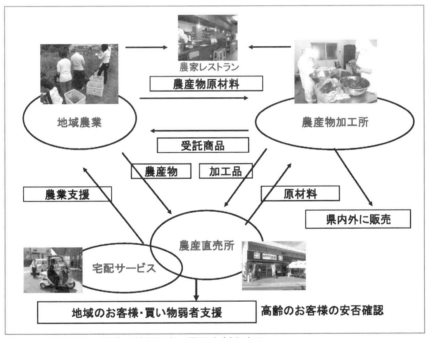

図2　6次産業化の推進で就労弱者の雇用を創出する

働いています。メンバーの中から、結婚する者も出てきました。1次産業の地域農業、2次産業の農産加工、それから3次産業として直売所、レストラン、いろんな資源をつくり、この資源を拡充することによって地域に貢献しながら、就労弱者という人たちの雇用をつくっていきました。私は、6次産業は地域に貢献できる事業と考えております（図2）。

　地方の農業は、高齢化や後継者不足で行き詰まっています。6次産業化の中に、障害者、引きこもり、ニート等の就労弱者が関われる仕事がつくられます。要するに、

介護が必要になってきた障害者も入居している
写真6　サービス付き高齢者向き住宅

穏やかな仕事です。社会福祉法人と連携した6次産業化により、地域の小規模農家が生き残れる道をつくりたいというのが私の希望です。

3　連携による地域福祉の推進

　今、社会福祉法人と高齢者生活協同組合との連携で、地域福祉を推進しています。障害者も高齢になってきており、グループホームに住んでいる方々も高齢となり、グループホームではお世話ができなくなりました。介護が必要となり、サービス付き高齢者向け住宅へ、2016年2人が移住しました。そこに、高齢者福祉を担う団体との連携を図っています。

　前述の6次産業化の推進で、障害者、生活困窮者の就労支援を実施してきた麦の郷が、訪問介護、デイサービス、サービス付き高齢者向け住宅等の介護事業で、高齢者福祉を推進してきた和歌山高齢者生活協同組合との連携で地域福祉を推進しています。この、和歌山高齢者生活協同組合というのは、麦の郷が母体となってつくった生協法人です。麦の郷は障害者福祉を中心に活動し、そして、高齢者福祉は、和歌山高齢者生活協同組合で取り組んでいます。2015年8月に、サービス付き高齢者向け住宅ができました（写真6）。麦の郷の障害者の方を受け入れました。そして、この高齢者向け住宅の横に、地域の寄り合い所がつくられました（写真7）。ここを、高齢者、障害者、子ども、誰でも利用できる施設にしていきたいと思っています。

　この地域の寄り合い所には、今、地域の障害者団体が商品を売りにきたりしています。また、日常的に高齢者の方の、健康ヨガや料理などさまざまな活動が行われています。ここで先々、学習支援や子ども食堂事業なども展開していきたいと考えています。

　これが、目指すべき多機能型の福祉拠点であり、多機能型の地域生活ケアシステム

高齢者・障害者、子供、誰でも利用できる
地域の障害者施設の商品や農産物の販売も行う（写真右）

写真7　地域のサロン・寄合所

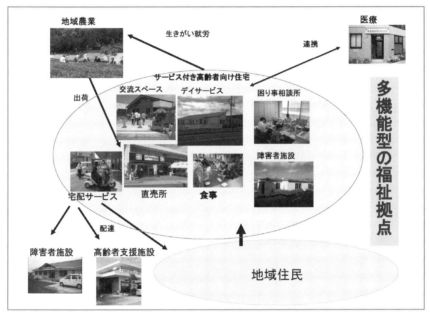

図3　和歌山市山口地区で推進している多機能型の福祉拠点

になると思います。麦の郷のノウハウを活用したいと思っております。障害者の方、生活困窮者の方、高齢者の方、いろんな方の相談に対応できる、もしくは、必要なところへつなげることのできるような困りごと相談所の運営も行っていきたいと考えています。それには、医療と連携し、そして、地域農業と連携する必要があります。サービス付き高齢者向け住宅の入居者が、ちょっと農業を楽しみながら、直売所で売り、大したお金にはならないですが、いくつになっても、自分が働いたことを実感できれば、元気が出ます。これが介護予防につながっていきます。

　そういう機会をつくっていき、そして、これからの麦の郷が考えている地域福祉推進活動は、社会福祉法人の優位性を活かして、農業関係者、生協法人等と連携し、地

域資源を活かした6次産業化の推進と、高齢者福祉事業との連携で、多機能型の福祉拠点、地域包括ケアシステムをつくっていくことです（図3）。その中に、障害者、高齢者、生活困窮者の雇用を創出し、就労を通じて地域社会に貢献し、地域の一員としての立場を築くとともに、地域創生の一端を担う存在になっていきたいと考えています。

第4章　社会福祉法人改革と社会開発―地域福祉推進における社会福祉法人の過去・現在・未来をみつめる―

実践編4

小規模保育事業法人が実施する生活困窮者支援

（社会福祉法人いずみ保育園理事長）忽那ゆみ代

保育事業単体の法人をめぐる環境

　香川県の社会福祉法人いずみ保育園は、2015年4月に子ども・子育て新制度施行と同時に「保育園」から「幼保連携型認定こども園」に移行し、現在は主として、幼保連携型認定こども園を1カ所、分園1カ所の形で保育事業に取り組んでいます。また、付帯事業として子育て支援センター、一時預かり、学童など、子どもを中心とした事業を行っている、皆さんの近くにある保育園、あるいは子どもの関連施設を運営している法人と変わりなく、ありふれている一般的な法人です。

　園で子どもが生活する時間が7時から20時ととても長く、その中で、発達障害やグレーゾーンの子ども、アレルギー児、母子・父子家庭、あるいは両親のどちらかが何らかの精神疾患を持っているご家庭等、さまざまな問題を抱えている子どもが3割を超えて存在し、対応に時間をとられる状態が起こっています。

　その一方で、保育園の時代には、制度的に資金の使途制限がかかっていて、必要だと思われる事業や活動に資金の流用が難しく、悶々とするような環境でした。

「社会福祉法人」の看板

　2011年度あたりから、「社会福祉法人のあるべき姿は何なのか」ということを、ことあるごとに耳にするようになりました。保育園は単独で存在するわけではなく、社会福祉法人という看板があり保育事業を行っていることが当たり前ではありますが、実感としては法人の存在が薄かったのは事実です。社会福祉法人不要論まで聞こえ始めたため、その存在と使命を重要視するようになり、社会福祉法人としてのわが道を

```
「社会福祉法人」の看板

・平成23年度24年度全国社会福祉施設経営者大会
　同時期の社会福祉懇談会経営セミナー
・社会福祉法人とは何ぞや？
・社会福祉法人でなければならない積極的な理由は何か？
・公費で賄える事業しかしないのなら
・まちがいなく「社会福祉法人」であるのなら
・そこにいる一人から目をそらさない
・それでこそ社会福祉法人ではなかったか

・人がいない、時間がない、ノウハウがない
　とにかく忙しい
・出来ない理由はいっぱい⇒しないための言い訳を探すな
```

図1　「社会福祉法人」の看板

```
一つ目の覚悟

・平成24年12月　弱小NPOへのファーストコンタクト
・多少の支援が出来れば

・協働に向けて
・法人としてどこまでやる？やれる？
・雇用、賃金、経費
```

図2　一つ目の覚悟

考え始めるようになりました。

　しかし、園の中には保育教諭しかおりません。保育教諭は子どもの教育・養育をし、保護者に対応することで精いっぱいです。時間もないし、人もいないし、問題は山積しているそんな状態の中で、それでも社会福祉法人だということで本来すべきことを何かしらしなくてはいけないのだ、ということを周りにアピールをしていきました（図1）。

　多方面の知人に相談をかけていたところ、地元の方が「個人商店のように1人2人ぐらいで活動している団体がある」ということを教えてくれました。コンタクトをとるかどうかも少し迷いましたが、園の業務の中で少しでも手助けができたらなぁというのが最初でした。

　団体が行う印刷物を、園の中の印刷機を回してもいいし、ビニール袋が必要ならそれを提供してもよいし、ホームレスの方に声かけをしていくときに、タオル1枚を渡すというのであれば、それを100枚200枚うちで用意してもよいし、例えば、お弁当を配るということであれば、弁当代の負担を担ってもよい。若干でもうちが負担して何かをできるのであればと思い、お話をさせていただくようになりました（図2）。

3 支援活動の歩み

1 支援が始まった経緯

　複数回の話し合いの中で、自営業をしているNPOの方が、なかなか収入的にも厳しいという話を聞き、支援活動をしている人のうち、誰かうちの法人の職員になって、動いてくれる人がいないだろうかと相談をしたら、代表の方が当法人の職員として動いてくれるようになりました。

　2013年7月から相談事業を開始し、駅前で寝泊まりをしているホームレスの方たちへの声かけと、毛布を配ったり、お弁当を配ったりするようなことをしていました。2013年8月のある日のこと、体調不良の野宿者を見つけました。この方は病院へはいかないと言い張っていました。結局、何故いきたくないのかというと、みすぼらしいから嫌だと。「医者が俺の体に触るのが嫌だろうと思う」という本音が話をしているうちにみえてきました。それならば、まずお風呂に入って、不安を抱えず安心して睡眠をとることが最優先だということが先に立ち、当法人でワンルームのアパートをその日のうちに契約しました。緊急シェルターとして、どうとでも使える部屋として、当法人で所有しておこうと、取りあえずスタートさせました（図3）。

2 現状の伴走型支援の限界

　当初、活動はひっそりと、表立ってアピールせずに実施していこうとしていました。社会福祉法人バッシングの最中に、いかにもというような事業を開始した、と思われるのが嫌だったからです。しかし、たまたま香川県社会福祉協議会から、「全国経営協（全国社会福祉法人経営者協議会）で、生活困窮者支援モデル事業が始まったみたいだけど、申請しませんか」と提案されました。年間100万円補助していただけるなら、今年の事業費分になりそうな気がすると思い申請を上げたために、この活動が一部知られることになってしまいました。

　そういう活動を行っているうちに、生活保護を受給されている方が、気が付いたときには孤独死されていたこともあり、こちらから出向いて被支援者の様子を窺い、相談に乗るという方法は、時間がかかるゆえ、1日に数人しか対応できないため限界だと感じつつ、何が必要なのかを自問自答してみえてきたのが、共同リビングという構想です。

　物件を探し、行政にもコンタクトをし、いろいろと否定的なこともいわれながら、場所の用意をすることにしました。最初は民家を借りることを考えていました。しか

```
二つ目の覚悟
・平成25年8月25日（日）
・体調不良の野宿者
　病院へ行かない当事者の想い
・今すぐ

・ここで見捨てちゃ女が廃る
　というより、私が助けなかったらこの人はどうなる？

・ワンルームアパート契約
・緊急シェルター確保
・不安…思い切り…覚悟
　素人だけど頑張ってみましょうか

平成25年度全国経営協　生活困窮者支援モデル事業　採択
```

図3　二つ目の覚悟

```
三つ目の覚悟
・施設を持つということ
　　無低：生活支援センター高松希
・土地　約20坪、建物　延床　約199㎡
　2350万円＋改装費1500万円＋諸経費100万円＋備品
・1階＋中2階　サロン、トイレ、事務スペース
　2階　ダイニングキッチン、風呂洗面トイレ、居室2部屋
　3階　居室4部屋、倉庫
・スタッフ　支援相談員1名、支援員4名（内1名は宿直・調理兼）
　（生保受給者3名、年金生活者1名）
・それでも場所は出来た

まだ公でなくても
・目の前にいる被支援者
・待っていられない
・無低入所者＝1300円＋100円＋200円＋100円＋100円+200円
・来訪者＝夕食代200円
```

図4　三つ目の覚悟

し、サロンだけではなくて、そこで生活ができることが必要で、例えば、グループ
ホームのような、すぐに使える部屋が欲しかったので、結局、中古の店舗付き住宅を
購入し、自前の施設を持つことにし、無料低額宿泊所事業として立ち上げることにし
ました（図4）（写真1、2、3）。

③ 気づいた課題

　日本の社会では、まず住所が確定できて、すべてのことが始まります。住所が確定
していないと、何の申請も保護も受けられません。そこで、その住所というものを提
供できるような場所が必須だと考えました。

　公的な資金は一切入りません。整備にかかるものも、それを回収するのも、人件費
に関しても、何から何まで1円たりとも公費はいただけません。国の生活困窮者支援

写真1　建物外観

写真2　事務スペースから

写真3　中二階から

のモデル事業をさせてほしいといっても、市からは、こういう事業は公が行うことで法人に委託する事業ではないといって、受け付けてもらえませんでした。これからも、たぶん無理でしょう。当法人が行う無料低額宿泊所事業は、ちまたでいわれている貧困ビジネスだと誤解されているのかもしれません。貧困ビジネスは、生活保護のお金を、受給なさった方から巻き上げているようですが、そういったところと一線を画すような格好でやりたいというふうに思いつつも、それに似かよった資金の順繰りでなければ事業運営できていないのが悔しい限りです。

```
多種多様な人が
  宿泊利用   平成25年8月～26年3月       21名
           平成26年4月～27年3月       78名
           平成27年4月～12月         77名
  外来者利用  平成26年12月～3月      延べ1270名
           平成27年4月～12月      延べ2992名
・リストラ
・知的障がい、精神障がい
・夫のDVから母子が
・母親のDVから娘が
・引きこもりのうつの若者が
・軽犯罪累犯
・刑務出所者、更生保護
・うつ、不眠症、高血圧症、B型肝炎、C型肝炎、HIV感染症、同性愛者

関係各所が
・派出所、警察、裁判所、弁護士、検事
・保護観察所
・地域定着支援センター
・県市町社会福祉協議会
```

図5　支援対象者

　当法人の施設の対象者は、特に規定しておりません。どのような事情の方もこられます。ただ、**図5**にもあるように、更生保護、軽犯罪累犯と書いていますが、刑務所出所者の中で、私たちもうかつに手出しができないと決めているのは、放火、薬物中毒、幼児に対しての性犯罪、この三つに絡む犯罪歴のある方です。それ以外の方に対して、理由を問わず、本当にお困りであれば、何らかの手助けができるのであれば、支援の対象とさせていただいております。

④ 多様多種な支援対象者

　2015年4月～2016年3月まで、宿泊の利用者は96名です。外来者の利用というのは、夕食を食べにきた、あるいは相談をしにきたという方たちです。2015年4月～2016年3月までの利用者数は4,216名に上ります。

　軽犯罪歴があって、保護観察所から引き受けた人も少なからずいます。その中には、うつ病で、不眠症があって、高血圧症があって、糖尿病もあり、B型肝炎にC型肝炎を患うという方もいらっしゃいました。ここまでは、私もふんふんと聞いていましたが、そのあとさらにHIV感染症があって、同性愛者なのですと告白されたときには、かなり迷いましたが受け入れることにして、この方には短期間の仕事を手伝ってもらうことにしました。

　何が理由で生活困窮に陥っていようと、その場にいるその人の姿、動き方をみて判断し、私どもと一緒に仕事をしたり、動いたり、支援したりというように活動しています。

④ 今後の展望

　当法人は、最初に述べたように、生活困窮者支援の分野では素人であり、目の前の被支援者の問題解決のために手探りで対応して、必要な支援を行うことを繰り返しています。当法人が無料低額宿泊所を開設し、相談事業の実施を始めたことで、支援を受けて生活の基盤を整えられた被支援者の方は助かったと思っていらっしゃることでしょう。ボランティアで活動していた支援員も、当法人の職員になったことで、若干の収入につながってよかったと思っているかもしれません。

　事例発表として何かの機会に報告させていただくような、お声かけをいただくようになり、発表したあとに、他の業種の方から、触発されましたとよくいわれます。当法人が事業を開始して一番うれしいことは、仲間内である社会福祉法人が、本来の社会福祉法人としての使命に気づき、より多くの法人が、公費が入る事業以外のところへ目を向けていく、あるいは必要なものに気づいていくことであり、そのきっかけになっているとすれば、事業を開始した意味が二重にも三重にも広がります。

　大阪の「生活困窮者レスキュー事業」から始まり、神奈川、埼玉、滋賀、東京、京都、熊本でもレスキュー事業が始まっています。もちろん、香川県でも「思いやりネットワーク事業」が実施されています。社会福祉協議会と社会福祉法人、その他地域の福祉資源がつながって支援の活動が広がっています。当法人のこの施設も有効に使っていただいていますが、同様に、すべての社会福祉法人と施設も地域の社会福祉の網の目の一部分として絡み合って有効に活用できる状態になればよいと思っています。

社会福祉法人の使命と地域福祉実践

（埼玉県社会福祉協議会事務局次長）澤　徹之

　社会福祉基礎構造改革前までの多くの社会福祉法人は、措置制度による当該社会福祉事業の運営が主となるため、法人としての創意工夫や法人本体の強化がなされにくい状況にあった。しかし改革後は、福祉サービスの質と量の確保を図るため、営利法人等多様な主体の参入を進める一方、法人としての経営の幅を持たせ、創意工夫や法人本体としての機能強化ができるようになった。

　その一方、地域社会においては、社会経済情勢の低迷や都市化・過疎化の進展、家族機能の低下、単身世帯の増加等により、地域の互助力、自助力が低下し、福祉課題はもとより、複雑・多様化、多問題化する生活課題を持って「制度の狭間」に落ち込む人々が増大している。

　こうした中、経営に創意工夫ができるようになった社会福祉法人は、従来事業を強化するとともに、社会問題化する新たな課題（地域の福祉課題等）の解決に向けた取り組みが進められているが、前者のみの法人が散見されるため、社会福祉法人としての存在意義が問われることになった。

1　実践編から学ぶ社会福祉法人の姿

（1）社会福祉法人中心会

　中心会の浦野正男氏（実践編1）は、2016年3月に公布された社会福祉法人制度改革を中心とする「社会福祉法」の一部改正にかかる議論の中から、本来の社会福祉法人のあり方、その機能と役割、今後の方向性を提起された。

　社会福祉法人制度改革では、内部留保の問題から社会に対する情報開示の重要性が問われるとともに、新たに参入した営利法人等とのイコールフッティングの問題、とりわけ非課税扱いとされている社会福祉法人のあり様などを中心に議論が進められたことを示された。一方で、社会福祉法人のルーツは、国民の困窮状態を解決するためにビジネスとして始まったものではなく、志で始まった自主的な活動であったはずが、措置制度によりこの自主性が弱まったこと、さらに、基礎構造改革後、社会福祉法人としての存在意義を示しえなかったことを挙げ、今だからこその民間組織として原点回帰と福祉課題に基づく行動のあり方、行動サイクルの必要性を唱えられた。ま

た、法改正に伴う「公益的な取組を行う責務」については、保有する資源をいかに地域社会の課題に活用し、その課題と取り組みを社会化していくことが重要であり、地域との協働による新たなサービスの開発をし続けることが求められることとまとめられた。

(2) 社会福祉法人一麦会

　一麦会の柏木克之氏（実践編3）は、法人としてこれまで取り組んできた精神障害者の就労支援を発展させ、地域社会のニーズに基づき、社会福祉法人の強みを活かした社会的事業の創出に取り組んできたことの成果と今後の方向性について報告された。

　これまで取り組んできたクリーニング工場や印刷業の収益等に行き詰まりを感じ、社会福祉法人の組織特性や営利法人との比較による優位性を分析し、そこに地域特性等を考慮した第6次産業化を推進してきた。

　後継者のいない農家や限界集落での農作物の収穫支援に始まり、市場に流通しきれない農作物を製品化する加工作業を中心とした取り組みを開始された。また、空き家を改装した農産物直売所や古民家を改装した農家レストランの開店など、本来事業の推進はもとより、地域の人手不足の解消や社会問題化する空き家の有効活用、地域住民同士がつながる拠点（買い物支援等新たな福祉サービスを創出）、地域のコミュニティづくりに法人の強みを発揮し貢献されている。今後は、高齢者生活協同組合と協働して、多機能型の福祉拠点づくり、多機能型の地域包括ケアシステムづくりを進めたいとまとめられた。

(3) 社会福祉法人いずみ保育園

　いずみ保育園の忽那ゆみ代氏（実践編4）は、保育園が社会福祉法人であることの実感が薄かったことから、あらためて社会福祉法人としてのあり様を模索し、生活困窮者支援を行うNPOを側面的に支援する中で、法人として生活困窮者支援に取り組んだ覚悟やその内容、今後の方向性について報告された。

　当初はNPO活動を少しでも支援できればと始まったものだが、財政状況が逼迫していることがみえたため、法人の事業として位置づける形でNPOの活動を吸収して本格的な相談支援事業を開始された。

　活動を展開する中で、緊急シェルター的な部屋を持つことが必要となり、ワンルームアパートを確保したり、生活困窮者支援モデル事業を受託したりするなどしてきたところ、生活保護受給者が孤立死する事件が発生した。部屋の提供の支援だけでは限界を感じたため、共同リビング構想として、無料低額宿泊所の機能にサロンや夕食の

提供（200円）などを加えた生活支援センター高松希の開設に至った。これにより、生活に困窮するさまざまな課題を抱えた人々の支えを社会福祉法人の使命として実施できていることや、他の社会福祉法人の気づきにつながったことなど、今後の広がりに期待しているとまとめられた。

（4）滋賀県社会福祉協議会　滋賀の縁創造実践センター

　滋賀の縁創造実践センターの谷口郁美氏（実践編2）は、滋賀県の福祉文化の創造という県域の大きな取り組みとして、糸賀一雄先生の思想を元に「人の生誕（おめでとう）から看取り（ありがとう）まで、誰もが幸せに生きていく仕組みづくりにチャレンジする」ことを目的に設立したセンターの取り組みについて報告された。

　このプロジェクト（5年間）には目標が四つある。一つ目は、孤立する人をなくす。そのための居場所づくり、活動の拠点づくりをおおむね小学校区に1カ所設置すること。二つ目は、支援者同士が横につながって課題解決を図る他職種連携のネットワークを構築すること。三つ目は、見落としてはならない小数ながらも重要なニーズに基づく制度外のモデルサービスに取り組み、制度・施策に反映すること。そして、最後の四つ目は、新たに関心を持ってもらう人々を創出するために、ボランティア体験事業を実施するというものである。

　こうした取り組みを進める中で、現実に困っている人、困っている問題に気づくこと（自覚）が次の行動に表れるということを実感し、まずは「共動」として気づいた人が共に動く、共にやってみるということが重要であり、それをつないでいくことが地域社会の変化につながっていくとまとめられた。

② 社会福祉法人としての使命と今後のあり方

　いずれの発表も地域社会の問題を自らの問題としてとらえ、自身の使命に基づいて地域社会の課題解決に取り組んでいる。社会福祉法人は、ソーシャルワークの定義にある「人間の福利（ウェルビーイング）の増進を目指して、社会の変革を進め、人間関係における問題解決を図り……」を志向、追求していくことが使命であると考える。常にここに立ち返りながらソーシャルワーク実践として自らの強みを地域福祉の推進にかけていくことが必要であると考える。

あとがき

　本書は、2016年6月に開催された日本地域福祉学会第30回記念大会における実行委員会企画を基として、当日の報告内容を多くの人々と共有するとともに、新たな時代のニーズに対応できる地域福祉への変革を考えていく切り口を提示することを目的として編集された。各執筆者に対して、大会開催から本書刊行までの惜しみない協力に感謝申し上げたい。

　本大会の開催にあたっては、東京都内だけでなく、埼玉県、千葉県、神奈川県内の実践者と研究者によって実行委員会を編成した。そして「地域福祉のイノベーション」という大会テーマのもと、現代社会における地域福祉の課題を整理し、その解決に向けて先駆的意欲的に実践してきた人々の協力を得ながら、基調討論と三つのセッションを企画した。

　議論の過程では、さまざまな論点が挙げられたが、大会開催における時間的空間的制約から、すべての課題を取り上げられず、本書の内容も地域福祉の今日的課題を網羅したものではない。特に2016年7月に厚生労働省が掲げた「我が事・丸ごと」地域共生社会の実現に向けた取り組みとして、包括的相談支援体制の構築、地域力強化に向けた支援体制や福祉教育等の充実、これらを推進する地域福祉計画・地域福祉活動計画のあり方、コミュニティソーシャルワーカー（地域福祉コーディネーター）や生活支援コーディネーターに求められる役割と協働等、古くて新しい課題は山積している。

　今後、こうした課題へ取り組んでいくにあたり、本書に収録されているそれぞれの言葉を通して感じられることは、これからの地域福祉のイノベーションを考えるうえで、「この人を放っておけない」という一人ひとりのニーズにしっかりと向き合うことの大切さである。生きづらさを抱えている人々の生活実態を把握し、そして必要な支援を制度の枠にとらわれずに生み出していける仕掛けと仕組みが必要である。その際の公私協働は従来の福祉分野に限らない多様なネットワークであることが求められ、その実践の萌芽は本書の随所に記されている。こうした個別支援と地域支援の連動による支援は、コミュニティソーシャルワークとして次第に広がりつつあるが、全国的にみればいまだ取り組みは限定的である。これからの地域福祉のイノベーションにおいて、先駆的実践に学びながらコミュニティソーシャルワークを展開できるシステムを構築していくことが必要である。

　しかし、その際に重要なことは、実践形態の広がりではなく、実践目標の明確化と共有である。何のために、こうした実践やシステムが必要なのか。手段を目的化せず、住民一人ひとりの幸福の実現に目標を置いた創意工夫が欠かせない。この幸福が阻害される要因にはさまざまあるが、これからの地域福祉において「社会的孤立」が重要なテーマであることは、本書の中で度々取り上げられているとおりである。「社会的孤立」は「承認の剥奪」と密接につながっており、この問題にどう立ち向かっていくか叡智が問われる。私たちが目標とする社会は、一人ひとりの尊厳が認められる社会であり、具体的には一人ひとりが安定して暮

らせる住居と収入が保証されたうえで、豊かな「社会関係」に囲まれ、誰かの役に立てる喜びを感じられる「社会的役割」を持って暮らせる社会である。

そのためには、同じ時代に生きる人々のさまざまな生きづらさを知ることができる機会、接することができる機会を意図的に生み出していくことが必要である。そうでなければ、依然として排除される人々が地域社会の中で取り残されてしまう。地域社会の中でさまざまな人々が排除されない社会を築いていくうえで、地域福祉が担う役割は大きい。

本書がこうした問題解決に少しでも貢献できることを願いつつ、最後に本書の刊行にあたり多大な協力をいただいた中央法規出版の野池隆幸氏にも記して感謝したい。

菱沼幹男（日本社会事業大学）

監修・編集・執筆者一覧

監修

日本地域福祉学会　地域福祉イノベーション研究会

編集代表

宮城　孝（みやしろ・たかし）
法政大学現代福祉学部教授

編集

神山裕美（かみやま・ひろみ）
大正大学人間学部教授

菱沼幹男（ひしぬま・みきお）
日本社会事業大学社会福祉学部准教授

中島　修（なかしま・おさむ）
文京学院大学人間学部准教授

倉持香苗（くらもち・かなえ）
日本社会事業大学社会福祉学部専任講師

執筆者および執筆分担（五十音順）

朝比奈ミカ（あさひな・みか）
中核地域生活支援センターがじゅまるセンター長……第3章実践編1

浦野正男（うらの・まさお）
社会福祉法人中心会理事長……第4章実践編1

大山典宏（おおやま・のりひろ）
社会福祉士……第3章実践編2

柏木克之（かしわぎ・かつゆき）
社会福祉法人一麦会執行理事……第4章実践編3

神山裕美（かみやま・ひろみ）
大正大学人間学部教授……第2章理論編

忽那ゆみ代（くつな・ゆみよ）
社会福祉法人いずみ保育園理事長……第4章実践編4

熊田博喜（くまだ・ひろき）
武蔵野大学人間科学部教授……第3章実践編コメント

倉持香苗（くらもち・かなえ）
　日本社会事業大学社会福祉学部専任講師……第1章実践編コメント

澤　徹之（さわ・てつゆき）
　埼玉県社会福祉協議会事務局次長……第4章実践編コメント

品川卓正（しながわ・たかまさ）
　社会福祉法人村山苑理事長……第3章実践編3

柴崎光生（しばさき・みつお）
　NPO法人鶴ヶ島第二小学校区地域支え合い協議会会長……第2章実践編1

谷口郁美（たにぐち・いくみ）
　滋賀県社会福祉協議会事務局次長・滋賀の縁創造実践センター所長……第4章実践編2

東内京一（とうない・きょういち）
　埼玉県和光市保健福祉部長……第1章実践編2

中島　修（なかしま・おさむ）
　文京学院大学人間学部准教授……第4章理論編

原田正樹（はらだ・まさき）
　日本福祉大学社会福祉学部教授・日本地域福祉学会会長……刊行にあたって

菱沼幹男（ひしぬま・みきお）
　日本社会事業大学社会福祉学部准教授……あとがき

平原佐斗司（ひらはら・さとし）
　東京ふれあい医療生活協同組合副理事長……第2章実践編3

松永文和（まつなが・ふみかず）
　神奈川県社会福祉協議会地域福祉推進部主幹……第2章実践編コメント

三浦辰也（みうら・たつや）
　NPO法人インクルージョンセンター東京オレンヂ副理事長……第3章実践編4

宮城　孝（みやしろ・たかし）
　法政大学現代福祉学部教授……巻頭言、第1章理論編

山本信也（やまもと・しんや）
　兵庫県宝塚市社会福祉協議会地域福祉部地区担当支援課課長……第2章実践編2

山本美香（やまもと・みか）
　東洋大学ライフデザイン学部教授……第3章理論編

米山けい子（よねやま・けいこ）
　認定NPO法人フードバンク山梨理事長、全国フードバンク推進協議会代表……第1章実践編1

地域福祉のイノベーション
―コミュニティの持続可能性の危機に挑む―

2017 年 11 月 10 日　発行

監　　修　　日本地域福祉学会　地域福祉イノベーション研究会

編集代表　　宮城　孝

編　　集　　神山裕美・菱沼幹男・中島　修・倉持香苗

発 行 者　　荘村　明彦

発 行 所　　中央法規出版株式会社
　　　　　　〒110-0016　東京都台東区台東3-29-1　中央法規ビル
　　　　　　営　　業　　TEL 03-3834-5817　FAX 03-3837-8037
　　　　　　書店窓口　　TEL 03-3834-5815　FAX 03-3837-8035
　　　　　　編　　集　　TEL 03-3834-5812　FAX 03-3837-8032
　　　　　　https//www.chuohoki.co.jp/

印刷・製本　　永和印刷株式会社

定価はカバーに表示してあります。
ISBN978-4-8058-5590-4

本書のコピー、スキャン、デジタル化等の無断複製は、著作権法上での例外を除き禁じられています。また、本書を代行業者等の第三者に依頼してコピー、スキャン、デジタル化することは、たとえ個人や家庭内での利用であっても著作権法違反です。

落丁本・乱丁本はお取り替えいたします。